2011年国家社会科学基金（教育学）项目
"新课程改革背景下的写作教学模式研究"
（BAA110009）研究成果

LIFE, LIFE AND ECOLOGY

A STUDY OF WRITING TEACHING MODEL

生命·生活·生态

写作教学模式研究

彭小明 李茜茜 等◎著

ZHEJIANG UNIVERSITY PRESS
浙江大学出版社
·杭州·

图书在版编目（CIP）数据

生命·生活·生态：写作教学模式研究／彭小明
等著. —杭州：浙江大学出版社，2023.6
ISBN 978-7-308-23899-1

Ⅰ．①生… Ⅱ．①彭… Ⅲ．①作文课－教学研究－中
小学 Ⅳ．①G633.342

中国国家版本馆 CIP 数据核字（2023）第 105337 号

生命·生活·生态：写作教学模式研究

彭小明 李茜茜 等著

策划编辑	吴伟伟	
责任编辑	马一萍	
责任校对	陈逸行	
封面设计	雷建军	
出版发行	浙江大学出版社	
	（杭州市天目山路 148 号　邮政编码 310007）	
	（网址：http://www.zjupress.com）	
排　　版	杭州好友排版工作室	
印　　刷	广东虎彩云印刷有限公司绍兴分公司	
开　　本	710mm×1000mm　1/16	
印　　张	15.75	
字　　数	241 千	
版 印 次	2023 年 6 月第 1 版　2023 年 6 月第 1 次印刷	
书　　号	ISBN 978-7-308-23899-1	
定　　价	68.00 元	

前　言

基于新课程改革，构建"三生作文"教学模式

2011年《义务教育语文课程标准》的颁布，再次推进了语文课程深层次改革，给传统的语文作文教学带来挑战，作文教学方法与模式也受到更多地关注。新一轮基础教育课程改革(以下简称新课改)以来，各种作文教学模式纷纷涌现，马正平的"DCC"作文教学模式、赵谦翔的"绿色作文"教学模式、李吉林的"情境作文"教学模式、谭蘅君的"文化作文"教学模式等都对写作教学活动做出了积极探索。模式虽然多，但是并不一定适用于所有的学生和老师。针对当前写作教学中出现的写作主体"生命缺失"、写作内容"生活失真"、写作环境"生态失衡"等问题，为了使作文教学方法与模式更加科学有效，我们提出了"三生作文"教学模式，以期为写作教学寻找更好的路径。

关于"三生作文"教学模式，尽管以往著作和论文也有相关方面的诸多研究，但却很少有研究者构建出一套完整地将"生活""生命""生态"三个概念结合在一起的系统的写作教学模式。因此，我们针对当前相关研究的空缺，在紧扣写作本质的基础上，通过深入分析出现的上述写作问题和写作教学的规律，构建出符合写作本质和写作教学规律的写作教学模式，以期为写作教学的研究注入新的活力，提供新的视角和方向。

建构"三生作文"教学模式是这次研究的主要任务。在"三生作文"教学模式研究中我们主要采用文献研究法、调查研究法和比较研究法等方法。首先，我们通过问卷调查和对相关文献的分析，探求当前写作教学中存在的

问题，并重点强调"三生作文"教学模式的建构对学生写作的重要作用。其次，总结分析国内外作文研究的发展趋势，阐明建构"三生作文"教学模式的理论基础和实践意义，以及"三生作文"教学模式的价值追求。最后，通过对"三生作文"教学模式的提出背景、理论依据、框架体系（见图 0-1）的分析，将完整的"三生作文"教学模式阐述清楚。

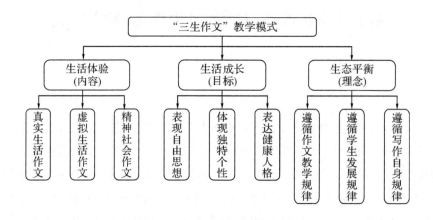

图 0-1 "三生作文"教学模式

"三生作文"是以生活为内容，以生命为目的，以生态为理念的一种作文模式，它并不是生活作文、生命作文和生态作文的简单组合，而是在此基础上将三者完美结合，形象地揭示了作文真谛的作文模式。它就是要引导学生以生活为内容，以生命为目的，以生态为理念进行写作，拒绝写作主体"缺失化"，写作内容"空洞化"，写作形式"套路化"。

"三生作文"教学模式的建构遵循写作教学的规律，紧紧抓住"三生"核心，提倡写作要引导学生以"生活体验"为主要写作内容，以"生命成长"为重要写作目标，以"生态平衡"为写作理念进行写作，重建学生的语言秩序和思想秩序，这既符合我国"素质教育"的理念追求，也符合"以生为本"的教育教学理念，更有利于学生写作素养的整体发展，因此无论在理论方面还是实践层面都有很强的研究意义和学术价值。

目　　录

第一章 "三生作文"教学模式提出的背景

作文教学一直占据着语文教学的半壁江山,其重要性为所有语文教师所熟知,但是真正把作文教学落到实处,提高学生的写作素养,增强学生的写作能力,又绝非易事。张志公先生指出:"语文教学在普通教育工作中恐怕算得上一个'老大难',而作文教学恐怕又是语文教学中的一个'老大难'。就是说,作文教学是'老大难'中的'老大难'。"[①]在实际的作文教学中,一直存在着很多问题。针对此,我们倡导"三生作文"教学模式,即引导学生以"生活体验"为主要写作内容,以"生命成长"为重要写作目标,以"生态平衡"为写作理念进行写作,重建写作主体的精神秩序。

一、历史与现实:"三失作文"

语文特级教师赵谦翔曾发出这样的呼唤:"大气污染了,有人呼唤绿色;河水污染了,有人呼唤绿色;粮食污染了,有人呼唤绿色;住宅污染了,有人呼唤绿色。可是作文污染了,谁来呼唤绿色?"[②]我们的作文被污染了——学生写作是"生搬硬拽"出来的,是绞尽脑汁"编"出来的,因此造成写作主体

---

① 张志公.作文教学[M].天津:新蕾出版社,1984:1.
② 赵谦翔.赵谦翔与绿色语文[M].北京:北京师范大学出版社,2006:56.

"缺失化"、写作内容"空洞化"、写作形式"套路化"、写作目标"功利化",这样的文章是"产品",不是真正的"作文",不符合《义务教育课程方案和课程标准》(以下简称新课标)的要求。

（一）写作主体"生命缺失"

到底什么是写作主体？王东成先生曾指出,应加强对写作主体的心理、思维、审美意识、语言机制等深层结构的研究,建立起写作学科的总体架构和基本理论。因此,"写作学科的研究对象不仅是静态的文章、作品,更重要的是动态的写作主体"。之后,林可夫先生提出的"四体化一"写作原理是这么解释的:"写作主体是指进入写作状态的人,他是写作过程的统摄因素,起着主导作用。"①由此可见写作主体对于写作的重要性。

学生这一写作主体"生命缺失"严重,这已是当前写作教学的一个现状。在应试教育的背景下,教师被困在教室里教,只教与考试有关的,押作文题,忽视学生写作"心灵背景"的建立;学生被关在教室里写,只写与考试有关的,算写作加减分,缺乏主体精神的投入;甚至众多学生为了应对考试,背大量的满分作文,美名其曰"积累素材"。学生东拼西凑,为文而文,这样的作文不是书写心灵的作品。

（二）写作内容"生活失真"

写作,到底要写什么呢？"写作的终极本质,不是模仿生活、反映生活,不是抒情言志,不是书面语言的表达,也不是信息的传播,而是写者对精神秩序(情思理想、价值取向)与书面语言符号秩序(语流符号结构)的创建、缔造而已,即人对自由生命秩序的创生与建构。"②写作,是为了寻求内心的依托,让灵魂有栖息之所,那些无病呻吟的文字,不能被称为真正的写作。

---

① 林可夫.高等师范写作教程[M].福州:福建教育出版社,1991:7-8.
② 马正平.高等写作学引论[M].北京:中国人民大学出版社,2002:2.

事实上,现今多数的作文教学一定程度上剥夺了学生选择写作内容的权利。在命题选材指导中,教师以考试取向为目标,以自身阅历代替学生的生活经历,学生想写的往往是教师所不允许的;在布局谋篇指导中,教师以自身水平搭建作文框架,扼杀了学生自主写作的思路;在评改指正中,教师以考试评分的"清规戒律"评判作文,忽视了学生个体的差异性。在这种情况下,学生的写作是被动的,必然会引起无病呻吟的不良风气,形成"少年不知愁滋味,为赋新词强说愁"的现象。例如2008年某市的中考作文题目"下雨天,真好",这个命题已然限制了整个作文的情感取向,即要写下雨天的"好",但是对于一些真的很讨厌或憎恶下雨天的学生来说,又该如何在有限的时间里完成这篇作文呢?不少考生表示:"我很讨厌下雨天,下雨天路上堵车,差一点中考就迟到了,怎么好得起来?根本不会写。"

(三)写作环境"生态失衡"

在传统写作观念的影响下,我们的写作教学一直存在着"重术轻人"的现象,忽视写作规律,写作环境"生态失衡"严重。人们认为写作技巧是可教的,写作能力是难教的,似乎只要提升写作技巧,写作能力自然就上去了。尤其是在应试教育的挤压下,教师把写作技巧、技法等提到了重要地位,忽视学生内在心灵的投射,所谓的满分作文也是变相的八股文,写作环境怎有"生态"可言?甚至学生中还流传着"写作高分秘籍"。比如写议论文,有三段法:提出问题—分析问题—解决问题。第二段的"分析问题",就是大量列举老掉牙的实例进行分析说明,字数不够,实例来凑,古今中外,灵活选择,在结尾一定要点题,进行首尾呼应。在如此套路化的写作环境中,学生是机械的、被动的。

二、调查与分析:作文教学

(一)调查对象

针对教师和学生的不同情况,我们于 2017 年 9 月有针对性地设计了两套调查问卷。问卷涉及对象为某市第五十一中学的 300 名学生。发出 300 份不记名问卷,剔除无效问卷 8 份,共收回 292 份问卷,回收率为97.3％,测试数据基本反映实际情况。

(二)调查内容

高中学生作文现状调查问卷

同学们:

你们好!请大家完成一份有关高中作文情况的调查,希望各位同学选择最符合你情况的选项,并在所属的选项上打"√"。本次问卷如无特别注明,均为单项选择题,多选或者不选视为无效答题。耽误各位同学几分钟的时间,感谢配合与支持。

1. 你喜欢写作文吗?

A. 很喜欢　　　B. 一般喜欢　　C. 不喜欢不反感　D. 反感

2. 大多数情况下你为了什么写作?

A. 个人兴趣　　　　　　B. 完成老师布置的作业

C. 考试需要　　　　　　D. 提高自身文字表达能力

3. 你写的作文和你的生活有关联吗?

A. 一般都有　　B. 偶尔有　　　C. 几乎没有　　　D. 没有

4. 你的作文会表达自己的真实感受吗? 以 10 分为满分真实值,你给自己打几分?

A. 1～2.5 分　　B. 2.6～5 分　　C. 5.1～7.5 分　　D. 7.6～10 分

5. 你的写作素材是自己自由选择的吗?

A. 大部分是　　B. 偶尔是　　C. 一般不是　　D. 不是

6. 你会使用模板写文章吗?

A. 从来是　　B. 大多数　　C. 偶尔会　　D. 从不会

7. 你觉得作文难写的原因是什么?

A. 没有素材可写　　　　　　B. 不知道怎么表达

C. 材料太多无法选择　　　　D. 其他

8. 你写作文的频率是?

A. 一周 1 次　　　　　　　　B. 一周 2 次

C. 一周 3 次及以上　　　　　D. 一周少于 1 次

9. 你对于教师作文课上的指导有何看法?

A. 很有用　　　　　　　　　B. 一般般

C. 程序化,草草了事　　　　D. 完全没用

10. 在写作过程中,你觉得心情如何?

A. 很痛苦,写不出来　　　　B. 没感觉,机械写作

C. 开心　　　　　　　　　　D. 其他

11. 你觉得班上写作课的氛围如何?

A. 紧张　　　B. 烦躁　　　C. 无感　　　D. 轻松

12. 你平时会在网络媒体上写作吗?

A. 经常　　　B. 偶尔　　　C. 很少　　　D. 从不

13. 你觉得自己写作文的灵感一般都从哪里来?

A. 作文书　　　　　　　　　B. 平时对生活的观察积累

C. 教师的讲解指导　　　　　D. 课外书

14. 你们的作文课一般都是怎么上的?

_____

15. 你心目中理想的作文课是怎么样的?

_____

_____

(三)学生调查问卷中重点问题的分析

题1:你喜欢写作文吗?

A. 很喜欢   B. 一般喜欢

C. 不喜欢不反感   D. 反感

题10:在写作过程中,你觉得心情如何?

A. 很痛苦,写不出来   B. 没感觉,机械写作

C. 开心   D. 其他

两题结果见图1-1。

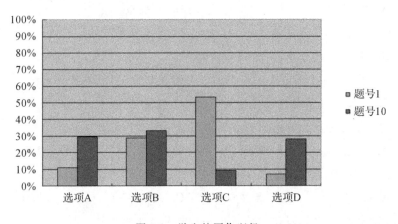

图1-1 学生的写作兴趣

这两道题目都涉及学生的写作兴趣,对写作感兴趣的同学自然会喜欢写作,在写作活动中感到愉悦。从第1题的选项看,只有39.8%的学生喜欢写作,占比不到一半,而绝大多数的学生对写作不感兴趣。再看第10题,

觉得在写作过程中开心的学生占比最小,而33.2%的学生对写作无感。对照两题,可以发现当前学生的写作意识薄弱,对写作不感兴趣。如何提高学生的写作幸福感是当前语文教育工作者亟待解决的问题。

题号3:你写的作文和你的生活有关联吗?

A. 一般都有　　B. 偶尔有　　C. 几乎没有　　　D. 没有

题号13:你觉得自己写作文的灵感一般都从哪里来?

A. 作文书　　　　　　　　B. 平时对生活的观察积累

C. 教师的讲解指导　　　　D. 课外书

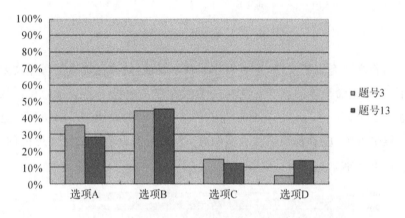

图1-2　学生生活与写作的关系

这两道题都涉及学生写作与生活的联系。从图1-2可以看出,选项B的占比最高,有45.2%的学生觉得写作的灵感是从生活中来的,说明生活对于写作是十分重要的,生活的积累就是其写作的素材,但还是有15%的学生其写作和生活几乎没有关联。对照两题,我们发现学生并没有很好地将生活和写作联系起来,没有生活素材,如何能写出好作文?这就需要教师教给学生观察生活的技巧,将生活的点滴融入写作,拒绝虚假作文。

题号4:你的作文会表达自己的真实感受吗?以10分为满分真实值,你给自己打几分?

A. 1～2.5分　　B. 2.6～5分　　C. 5.1～7.5分　　D. 7.6～10分

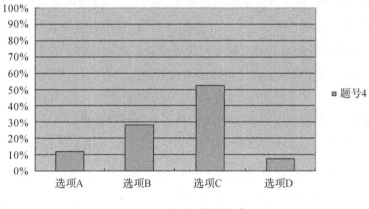

图 1-3　学生的真情实感

　　写作文要有真情实感,这是写作的基本要求,新课标也提倡写作文要说真话,注重生命个体的声音。现在的学生在作文中说了多少真话呢? 从第4题中可以发现,只有 7.5% 的学生在作文中真实地表达自己的情感。这也警醒语文教师,应重视学生的真实写作,让每个生命个体说自己想说的话,写自己的文章。

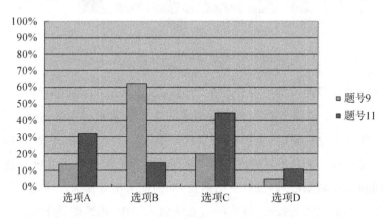

图 1-4　学生的作文课情况

　　从图 1-4 可以看出第 9 题选项 B 的比例超过半数,有 62% 的学生觉得教师在作文课上的指导一般般,还有 4.5% 的学生认为是完全没有用的,说明作文课上教师的指导效率是不乐观的,这要引起广大语文教师的重视。通过11题的选项我们发现44.4%的学生对写作课的氛围无感,只有10%的学生认为课上的氛围是轻松的。

题号14:你们的作文课一般都是怎么上的?

总结归纳292份调查问卷后发现,学校绝大多数的老师是按照传统的作文教学方式进行教学,从命题、解析、学生作文、教师批改到讲评,都是模式化的教学流程。其中58份调查问卷提到一个信息:有一半以上的教师其指导教学都是一带而过,或者有的教师几乎没有进行作文指导。从中我们可以看出当前的作文教学是存在问题的。

题号15:你心目中理想的作文课是怎么样的?

在所有调查问卷这一题的回答中,"自由""真实"两个词出现的频率最高。"我希望在作文课上能让我们自由写作,而不是按照课上老师所讲的思路来写……""看到题目我就无话可说,感觉题目和生活就像没有关系一样,只能编,希望老师能多启发,使写出来的作文真实一点……""希望作文课能够有意思一点,不是老师单纯地讲完就让我们写"这些回答均反映了学生最本质的写作诉求。

从学生的调查报告中我们可以看出当前的写作教学现状并不令人满意,存在着一定的问题。虽然只抽取了一个学校作为样本,也许存在着年龄、地域、师资条件等方面的差异,但是对同年龄段的学生进行写作调查对我们的研究还是有借鉴意义的。从中得出以下几方面的结论。

一是学生对写作的兴趣不浓,写作文只是为了完成任务,并不是自己主动地想去写。这种状态下的写作是一种机械的写作,这样如何能提高写作水平?让学生对写作提起兴趣,这是当前语文教育工作者首先要解决的问题。折射到具体的写作课堂,教师的作文教学模式应该做适当的调整,摒弃传统作文教学的弊端,把课堂的主动权交给学生;遵循学生的发展规律,关注学生的现实生活;让每个生命个体发出自己的声音,表现自由思想,表达健康人格。

二是写作脱离了学生的生活。有60%以上的学生表示写作文无话可说，没有素材，不知道该怎么写。教师在作文课上的教学更多的是要将学生的生活经历调动起来，让每个学生有话可说，真实地表达自己对生活的感悟和体验。

三是作文教学没有切实尊重学生的主体地位。学生写作文是为了考试，为了完成老师布置的任务。这样的写作动机是不健康的，他们又怎么会有兴趣写作。甚至从问卷中还可以看到学生表示写作的过程很痛苦，写作的素材都不是自己自由选择的，如此状态下作文的质量可想而知。按照惯用的写作模板写他人喜欢的语言文字，学生的个性化语言被扼杀在写作中。

四是作文教学是非生态化的。学生希望积极地融入作文课堂中，但是在实际的教学中教师剥夺了学生倾诉心声的权利，课堂氛围是紧张的，即使经过指导，学生还是无话可写，只能编造一些冠冕堂皇的语言，写大家都认可的素材。这样的教学没有尊重学生个体的发展规律，没有尊重作文教学的规律，是非生态化的。

三、心灵与文化：坚守教育的使命

鉴于以上作文教学中出现的问题，作文教学应当进行改革。《全日制义务教育语文课程标准（实验稿）》（以下简称语文课程标准实验稿）和《普通高中语文课程标准（实验）》中都对写作进行了新的阐释和建议，对于我们研究"三生作文"有很大的帮助。

语文课程标准实验稿在谈到写作这一部分时，要求学生在写作时："考虑不同的目的和对象。写作要感情真挚，力求表达自己的独特感受和真切体验。多角度地观察生活，发现生活的丰富多彩，捕捉事物的特征，力求有创意的表达。"①每个学生都是独立发展的生命体，有自己鲜明的个性，有自己独特的表达方式，因此写作不能套路化，要"考虑不同的目的和对象"。写

---

① 教育部.全日制义务教育语文课程标准（实验稿）[S].北京：北京师范大学出版社,2001.

作要与生活相联系,"生活"一词在新课标中出现了 20 多次:"多角度地观察生活,发现生活的丰富多彩",生活就是作文,作文就是生活。写作是有规律的,要"捕捉事物的特征,力求有创意的表达"等。其中所提到的"生命""生活""生态"三个核心词同样是我们"三生作文"所追求的。

《普通高中语文课程标准(实验)》在必修课程的"表达与交流"板块是这样阐释的:"学会多角度地观察生活,丰富生活经历和情感体验,对自然、社会和人生有自己的感受和思考;感情真实健康;力求有个性、有创意的表达,根据个人特长和兴趣自主写作。"①和语文课程标准实验稿相比,二者的核心目标是吻合的,都注重学生个体的生活经历和生命体验,"根据个人特长和兴趣自主写作",尊重学生自身的发展规律。

---

① 教育部.普通高中语文课程标准(实验)[S].北京:人民教育出版社,2003.

第二章 "三生作文"教学模式研究的综述

　　近年来,语文作文教学界涌现出各式各样的作文教学模式,"三生作文"教学模式就是在这样的背景下建构的。"三生作文"教学模式最早由温州大学彭小明教授提出。[①]他希望在总结分析国内外写作教学研究若干新趋向的基础上,构建顺应写作研究潮流的新的写作教学模式。目前对"三生作文"教学模式的研究并没有很多直接可供借鉴的资料,正因为如此,本研究才更有创新性和挑战性。尽管没有明确的研究观点,但从国内外写作教学研究顺应时代发展的轨迹上,还是可以找到可供借鉴的理念和方法。

一、"三生教育"

　　生命教育、生活教育、生态教育三种教育理念一直在教育界盛行,但是把三者完整地融合起来作为一种教育体系,到目前为止这样的实践理念还是比较少的。在中国知网上输入关键词"三生教育",找到相关论文 296 篇,其中博士、硕士学位论文 8 篇。由此可见,学界对"三生教育"的研究还处在初级阶段,研究的空间还是很大的。值得一提的是,所有论文资料讲述的"三生教育"包含的是"生活教育""生命教育"和"生存教育",并不包括"生态

---

　　① 黄碧茹.彭小明与写作教学研究[J].读与写杂志,2018(11):56.

教育",这说明本书对"三生作文"的研究还是很有价值的。

2008年,云南省教育厅最早提出了"三生教育"的概念,"三生教育"即生命教育、生存教育、生活教育的简称。

2011年4月28日,北京师范大学科学传播与教育研究中心副主任李亦菲博士在第46次"理论工作者和一线教师对话沙龙"活动中也提出了"三生教育"的理念。他认为"三生教育"是通过教育的力量,使受教育者接受生命教育、生存教育和生活教育,树立正确的生命观、生存观、生活观的主体认知和行为过程。从李亦菲的讲话中,可以看出"三生教育"是生命、生活、生存有机统一的教育。

中国报刊协会和人民教育出版社也曾提出有关"三生教育"的理念,他们提倡的"作人—作文"教学便是以"三化合一"(生命化、生活化、生态化)为指导思想,这与我们的"三生作文"教学理念不谋而合。

国外对"三生教育"的研究起步比较早,理论体系发展比较成熟,但也是分开研究"生活教育""生命教育"和"生存教育"的。美国是最早开始研究生命教育的国家。有美国生命教育之父之称的华特士教授认为:"论及生命教育,我首先要指出仅仅从职业准备出发,正是现代教育的问题所在。职业不等于生命,它仅能向人们提供金钱,满足物质需要;生命的意义并不等于金钱的获得。任何仅教授职业技术和提供智力信息的教育体系都忽视了人的本质需求。"[①]教育并不是单单为职业生活做准备,更多的是启发学生从自己所学的知识中提高整体的综合素养,感悟生命个体的人生价值和意义。在生存教育这一方面做得比较完善的依旧是美国,他们注重提高人的生存能力,认为教给学生独立思考的能力是整个生存教育中最重要的内容,自己该做什么和不该做什么都由自己判断和选择。杜威是生活教育的代表人物,被誉为"创立美国教育学的首要人物"。他提出了"教育即生活""学校即社会"以及"在做中学"的教育理论。日本的生存教育也是非常独特的,从日本人平时的生活习性便可以看出来。"勤工俭学"这一现象在日本的学生群

① 华特士.生命教育:与孩子一同迎向人生挑战[M].成都:四川大学出版社,2005:11.

体中普遍存在，即使是富裕家庭的孩子也会外出务工，培养吃苦耐劳的精神。

二、"三生语文"

"三生语文"这个概念目前还没有人提到过，但是"生命语文""生活语文""生态语文"理念在语文教育界很盛行。在中国知网中输入"三生"和"语文"两个关键词，可检索到 32 篇相关论文，分别阐述了"三生教育"在语文教学中的渗透与应用。

从中国知网的检索中看到，最早将"三生教育"和语文联系起来的是2005 年韦志成在《中学语文》期刊上发表的《生活・生存・生命——语文课程的"金三角"》。他认为，语文是为了生活的需要；掌握语文本领是为了更好地生存；语文课程的价值是要明确生命的意义。2010 年，刘荣先在《楚雄日报》上刊登的《在初中语文教学中进行"三生教育"的实践》一文中提出了"语文课程中生命教育是根本，生存教育是基础，生活教育是目标"的观点，倡导培养学生珍惜生命，热爱生活，学会反思的优秀品质。同年，李惠民在《如何把"三生教育"融合到语文教学中》一文里讲述了"三生教育"和语文教学相融合的方法，指出生命教育就是要让学生走进课本，直接体验作品的生命意识；利用课文的自然素材，增强学生对自然的感恩意识，重新认识我们的生存环境；用语文来解读生活，把在语文课程上所学的知识应用到实际的生活中。

2003 年，熊芳芳首次提出"生命语文"的概念，并在《中学语文教学参考》上发表《生命语文——新课程标准下的新概念教学》一文。她提出，生命语文就是以生命为出发点，遵循生命的本质属性，与生活牵手，让生命发言，让语文进入生命，唤醒生命，并内化为深厚的文化底蕴和丰富的人格内涵，是为帮助我们认识生命的美丽和宝贵，探索生命的方向与意义，提升生命的质量与品位,使生命变得更加美好、更有力量、更有意义而进行的语文教育。① 之后,学界对生命语文的探索开始盛行起来。2008 年,吴运霖在《生命语文的教学实现》一文中呼唤"让语文进入生命,内化为深厚的文化底蕴和丰富的人格内涵,用语文唤醒生命,丰富学生的生命内涵,教育学生热爱生命,欣赏自己"。汪大龙认为要用语文唤醒学生的生命意识,让学生认识自己,并引导学生学会欣赏大自然的一切生命。他在《构建"生命语文"教学课堂的几点思考》一文中指出:"需要语文教师在教学中,注意将更多的人文知识融入其中,将更多的自然知识融入其中,让学生形成科学的生命观。"2012 年,金东旭在《让生命得到独特的学科滋养——"生命语文"视野下的阅读教学》一文中提出了生命教育视野下语文教学的探索策略,认为可以通过"确立'整体关联式'思维方式;形成'发展生长性'课堂特质",分年段确立不同的教学内容,关注语文学科独特的育人价值,形成全新的语文观。

早在 2000 多年前,我国教育家孔子就说过:"不观高崖,何以知颠坠之患;不临深泉,何以知没溺之患;不观巨海,何以知风波之患。"(《说苑·杂言》)就形象生动地阐明了知识与生活之间密不可分的关系。1981 年,教育家刘国正先生发表了《把语文基本训练搞活》一文,提出了"生活是发展语文能力的基础"的观点。他具体指出,读(包括听),是通过语文认识生活和学习怎样生活;脱离生活,就变成无意义的活动,吸收鉴赏都失去辨别优劣美恶的基本标准。写(包括说),是运用语文反映生活,表达自己的见解,并服务于生活;脱离生活,写就变成无源之水,技巧就变成无所附丽的文字游戏。而与生活相结合,则读有嚼头,写有源头,全局皆活。现代著名教育家陶行知先生倡导生活教育,他认为:"教育必须是生活的。一切教学必须通过生活才有效。"②他提倡教育与生活、社会的广泛联系,提倡教育与实践的紧密结合,不仅丰富了社会教育模式,而且也为语文教育的创新增添活力。语文特级教师李镇西深受陶行知生活教育的影响,推行生活语文教学。他非常

---

① 熊芳芳.生命语文——新课程标准下的新概念教学[J].中学语文教学参考,2003(7):10-13.
② 陶行知.陶行知文集[M].南京:江苏教育出版社,1997:875.

注重学生的语文自学能力,力图让学生在教师离开后自己仍具备良好的学习习惯,并希望通过语文教育,让学生掌握更多独立运用知识的能力。

1998年,曹明海出版了《存在与发展——语文教学生态论》一书,首先将生态理论引入语文教学之中,掀开了"生态学"和"语文教学"交叉研究的序幕。他用生态学的观点阐发语文与生态环境的相互作用,揭示生态规律,对语文课堂的实际教学有很好的借鉴意义。后来,江苏省语文特级教师蔡明提出了"生态语文"的教学理念,他认为"生态语文"是语文的一种信仰、理想,是自然、自主的,反对一切试图强加给语文教育的东西,生态课堂是有诗意的课堂,希望帮助学生摆脱功利化的重负。

三、"三生作文"

在知网检索"三生"和"作文"两个关键字,结果显示为0条。查阅资料,我们发现杨家佑在2010年4月发表的《在语文教学中如何渗透"三生教育"》一文中提到将"三生教育"融入作文教学之中,在作文教学中借助"三生教育"的理念夯实内容,并列出了具体的教学措施,"注重读写结合,迁移生活;注重时政关注,大胆发表看法;作文题目不死板,尽量给自由作文;写日记也很重要;作文展示要归类"。将"三生作文"教学分开来研究的文献资料很丰富,也是近年来研究的热潮。

(一)生活作文教学

陶行知的生活写作思想。陶行知师从杜威,深受杜威经验主义教育思想的影响,但对杜威的"教育即生活"的思想进行了改造,提出了"生活即教育"的主张。他认为:"生活就是教育,不是生活的就不是教育;是好生活就是好教育,是坏生活就是坏教育;是认真的生活就是认真的教育,是马虎的生活就是马虎的教育;是合理的生活就是合理的教育,是不合理的生活就是不合理的教育；不是生活，就不是教育。"①

　　叶圣陶的生活作文思想。1919 年，叶圣陶在《对于小学作文教授之意见》中就提出了小学作文教学应该与生活紧密关联。他说"作文不是生活的点缀，而是生活的必需""写作的本意不在代他人说话，而在发表自己的积蓄"。因此，小学作文教学的目的"在令学生以文字直抒情意，了无隔阂；朴实说理，不生谬误。至于修辞之工，谋篇之巧，初非必要之需求"。叶圣陶强调作文应该诚实，手之所写即心之所思，不然是不道德的。这就把作文教学和做人结合在了一起。

　　朱建人对生活作文的研究。朱建人，长期从事生活作文教学的理论与实践研究。朱建人开展的生活作文教学研究与实践，在语文教学界产生了较为广泛的影响。他把生活作文定义为："以真实的生活世界为写作对象，以现实生活的需要为作文能力培养目标，从观照学生真实生活，拓展学生作文内容与作文形式入手，充分关注学生个性差异，努力激发学生写作内驱力，提高学生书面语言运用能力，与此同时，发展学生思维，提升学生人格的一种作文理念及教学策略。"②

　　程善峰对生活作文的研究。程善峰是江苏省的一名语文教师，2003—2005 年开始进行生活作文教学改革研究，提出了"作文生活化，生活作文化"的教学理念，出版了专著《追寻生活的作文》，对生活作文教学基本理念、教学方法进行了系统的论述。

（二）生命作文教学

　　早在 2003 年，徐同在《语文教学通讯》上发表的《从生命的发展解读作文教学——作文个性化刍议之一》一文中就提出"作文的根本功能是'抒情表意'，是生命个体在生命群体中养成'人际交往能力'的重要活动之一"。他认为生命与作文是具有内在联系的，由此提出"生命作文"。就我们目前

---

① 严开宏.生活即教育：含义与疑义[J].南京晓庄学院学报，2005(6)：9.
② 胡斌.去蔽・超越・建构——基于现象学的生活作文研究[D].重庆：西南大学，2012.

搜集到的资料来看,"生命作文"一词最早出现在 2005 年 5 月"全国中学作文教学论坛与课堂教学展示会"熊芳芳老师"生命作文"的写作教学展示中。之后就有文章从生命角度来构建作文的教学理念。

吴滨提出"把情感意愿和对生命的表达放在首位""借助想象和联想创新思维""调整思想,提升思想"等三种策略。[①] 陶振环提出"回归本真,放飞思想""涵养品格,荡涤心灵""陶冶情操,开启智慧""超越自我,升华生命"等途径建构。[②] 韩会提出"顺应孩子好奇的天性,让孩子爱写""抛弃单调训练,让孩子乐学乐写""提供创造空间,让学生自由写,彰显活力"等方法建构。[③]

(三)生态作文教学

生态作文教学源于赵谦翔老师的"绿色作文"教学实践。针对传统"灰色作文"的种种弊端,赵谦翔老师提出了"绿色作文"的全新理念,绿色作文教学倡导以人为本、张扬个性,注重引导学生走入社会,观察生活,体悟人生。[④]

浙江省乐清市虹桥中学的陈友中老师较早提出了"生态作文教学"这一概念并进行了教学实践。他在《生态写作》一书中提出:"生态写作就是关注学生的生命轨迹,紧扣学生的生命发展,切实把学生放在习作教学的主体地位上,让学生自由地、自主地、自发地写,用自己的心灵书写人生。"[⑤]语文教育家刘国正先生也认为,作文需要生态化生成的过程,这时的作文需要同生活提供的作文原料水乳交融,情由事发,理在事中,情理交融。理、事、情都渗透着学生对生活的体验。因此,环境所提供的生态资源和学生的体验在写作中相辅相成,互利互生,通过生态系统的综合效应实现对学生人格建构

① 吴滨.把握教育本质,让作文回归生命[J].学科教学,2009(15):149.
② 陶振环.生命意义在作文教育中的消解及重构[J].学科教与学,2009(12):58-79.
③ 韩会.怎样让学生的作文彰显生命的活力[J].青年文学家,2009(10):125.
④ 赵谦翔.绿色语文的来龙去脉[J].语文教学通讯·初中,2018(2):9.
⑤ 陈友中.生态写作[M].北京:中国文联出版社,2008:8.

和能力形成的影响。①

　　四川开江语文老师彭辉在《作文教学的生态回归》②一书中,基于教育学和生态学,提出了作文教学必须回归"生态"的基本观点,并从操作层面作了解读。

---

　　① 刘国正.作文教学的实和活——在井冈山作文教学研讨会上的发言[J].中学语文教学,2003(1):7-10.

　　② 彭辉.作文教学的渗透回归[M].沈阳:白山出版社,2016.

第三章 "三生作文"教学模式及理论依据

　　"三生作文"是以"生活体验"为内容,以"生命成长"为目标,以"生态平衡"为理念的一种作文教学模式,它的教学就是要引导学生以生活为内容,以生命为目标,以生态为理念进行写作,拒绝写作主体"缺失化",拒绝写作内容"空洞化",拒绝写作形式"套路化",拒绝写作目标"功利化",重建生命体的精神秩序。它的提出有其建构主义、自然主义和需要层次理论等方面的依据。

一、"三生作文"的界定

(一)"三生"含义

　　生活。生活的概念很复杂,没有统一的标准。美国教育家杜威认为"生活就是发展;不断发展,不断生长,就是生活"。他强调"教育即生活",在《我的教育信条》中写道:"我认为教育是生活的过程,而不是将来生活的准备。"我国教育家陶行知师承杜威,继承并发展了"教育即生活"说,提出了"生活即教育"理论,强调生活的教育意义。他指出:"生活教育是生活所原有,生活所自营,生活所必需的教育。教育的根本意义是生活之变化,生活无时不变,即生活无时不含有教育的意义,因此,我们可以说'生活即教育'。"①两人都强调生活和教育的关系,生活和教育是分不开的。本书所讲的生活主要是指学生的日常生活及自身累积的生活经验,是主体切身经验的实实在在的生活。

生命。"生命"这个词很常见,日常生活中人人都在谈论它。生命到底是什么呢?医学上认为生命是:"①活着的状态;由新陈代谢、生长、繁衍以及对环境的适应所表现出来的特征;动植物器官能完成其所有或部分功能的状态。②有机体的出生或发端到死亡之间的时期,从生理学上看,完整的生命起始于胎儿,终结于死亡……③将生命物体(动、植物)与非生命、非有机的化学物或已死的有机物区别开来的特征的总和。"②生命就是存在的根本,是生物体具有的活动的能力。

在哲学上,德国学者费迪南·费尔曼(F. Fellmann)在其所著的《生命哲学》一书中对生命哲学做了系统的研究。他认为"生命哲学是对主体性或自我经验这个话题所做的重要贡献"。在这里,生命更多的是指一种经验,一种对生活的经验,是他人不可复制和模仿的,自己的生命有自己的经验。

在教育学范畴里,生命既是重要的教育资源,亦是不可或缺的教育对象。每个生命都有自身的存在方式和活动特点,相对应地就要实施不同的教育方式。

生态。"'生态'是指生物在一定的自然环境下生存和发展的状态;也指生物的生理特性和生活习性。"③生态和自然环境是不可分离的,它们共同组成了一个生态系统。而生态系统最本质的特点就是生命性,无数的生命在这里孕育发展,构成了多姿多彩的生态系统。如果没有生命,生态系统也将不复存在。本书讲的生态主要是指写作的生态环境,各写作要素和谐统一,均衡发展,建构起健康的写作生态系统。

---

① 陶行知.什么是生活教育[J].小学时代(教师),2012(6).
② 黄应全.死亡与解脱[M].北京:作家出版社,1997:14-15.
③ 中国社会科学院语言研究所.现代汉语词典[M].北京:商务印书馆,1996:1130.

(二)"三生作文"含义

"三生作文"是以"生活体验"为内容,以"生命成长"为目标,以"生态平衡"为理念的一种作文模式,它并不是生活作文、生命作文和生态作文的简单组合,而是在此基础上发展的将三者完美结合并融入了新的元素的作文模式。它形象地揭示了作文的真谛。

(三)"三生作文教学"含义

所谓"三生作文教学",就是要引导学生以"生活体验"为内容,以"生命成长"为目标,以"生态平衡"为理念进行写作,拒绝写作主体"生命缺失",拒绝写作内容"生活失真",拒绝写作环境"生态失衡",重建生命体的精神秩序,把理性状态的写作知识通过写作教学实践活动变成学生语感状态的写作经验,让学生有话可写,有话想写,有话敢写。

二、"三生作文"的特点

社会生活是日新月异的,写作从生活中来,教师不能按传统的写作教学方式让学生写早已写烂的陈旧的事情,学生不能用一套既定的写作模板复制一篇篇丝毫没有写作主体情感温度的文章,那种陈年老调,套用僵化模式的写作应该被淘汰。"三生作文"摒弃这些弊端,提倡作文与做人统一,生活与写作融合,语言与思维一致。

(一)作文与做人统一

自古以来就有"文品即人品"的说法,作文就和做人紧紧地联系在一起,有时甚至两者合一。人总是有表达的需要,想把自己经历的事情分享给别人,口头语言受时空的限制,于是书面语言活动就开始了,人们用写作来满足传播信息和人际交流的需要,心里想什么,就书写什么,这些文字符号也恰恰反映了作者的思想情感、人格精神,从本质上说,写作和做人在生命本质的需求方面是统一的。"三生作文"以生命成长为重要的写作目标,要求学生表现自由思想,体现独特个性,在作文中满足了个体生命成长的需要。写作作为一种精神性的创造活动,是复杂多变的,涉及信息的采集,艺术的加工,创作的表达等,都包含了作者的知识经验、思想观念、思维品质、精神意志,作者可以在写作中提升自己的精神境界,重塑人格魅力。离开了做人的作文,是没有存在意义的;离开了作文的做人,是充满遗憾的,作文和做人和谐统一,是"三生作文"教学的理想诉求。

从表面上看,"三生作文"是训练学生运用书面语言符号表情达意的能力,好似一种抒发情感的工具和手段,实则作文的背后表露的是作者的心声,是作者内心活动方式的呈现,是作者思想和情感的载体,正所谓"言为心声,文如其人",文字真实地反映着作者的做人素质。人为文之本,作文既是人的心理和意识素质的外化,又是人的一种特殊的生命行为。知、情、意、行是人的生命存在及其活动的几个十分重要的方面,相对集中地体现了人的生命存在的轨迹,那么"做人"与"作文"理应在知、情、意、行上相互统一。

在"知"上的统一即与人所有的知识内涵的统一。人是一种特殊的生物,除了与其他生物共有的生物属性外,还具有创造性劳动的能力,有目的性思考的能力,在社会生活的关系网中,能基于自身经验和想法不断产生新的观点、见解、审美能力等。"三生作文"是有知识的人的精神行为,既表现了人的知识水平,又提炼和增进了人的知识,反之作文水平也就随着"做人"进程而不断精进。在"情"上的统一即与人的情感世界之间的统一。情感世界是人性最生动之处,"三生作文"讲究一个情动而辞发,不管写什么内容,都要求有真情实感、美好情操。作文自情始,"情动于衷而发于言"。写作文一定要有真情实感,这是大家的共识,做人也是一样,一定要真实。"三生作文"是学生基于生活的真情流露,写的是对生活的独特感受,绝不是运用机械的技能技巧可以写成的。学生对待作文的态度,从侧面来说就是他们对待生活的态度,对社会的关注度,对人生的感悟度。所以"三生作文"就是在指引学生正确做人。在"意"上的统一即与人的意志品格的统一。古人写作讲究厚积才能薄发,"咬定青山不放松"的顽强意志是必不可少的。"三生作文"需要作者用心感悟生活,更需要用心投入生活,要把个人情感融合到写作过程中,把个人所思、所想、所悟,在理性分析和感性认识的基础上不断深入,推向高潮,有顽强的创作意志,面对现实生活的点点滴滴,自觉地有发泄的精神冲动力和欲望。苏联当代作家弗拉季斯拉夫·季托夫原是煤矿技师,在一次事故中截去了两臂一腿成了残疾人,他立志用文学去燃烧人们的心灵,忍受着巨大的痛苦,坚持训练自己用牙咬住笔靠头部活动写字,终于写出颇受好评的中篇小说《死神奈我何》。他以崇高的动机和顽强的意志,实现了自己的心愿。在"行"上的统一即与人所有行为习惯的统一。"三生作文"倡导的是一种创造的精神行为,作文之"行"和做人之"行"在本质上是相通的。一个爱国的人是写不出丧权辱国的文字的,那些名垂青史的作家李白、文天祥、巴金等人的作品让人心灵震撼,这也是与他们的人品分不开的。

(二)生活与写作融合

写作,本就是从生活里来的,写作的过程就是回归生活的过程。写作的主体是人,人离不开生活,对生活的真情感悟就是写作最好的素材。写作,写的就是生活,生活包围着你,写作也包围着你,两者是相融合的。

生活是"三生作文"的基础。刘勰强调了客观生活对写作的影响力,"人察七情,应物斯感;感物吟志,莫非自然",人是有七情六欲的,当受到现实生活的刺激时,内心自然会产生一定的感应,写作灵感就出现了。"三生作文"强调体验生活,体验生活是内心情感波动的必经之路,只有有了丰富的生活体验,有了激情,才能有表达的欲望。可见生活是表达的前提和基础。就像作家胡万春在谈《骨肉》的创作体验时说的:"我坐下来,脑子里的思潮如汹涌的海浪,冲击着我,我觉得要说的话多得不得了,真恨不得一下子全都倾倒似的倒在纸上。"另外,生活体验并不是一次性完成的,需要个体无数次参与其中才能内化其心,这种无限循环的特质更符合柏拉图所举过的蜜蜂采蜜的例子:蜜蜂需要无数次采蜜才能酿出佳蜜,无数次体验的积累才有可能靠近那终极境界。真正伟大的诗,必然是从这种生活体验的循环中吸取源泉的。在生活中有些小事大家都经历过,比如说搭乘公共汽车,但是很少有人会从这件平常小事中领悟人生真理。然而有心人却从乘车的生活体验中获得了对生命的感悟。《读者》里曾有这样一篇文章:

乘车的随想

远远看见公共汽车从后面驶来,紧赶几步的人可就上去了,放弃希望者则被落下。人生机遇也是如此,成功总是属于那些对命运充满希望的人。

不顾一切挤上满满的公共汽车,谁知后面就有一辆空车驶来。他们忘了一句古老的箴言:退一步海阔天空。

等车时,起点站的人希望能有一个座位,而中途上车的人能挤上车就心满意足了。人生旅途上,起点不同也会影响到人们的追求。

有的学生表示自己也有相同的生活经历,但是没想到还可以这样去描述生活,没想到生活中的这些小事写在作文里如此精彩。即使是同一件事从不同的角度观察、思考就有不同的感受。"三生作文"与生活紧密相连,只要仔细观察,勤于思考,就能有自己独特的发现,就能积累丰富的素材。

"三生作文"是对生活的再现。个人在生活过程中,对客观事物有了接触并慢慢加深认识,使客观事物融入生活,这时带着情感的主观体验便衍生出来了,这是个体在体验活动中收获的感受、认识、经验,是鲜活的写作素材。实质上作文就是对生活的理解、感悟、超越和反思。像鲁迅先生的《孔乙己》,塑造了一位可笑又可悲的读书人的形象,借他的命运揭露中国封建传统文化氛围"吃人"的本质,是对当时旧社会生活的再现。透过作品,读者认识了当时的社会,了解了历史。

(三)语言与思维一致

写作,是把自己脑中所想、心中所感的东西用文字符号呈现出来,以书面语言的形式呈现。语言和思维是不可分的,没有语言,思维无法表达,没有思维,语言也失去了存在的价值,语言是思维的工具,思维是语言的内容,没有离开语言的思维,也没有离开思维的语言。古希腊的柏拉图说:"我有一个想法:心灵在思想的时候,它无非是在内心里说话,在提出和回答问题……我认为思想就是话语,判断就是说出来的陈述,只不过是在无声地对自己说,而不是大声地对别人说而已。"[1]他认为思维是无声的语言。"思维是人类所具有的高级认知活动。按照信息论的观点,思维是对新输入信息与脑内储存知识经验进行一系列复杂的心智操作过程。"[2]联系写作,思维是人们表征所知世界的过程,写作行为包括了获取信息、产生新的观念、组织构思、语言建构、阅读材料、产生文章以及其他操作等一系列智力活动过程。"三生作文"教学提倡独立思考,教给学生多元的思维立意方法,用自己的语言来表达自己的思维、思想,让学生说心里话,让学生用我手写我心。在"三生作文"中,学生的思维是自由的,用个性化的语言书写自己的心声,思维和语言是一致的。

在"三生作文"过程中,作者自身独特的思维特点,都会通过其语言文字符号表现出来。一般来讲,思维包括理性的逻辑思维和感性的形象思维,思维方式不同,作者采用的语言符号形式也会有所差别。文学家擅长感性的形象思维,在他们的思维中,万物皆有灵:借景抒情、寓情于景、情景交融,所以他们笔下的事物往往不只是事物本身,也是形象或情感的寄托。科学家擅长理性的逻辑思维,他们对事物的认识会基于事物本身,从而给出合理科学的解释。不管是采用何种语言符号,都是个体思维的产物,带着自己独特的烙印。

---

[1]　申小龙.语言之于人类思维的本体论意义[J].学术交流,1991:124.
[2]　刘颖.医学心理学[M].北京:中国华侨出版社,1997:27.

有这么一个故事——悬崖边长了一棵树,一位商人路过,忍不住赞叹道:"这棵树的木质绝佳,凤凰自古栖大梧,良木由来做栋梁。"然后满脸不舍地走了;一位科学家路过,看到这棵树,满脸欣喜地记了起来:叶对生,有柄;叶片宽,椭圆形或宽卵状椭圆形,全缘;托叶三角状卵形,早落……然后兴高采烈地走了;这时来了一位满面愁容的作家,望着这棵树悲从中来:"树渐渐萎缩了,先是有些枝子干枯——长在偏僻的角落,谁又会关注它呢?慢慢地整棵树就会失去灵气,不发芽了,不开花了,最后只能留下一具尸体,突兀地站在那里。"一棵树留给不同身份的人的印象是不一样的,因为每个个体的生活经验、阅历、视野各异,思维亦存在差异,表达的情感需求自然不一样,这也是"三生作文"最显著的特征,即语言和思维是一致的。

三、"三生作文"的理论依据

任何一种教学方法的出现,都要有一定的理论支撑,"三生作文"教学也是如此,它的提出有其哲学、心理学、教育学和生态学等方面的依据。

(一)哲学依据

老子作为道家思想的创始人,他的自然哲学思想至今受人推崇,"道法自然"便是其思想的理论核心。所谓"自然",就是自然而然,事物本来的发展原貌,不受外力的干扰,包含着自然运行的规律。而"道"在老子看来是世间万物的起始,是自然发展的规律,它无目的性地生成自然万物,无始无终,生生不息。对于"道法自然",老子常常称呼其为"朴""素""一",甚至是"婴儿",就是为了强调其自然性,这是天地万物最自然、最真实的存在状态。人们写作也应如此,是为了宣泄内心最真实的情感,是心声的自然流露,是一种精神创造性行为。"三生作文"尊重写作主体的自主性和自然性,力求有个性地自由表达,展现写作过程最真实的状态。

老子推崇"无为而治"的思想,"无为而治"也为当权统治者提供了一种管理百姓和安定社会的手段。老子厌恶强权政治和世俗礼教，认为这些是强作妄为，不能使民众归心，社会安定。统治者如果"无为而治"，效法自然、顺应自然、无欲不争，则"民自正"，社会和百姓就会得到自然而然的发展。这对作文教学有很大的借鉴意义，教师也可在作文教学中"无为而治"。"三生作文"教学提倡尊重学生的个性发展规律，顺应学生的个人天性，让学生我手抒我心，是一种自然而然的写作教学模式。当然老子的"无为"并不是"无所作为"，而是"为无为"，反对肆意妄为，倡导以自然的心态处事。这也是一种特殊的"为"，要求人们尊重自然万物，遵循客观规律。"三生作文"的写作教学理念体现的就是"无为"思想，以生态平衡为教学理念，遵循学生的发展规律，遵循写作自身的规律，教师对学生的思维和写作不做强制性的干预，但也不是完全不做干预，而是在教学中适当地引导，尊重教学规律。

孔子认为"天地之大德曰生""生生之谓易""天何言哉，四时行焉，百物生焉，天何言哉"。儒家认为万物之生生不息是天地间最大的德行，自然界中的一切事物都以生为意，以生为心，天生万物，人与天地万物一体，提倡保全生命，尊重生命的需要，倡导生命本位，强调自然关怀。在《论语》中，我们便可以深切体会到孔子表现出的对生命的无限热爱与珍惜，儒家文化也是围绕人而展开的，儒学即人学。《论语·乡党》记载，有一次孔子回来，得知马厩失火，急忙问道："伤人乎？"马厩失火，平常人自然应该先问马，但孔子首先关心的是人而不是马，说明他对人类生命的关切溢于言表。在"三生作文"教学过程中，引导学生观察发现生活的美，培养学生对生活的热爱并追求生命的超越，并在不断追求的过程中，发现生命的意义，创造生命的价值，最终实现生命的价值。"三生作文"写作十分尊重学生的写作主体地位，关注学生的自由表达，用自己的心灵书写人生。

（二）心理学依据

写作是一项复杂的精神创造性的活动，主观能动性极强，蕴含着作者的思维活动和心理变化活动，探讨写作中蕴含的心理学知识是十分必要的。

人为什么要写作？支撑写作的内部力量从何而来？心理学界把这种推动力叫作动机，那么推动写作的内部力量就是写作动机。创作动力是个体生命内部前进的动力，推动着创作者去追寻生命的真谛，去满足生命在现实生活中所产生的种种需求。创作动力激励着人们去满足内心的祈愿，将精神上的渴求转化为纸上的万语千言，它是精神需要的外在表现。因而，创作动力以生命冲动及精神需要的合力这样一种形式存在。

美国著名心理学家马斯洛提出了"需要层次理论"。他将人的需要自下而上分为生理需要、安全需要、归属和爱的需要、尊重的需要、自我实现的需要五个层次。其中尊重的需要可分为自尊、他尊和权力欲三类，包括自我尊重、自我评价以及尊重别人。满足了尊重的需要，人才能有信心，有价值感的存在，如果尊重需要受阻，将会导致人自卑和缺乏安全感。其后就是自我实现的需要，这是人的最高层次的需要，是人的潜能发挥的最高境界。这种需要的实现需要竭尽全力，做到尽善尽美，推动个体生命去表达自我，产生创作的动力，"三生作文"教学充分尊重学生的主体地位，满足学生自我表达的需要，增强学生写作的兴趣，使其乐于写作并爱上写作，满足"我的作文我做主"的需要，实现生命体精神秩序的重建。

潘新和先生提出"言语是人类生命意识的表征，生命是言语创造的不竭动力"。他认为：言语生命冲动和言语生命意识是超功利的、原生的、内在的写作动机，是以人的本性、内在精神需要和自我实现的生命欲求为基础的动机。[①] "三生作文"让创作者大胆地说自己的话，书写个体生命最原始的精神需求，彰显着独特的言语风格，是主体内在心灵通过文字载体的一种外化，是一种外在表露。

杨立元先生提出了"创作动机簇群"理论。他认为创作动机的动力在于创作主体内部积存心理能量的多少和所产生力量的强弱，因为创作动机是一个动态的可变结构，是一个不断发展变化的系统。"创作动机由多种因素形成，具有多种不同的性质和功能，能够满足不同的需要和目的，因而构成

---

① 潘新和.语文课程性质当是"言语性"[J].中学语文教学,2001(5):10.

了一个庞大的簇群。"①人是有情感的生物,现实世界的点点滴滴都可能激发生命体内心的涟漪,这些情感的波动升华是深刻的生命体验,成为主体的创作动力,推动着写作的进行。"三生作文"教学引导学生密切关注生活,感悟生活,让创作主体的内心充溢着生命的各种情感,可能是孤独,可能是欣喜,可能是激动,也可能是兴趣使然,种种因素都驱使着写作主体将内心的情感波动外化。

（三）教育学依据

瑞士心理学家皮亚杰最早提出了建构主义,这是目前在教学中应用十分广泛的一种学习理论。在建构主义当中,"情境""会话""协作"和"意义建构"被看成是学习环境中的四大要素。建构主义很强调新旧知识的联系,强调学生的协作会话与自主建构。提出教学不能无视学生已有的知识经验,更不能"强灌硬输",要以学生的旧知识作为新知识的生长点,依靠他们的认识能力,基于以往的经验,对问题提出假设和解决措施。教师并不是知识的呈现者,不能代替学生主动学习,知识应该由学生自己建构,这个过程是他人无法替代的。"三生作文"教学也是如此,以"生态"为理念,遵循学生的发展规律,关注学生的生命轨迹,引导学生回归到生活中去,让学生自主地、自由地、自发地书写自己的人生,展现原生态的自我。

另外,自然主义教育主张顺应儿童的自然发展顺序进行教育,是一种"归于自然的教育"。法国大革命先驱卢梭明确提出了"自然教育"理念,核心就是要求教育要顺应自然,顺应人的自然本性。《爱弥儿》一书便是卢梭自然教育思想的一个实例。他在书中写道:"出自造物主之手的东西都是好的,而一旦到了人的手里,就全变坏了。""如果你想永远按照正确的方向前进,你就要始终遵循大自然的指引。"②因此教育要顺应儿童的自然天性,使儿童在教育的过程中保持主动的地位,给予其充分的自由,儿童才能成人。

---

① 杨立元.创作动机论[M].长春:吉林大学出版社,2007:102.
② 任钟印.西方近代教育论著选[M].北京:人民教育出版社,2001:116.

相似地,"三生作文"教学也主张自然写作,反对教师的强制灌输,尊重学生的主体地位。

裴斯泰洛齐受到卢梭自然主义教育思想的影响,提出了"教育心理学化"的主张。当然,他的自然主义教育首先是顺应自然的教育,这里的"自然"也指大自然,但更多的是指儿童的自然天性。他认为大自然有其自身特定的发展规律,例如树木的生长规律。教育也是一样的,应该要模仿大自然,顺应规律,"一切教学都应该把知识课题的最基本部分牢固地灌输到人的心灵中去;然后,渐进但不间断地把次要部分连接到基本的知识上去,保持课题的所有部分,甚至其最肤浅的部分成为一个活生生的、匀称的整体"。[①] 这与"三生作文"教学主张"生态"理念是一致的。作文要从大自然中汲取智慧,培育学生的生态观;作文要尊重学生的自然本性。

(四)生态学依据

"'生态'一词源于古希腊语'Oikos',其含义可解释成住所(plaee to live)、房屋(house)、家(home)、房地产(estate)或家务(housework),因此生态学的原意是关于居住的学问。"[②]《牛津生态词典》(*Oxford Dictionary of Ecology*)把"生态学"一词解释为"The scientific study of the interrelationships among organisms and between organisms, and between them and all aspects, living and non-living, of their environment"[③](生态学是关于生物与生物之间、生物与其所有的生命或非生命环境因素之间相互关系的科学研究)。这种解释目前已经成为各类文献资料中常见的定义。

随着社会发展和科技进步,生态学也衍生出许多相关学科,像景观生态学、城市生态学、商业生态学、教育生态学,等等。美国哥伦比亚师范学院院

---

① 裴斯泰洛齐.裴斯泰洛齐教育论著选[M].夏之莲,译.北京:人民教育出版社,2001:79.

② 盛承发.生态学基本概念的发展[J].青年生态学者论丛(一),1991(7):14.

③ Michael Allaby. Oxford Dictionary of Ecology[M]. Oxford: Oxford University Press, 1998.

长劳伦斯·克雷明(Lawrence Cremin)最早提出了"教育生态学"这一术语。我国最早提出"教育生态学"概念的是台湾学者方炳林,他在《生态环境与教育》一书中提出:"生态系统的研究就是从生态环境中选择与教育有密切关系的因素,以了解其与教育的作用与关系。"①把生态学的理念折射到作文教学中,发现写作环境也是一个系统的生态环境,因为写作主体、写作客体、写作受体、写作载体等各要素是相互联系和制约的,这种关系是由规则制约的,要维护写作生态环境的平衡,就要遵循规律。"三生作文"教学模式是基于生态学理念,倡导生态平衡的写作,一是让学生进入真实的写作状态,尊重其自然本性,表现生态的真实自我;二是让写作活动与自然生态环境更加紧密地结合在一起,使学生在写作中更加崇尚自然,热爱祖国的山山水水。

余谋昌也提出过"生态观"的概念,他认为:"生态观就是生态系统的整体观,是人类对生态问题的总的认识或观点。"②其实,生态观就是人们关于生态问题的总的认识,是在生态规律方面形成的价值观和人生观,是在生态规律指导下认识并处理个人与自然、人类社会、文化之间关系的基本观点和看法。自20世纪80年代起,生态观开始渗入教育教学研究,后来教育生态学在我国教育界开始逐渐兴起,越来越受到人们的关注,并被引入很多学科,生态化教育的内涵也日渐丰富。"三生作文"教学蕴含着丰富的生态理念,它讲求原生态地作文,这就注定了它没有死板的条条框框的限制。不用遵循固定的模板套路,学生能够放开手脚,尽情大胆地进行创作。教师可以在学生写作有困难和问题时,与学生共同商讨,采取恰当而又灵活的方式帮助学生克服和解决,从而保护学生创作的积极性。

---

① 方炳林.生态环境与教育[M].台北:维新书局,1975:12.
② 余谋昌.生态观与生态方法[M].北京:中国社会科学出版社,1982:42.

第四章 "三生作文"教学模式的结构框架

　　"三生作文"教学模式突破了传统的写作教学模式,以"生活体验"为主要写作内容,以"生命成长"为重要写作目标,以"生态平衡"为写作教学理念,让写作焕发出新的生命力。

一、以"生活体验"为主要写作内容

　　生活是作文的源泉,离开了生活,作文变成了无源之水。叶圣陶先生这样说过:"我们要记着,作文这件事离不开生活,生活充实到什么程度,才会做出什么文字。所以论到根本,除了不间断地向着充实的路走去,更没有可靠的预备方法……必须寻到源头,方有清甘的水喝。"①语文的外延与生活的外延相同,不管是现实生活、虚拟网络生活还是精神生活,人只要活着,就会有话可说,有情欲抒。"三生作文"是提倡以生活体验为主要内容的写作,它基于生活,表达独特的生命感受。

　　(一)现实生活作文

　　人都是现实社会的动物,活在现实世界之中,写作也是人们在现实生活

---

　　① 叶圣陶.叶圣陶语文教育论集(下)[M].北京:教育科学出版社,1980:363.

的一种诗意的存在方式。特别是信息时代,我们这个社会已经离不开写作,维斯特说:"写作包围着你。"丰富的现实生活为我们提供了无穷无尽的写作"原材料",日月星辰、草木鸟兽、江川河流、兄弟姐妹等都可以成为写作的素材。

现实生活中,令我们情感波动的东西实在是太多了,但是这些感触往往稍纵即逝,需要我们及时记录下来。积累多了就会内化成自己的经验,文章就写得像样了。当然这里的经验是指基于现实生活的经验,而不是"类生活经验"。现在很多作家都把自己关在书房里,俯首案桌,不知不觉衍生出一些"类生活经验"。这种经验飘浮在生活的空中,不接地气,看似来自生活,实则已与生活渐行渐远,甚至是带了想象成分在里面。一旦这种"类生活经验"与现实生活经验发生碰撞,它便会不攻自破,随之而来的便是由这种差异带来的心灵冲击。

"三生作文"教学提倡以"生活体验"为主要写作内容,即使是实用类文体的写作也是要以生活为素材,有目的性地积累,尊重文体的特点,在规定的范围内加入自己的理解,使文章更加富有活力和个性,并且引导学生深入体会和把握实用写作与生活关系的本质,逐渐地建立起实用写作与生活对应关系的理念。

例如:2019北京高考作文题——从下面两个题目中任选一题,按要求作答。不少于700字。将题目抄在答题卡上。

①"韧性"是指物体柔软坚实、不易折断的性质。中华文明历经风雨,绵延至今,体现出"韧"的精神。回顾漫长的中国历史,每逢关键时刻,这种文明的韧性体现得尤其明显。中华民族的伟大复兴,更需要激发出这种文明的韧性。

请以"文明的韧性"为题,写一篇议论文。可以从中国的历史变迁、思想文化、语言文字、文学艺术、社会生活及中国人的品格等角度,谈谈你的思考。要求:观点明确,论据充分,论证合理。

②色彩,指颜色;不同的色彩常被赋予不同的意义。2019年,我们

隆重纪念五四运动 100 周年,欢庆共和国 70 华诞。作为在这个特殊年份参加高考的学生,你会赋予 2019 年哪一种色彩,来形象地表达你的感受和认识?

请以"2019 的色彩"为题,写一篇记叙文。要求:思想健康,内容充实,感情真挚,运用记叙、描写和抒情等多种表达方式。

像牛奶巧克力般——暖色系

某考生

此时的夜晚,天空还没有星星,视野漆黑一片,即使有寒冬的冷风吹入,但我不会感觉寒冷、无措,因为有您,今夜、此时,像牛奶巧克力般,色彩厚重,味道香浓,倍感温暖,幸福。

温暖的夜晚

不知道是因着屋子里的暖意熏得人昏昏欲睡,还是对学习的倦怠心理作怪,我看着眼前一堆又一堆的书,以及手里忙不完的作业,大脑开始迟钝犯困,上下眼皮不自觉打起架来,情不自禁地便想趴在桌上,手指不耐烦地敲着桌面。

擦——擦——擦,擦——擦——擦,一阵脚步声由远而近自屋外至我身边,虽然极其轻微但心烦意乱的我还是感觉到并精准判断出——母亲来了!我懒洋洋百无聊赖地起身,抬眼,一杯热腾腾的牛奶出现在我眼前的桌子上。

雾气缭绕间,香味四处飘溢,小小书房里氤氲馥郁,逗引出我的馋虫来。懒得动手,只是微探出头来用嘴巴轻轻地抿上一小口,啊,好甜好香!顿时来了食欲,端起杯子大口咕咚,瞬时便杯空见底。

母亲冲泡的热牛奶如同魔力无边的魔法师,让我迅速打起了精神——拿起纸笔,继续未竟的作业!

外面的世界凄寒寂寞，因为有母亲的陪伴，有甜香的牛奶慰藉，屋内的我竟感受不到一丝寒意。寒冬的暖香沁人，居然有激荡满腔热血的能量、力度，帮我逐走瞌睡虫，驱除了懈怠及颓废感。此时，我的心里就像吃了巧克力一样甜美至极。有母爱相伴的夜晚，真好！

安心的夜晚

心急如焚，不知所措，形容回家后第一天晚上的我再合适不过了。周围一切嘈杂的声音我都已经听不到，只听到心脏一下又一下地紧张跳动。多么悲催呀，要上晚自习了，我的作业却落在家里了。昨天的一幕幕在我的脑海中浮现，让我一时间懊悔不迭。

"闺女，你的书包收拾好了吗？"

"还没呢，我先看会儿电视剧，一会就收拾！妈你放心吧！"我随口敷衍道。

"你先收拾好了再看不行吗？"母亲的话再度响在耳畔，颇具穿透力，令我不胜其烦。真想捂住耳朵，但还是起身边看着电视边心不在焉地把书包收拾了，却遗落了放在书桌旁窗台上方的几张试卷，那是晚自习班主任必收的作业！

"王欣月，有人找！"警卫室传来消息。

"谁找我呀？"我纳闷地走向学校大门口。

"妈妈，你咋来啦？"

"我收拾书房时看窗台上有几张数学卷子，应该是你的假期作业吧？怕你急用就打车给你送来了。"

"谢谢妈妈，我正为此事着急呢！"

"你个马大哈呀，下次可得仔细点，别总是慌里慌张丢三落四的。"

我红着脸送母亲离开，含着泪转身。母爱总是这么恰到好处，如及时雨般，帮我们解危救困。

幸福的夜晚

入秋的凉意袭人,我得了重感冒,发起高烧。身体的每个细胞好像都在燃烧,头疼得睡不着觉。母亲一直坐在我的床边陪我,整整 24 小时的守护,片刻不敢合眼,看上去憔悴而疲惫,但神情中透露出的依然是浓浓的关心和深厚的爱意。

母亲为了能够分担我的痛苦,不时地陪我聊天说话,以分散我的注意力。不知是母亲的话语如摇篮曲般抚慰身心,还是那退烧药的功效,困意渐渐涌上心来,终于进入了梦乡。或许是因着母亲在,这一觉我睡得香香的沉沉的。

有病的夜晚不是痛苦,反而让我感觉像是回归到幼儿时期,再次躺在母亲温暖的怀抱中,满满的甜蜜和幸福。

母亲的爱如牛奶巧克力般,融化在我的心田里,香浓四射。无论身在何方,人在何时,都能给予我无限的温暖和无穷的力量。有母爱父疼真好,日子温暖安心,生活平静幸福。

中国的 2019 年着实不一般,五四百年,新中国成立 70 周年,姐姐说每天上下班的路上灯笼高挂,红旗飘扬,处处鲜红闪亮,真美!我说,我的 2019 年也不一般,为高考而拼搏,累并快乐着,因为有父疼母爱,疲劳不堪时眼前总会有一杯牛奶出现,奶香四溢,甜如巧克力,暖心的色彩,感觉便是美好的了。

"三生作文"教学很重视写现实生活的作文。因为它与现实生活关系最为密切,是为解决实际问题而撰写的文章,是社会生活中具有特定用途的文章,是生活中基本的沟通工具。根据实际生活中的具体问题,多种样式的实用文体应运而生,实用性极强。因此,可以说写现实生活的作文是对生活中各类事物及其处理方式进行归纳总结、提炼规律的结果,它不仅简化了对具体问题的认识和把握,而且大大提高了处理事务的效率。它的价值和意义是通过实用性写作的中介,去解决现实生活中出现的实际问题。离开了生活的需要,它就没有存在的意义和价值了。由此可见,实用性和生活化是它的显著特点。由于文体的特质,实用写作比较固定,因为这种文体从名称、种类、格式、行文关系、适用范围、用语等方面都有比较严格的规定,所以很容易出现写作刻板、僵化、缺少对具体事物的针对性等问题。传统教学下实用文体的训练往往过分强调对范文进行模仿,这样只会使实用性文章的写作单调,缺乏活力,而且经过训练所写出的文章总是或多或少地带有范文的痕迹。

(二)网络生活作文

21世纪是一个信息技术大发展的时代,网络进入千家万户,并迅速地蔓延到各个领域,给人们的生活和生产方式带来了极大的变化,人们进入网络生活时代。时空在压缩,信息在爆炸,这给教育领域也带来了新的元素和挑战。何克抗教授曾说:"信息技术在教育领域的全面应用,必将导致教学内容、教学手段、教学方法和教学模式的深刻变革,并最终导致教育思想、教学观念、教学理论乃至整个教育体制的根本变革。"[①]学生和老师们接受网络生活的各种洗礼,写作方式也融入了新的元素。网络生活作文以网络媒体为依托,是虚拟的空间,与传统文章差异极大。

网络生活写作的生活素材丰富。网络生活作文是依托网络展开的生活作文,打破传统教学的硬件限制,在网络上实现生活资源的共享。网络是一个庞大的信息资源库,人人都可以在上面查找,读取,存放信息,坐在家中也可观世界。只要有互联网,学生就有取之不尽、用之不竭的写作素材,兴许可以缓解"没有什么好写"的困境。写动物主题的可搜索"动物世界",写风景状物的可搜索"自然风光",写亲情主题的可搜索"亲情故事"。网络生活写作不再依托纸笔形式,文字符号直接放在网络上无纸化递交,表达的方式

---

① 何克抗.论现代教育技术与教育深化改革——关于 ME 命题的论证(上)[J].电化教育研究,1999(1):3.

也更为多样,可以微信朋友圈写作,可以微博动态写作,可以豆瓣分组写作……这些载体都是随着现实社会的发展应运而生的,更加符合时代的潮流。

网络生活写作刺激创作热情。网络可以打破时空的限制,为学生呈现各个时间、空间的精彩世界,吸引学生去浏览,去表达。网络是一个虚拟空间,上面的种种事物不具备现实生活的可触摸性和实在性,但是虚拟世界不等于虚无世界,我们的文字表达只不过是以一种数字化的方式存在。也正是因为如此,人们常常用匿名的方式在网上自由地表达自己的想法和情感,在遵守网络规则和法律法规的情况下,不必顾忌现实生活中的压力,在网上可以畅所欲言,真实地抒发内心的感受,写作的欲望得到极大的刺激。

网络生活写作帮助创造情景优势。在网络生活作文教学当中,多媒体和网络也对教学起到了重要的作用。在作文课中,老师可以利用多媒体的优势来营造与写作内容相关的课堂氛围。教师可以展示丰富的图片或者插入相关的音乐来创造良好的教学环境,提供一个虚拟的环境,让学生身临其境,获得真实的体验从而帮助写作。如在写《我喜欢的季节》的时候,老师可以播放大量的一年四季景色的图片,有春雨绵绵的,有夏花盛开的,有秋风萧瑟的,有白雪纷飞的,让学生对四季的景色充满兴趣再进行写作,写作效率肯定事半功倍;如在写动人事迹时,不妨插入相关的背景音乐,无形中便创造了一种氛围,推进情感的爆发,刺激学生写作。

(三)精神生活作文

人是有表达的欲望的,马正平先生说:"在表层上,写作是一种表情达意、交流信息的行为;在深层上,写作又是一种生命存在的形式、途径","写作就是一种生存的秩序",而"秩序的真谛在于它是一种精神理想、心灵世界、理想世界"。当在现实的生活中受到压抑,内心忧郁之时,精神生活的写作就开始了,通过语言符号,进行精神文化创造,重建精神性秩序。就像美国作家保罗·赛克斯所说的:"我们搞写作纯属自寻其乐,为的是得到心灵的宁静和安慰。当我们读起书来，我们便看到写出来的字字句句都代表一种秩序，令人心旷神怡……只有这时，才能使我们得到安宁。"[①]陶渊明不满现实生活，归园田居，有"采菊东篱下，悠然见南山"的感慨；范仲淹心怀天下，忧国忧民，有"不以物喜，不以己悲"的感慨；李清照怀乡感伤，颠沛流离，有"花自飘零水自流，一种相思两处闲愁"的感慨……这些都是作者最真实的精神生活的写照。

精神生活作文是作者运用语言文字对世界的客观存在进行体验式的、逻辑的反映，通过作文传达人类的生命活动和生活体验，是个人内心的精神活动。刘锡庆教授说过："作文应该是写我的自得之见，抒我的自然之情，用我的自由之笔，显我的自在之趣。"精神生活作文应该是"有个性的，有独特的自我感觉"，"自由真实地表达内心世界"[②]。

二、以"生命成长"为重要写作目标

"三生作文"是心灵话语的表征，是个体自由思想的表现，是健康人格的表达，是极富个性的创造性思维活动，呈现出生命体成长的动态过程。它以"生命成长"为重要写作目标，实现生命体的内在飞跃。

（一）表现自由思想

尼采说："生命僵化之处，必有规则堆积。"罗杰斯说："创造活动的一般条件是心理安全和心理自由，只有心理安全才能导致心理自由。"写作，也需要自由，才能有动力追求生命境界的流动感，找到心灵的栖居之所。不同的写作主体表现出不同的思想，在不同的时间和空间与客体的心灵交流也是不同的，这种不同体现了生命存在的自由性，是写作的动力所在。这种心灵

---

① 马正平.高等写作学引论[M].北京：中国人民大学出版社，2002：68.

② 叶澜.时代精神与新教育理想的构建[J].教育研究，1994(1)：3-8.

交流的自由最本质的东西就是"时空情绪","它是写作文化的最终动力","作为生命的自由境界,它是个体生命的栖身之所,是灵魂、心性自由生存之所。对高远无碍流动变化的时空情绪的追求是人的生命本能,也是人的社会机能"。① 人的心灵渴望解放,"时空情绪"便是生命走向自由的最高追求。

"三生作文"倡导独立的精神、自由的思想。这不仅仅是写作的自由,也是作者人格的自由、思想的自由,没有独立的思想,写作也只能人云亦云,唯命是从,就不能有审视问题的深度和广度,不会有立足生活的深切体验,更不必说个体生命发展的胸怀和气度了。现在很多考试的作文要求中,经常能看到这样的字眼:"除诗歌外文体不限"。但在实际的作文训练中,很少能做到文体不限,中小学写作侧重记叙文,高中写作更多的是议论文。而诗歌这一文体在考试中是不允许出现的,即使可以,学生也不敢写,首先想到的也是老师平时训练的文体。写作要回归自由,写心中之想,抒心中之情,不用刻意迎合社会的主流价值观,无需关注功利性规则,只关注自己内心最真实的情感,这样的写作才是自由的。

（二）体现独特个性

写作,是极富个性的创造性思维活动,是个人精神活动的产物,是写作者自然而然的生命状态的自觉呈现,打上了个人特色的深深烙印,是不可复制的。明代公安派诗人袁宏道提出"独抒性灵,不拘格套"的主张,清代诗人袁枚主张"性灵说",都是强调个性的写作,抒写自身的独特感受。同是下雨天,悲观的人看到的可能是天空在落泪,想着的是雨的愁闷,而开朗的人看到的就可能是雨在欢快的跳舞,如果以此为话题写作,这两类人写出的作文其感情走向明显是不一样的,都带着写作主体的主观色彩,都有自己的个性表达。所以"三生作文"倡导学生写作要体现自己独特的个性,独立作文,写

---

① 马正平.高等写作学引论[M].北京:中国人民大学出版社,2002:177.

出真实的文章。

立意个性化。立意是作文的精气神所在，决定了作文的内蕴。立意的确定除了应符合社会的价值观要求之外，更应侧重写作主体的个性选择。苏霍姆林斯基认为"世界上没有任何东西比人的个性更复杂，更丰富多彩。"那么，由丰富多彩的个性产生出来的精神火花，应该是千姿百态的。在现实作文教学中，尤其是小学，一写《一件感动的事》便出现很多妈妈深夜冒雨背生病的我去医院的文章；一写好人好事，那么扶老奶奶过马路的作文是少不了的；一写《令人敬佩的人》，便涌现出清洁工阿姨不顾严寒酷暑打扫大街的故事……作文立意和选材老旧、单一，未必就是学生亲身经历的，毫无个性可言。因此，应该培养学生独立思考的习惯，培养个性立意思维，启迪学生将生命的个性融入写作之中。

体裁个性化。文章的美向来是形式和内容相统一的美，就像灵与肉一般，二者缺一不可。颇具个性的布局谋篇总是能让人眼前一亮、耳目一新。在平时教学中就要鼓励孩子解放思想，张扬个性，大胆尝试，创新性地运用各种文体去创作。例如下面这篇初二学生的作文：

吴良知先生的就诊报告

患者姓名：吴良知

性别：男

出生年月：1950 年至 1980 年

主要职业：从政

职业目的（亦可以说是生存目的）：利益就是一切

病症表现：麻木冷漠，对与钱、权有关的事物极为敏感

就诊记录：三年前曾患"综合利益爱好症"，未根治

复诊方法：中西医结合

一、中医断论(采用望诊及把脉)

(1)望诊

①眼睛:眼珠转动缓慢,且只能看上方,不能平视,更不能下视。

②鼻子:鼻子严重变形,鼻尖上翘。推论:由于长期鄙视下级造成;对下级只能喷出"霸气";而面对上级时,却喷出"空气"(有时面对上级过度紧张,吸入什么呼出什么,严重时停止呼吸);只能闻财气、贵气、官气,而不能闻民气、怨气和贫气。

③口腔:舌头肉质发生变异,导致发声功能失调,时好时坏。比如说"shou zhang"(首长),发音清楚准确,颇有亲切感与尊敬之意。但如说"min yi"(民意),则含糊不清,且发音冷硬。

(2)把脉

脉象:沉,紧,乱,急,微,软,浮,涩……全部呈现出:心脏衰弱,心悸,早搏,精神长期过度紧张导致精神错乱等。

二、西医断论(采用高科技透视、化验和基因分析)

(1)透视

①肺:肺部颜色发黑,用仪器对肺壁附着物进行检测,发现是大量高级香烟及高级酒精所致。

②肝与胆:严重萎缩,体型变小,且肝趋于僵化,胆内缺乏胆汁。长有这种肝胆的人,行为多疑,趋炎附势,追逐名利,贪得无厌,总想不劳而获,于稳中渔利。

(2)化验

血:色泽发暗,缺乏人文氧气,融入了大量封建文化的二氧化碳。分子结构是:对待下级时为"主子"型;遇到上级,则立即变为"奴""狗"型。这种血供应大脑,大脑必然迷糊不清,时常昏庸,神经衰弱,精神脆弱,只有在金钱、权力等物质或精神利益的刺激下,大脑才会暂时清醒。

(3)基因分析

DNA:已发生古怪的变异,古今罕见,基因图上有难以追溯的历史;基因符号显示,不属于孔孟的嫡系子孙或后裔(有的甚至无法辨认孔孟的文字,不能理解孔孟之道),但与孔孟的血缘有着不可怀疑、明白无误的一致性。不同之处为:见到领导就呼万岁,见到上级就下跪,时常沾沾自喜,并无师自通、毫无理由地获得了荣誉感、成就感、归属感和人生价值。

三、中西医结合治疗方案

(1)角色换位,体验老百姓的困苦生活。

(2)读一批有关科学和廉洁的论著。

医师签字:陈喆

××年××月××日

面对"良知"这一话题,作者另辟蹊径,引用"就诊报告"这种医务人员专用的文体来写作,讽刺了"吴良知"先生麻木冷漠,为金钱和权利所奴役的特点,文体新颖,极具个性,十分夺人眼球。

(三)表达健康人格

人格与文章的关系源远流长,魏晋时曹丕认为"文以气为主","气"即作家的个性、风格。宋时欧阳修直把"修身""行事"和"立文"三者看成是密不可分的统一体,他认为只有良好的品质,才能有所作为。鲁迅也一直主张"作文如说话",指出文章写作"是一种严肃的工作"和"人生有关",要求"作文与做人"相结合。作文与做人两者关系密切,正所谓"文如其人,言为心声"。意思就是文章是一个人思想的表达,人的心理素质、品格修养、审美情趣、人生价值观等都反映在文本里,文本可以折射人格。书读多了,文章品格自然就上来了,对自己的要求也就高了,人品自然变得高尚;反之,做人的境界高了,写出来的作品自然不会低下。清人徐增曾说过:"人高则诗亦高,人俗则诗亦俗,一字不可掩饰。"[①]著名语文教育家叶圣陶先生认为"作文即做人",在作文训练的过程中要进行学生人格素质的培养,有什么样的学生,

---

① 朱丽.做人与作文——兼谈叶圣陶和潘新和作文教学观[D].昆明:云南师范大学,2013.

就能写出怎样的文章,文字是学生情感的载体。这些都在说明一个道理:"作文即做人"。

"三生作文"主张学生表达健康的人格,使学生在提高写作水平的同时,不断提升思想觉悟,树立正确的价值观念,培养人文素质。作者还可以通过文章的思想来影响读者,读者也可以将自己的阅读感受反馈给作者,两者是相互流通的。从优秀的作品中,人们可以得到精神的蕴藉,把吸收来的养分化为自己的血与肉,并在这种熏陶中养成健康的人格。

三、以"生态平衡"为写作教学理念

自然环境要保持生态平衡,写作环境亦是如此,想要平衡,必然要遵循规律。"三生作文"以"生态平衡"为写作教学理念,遵循学生发展规律,遵循作文教学规律,遵循写作自身规律。

(一)遵循学生发展规律

学生是处于发展中的人,人的发展是有规律的,"三生作文"教学遵循学生的发展规律,主要体现在遵循学生发展的阶段性和个别差异性。

学生发展的阶段性。学生在不同的年龄阶段身心发展是不一样的,因此作文教学也要体现出阶段性的特点,针对不同阶段的学生进行不同的教学。小学阶段的孩子,人生观和价值观尚未真正确立,因此作文教学除了写作技能的教授,更多的是情感价值的熏陶感染,让孩子们在作文中学会做人。再者,小孩子是充满童真童趣的,这时作文活动应回归到儿童的童真世界,写出童真童趣。青春期的学生是叛逆的,他们的写作带着青春期独有的色彩。例如韩寒在《三重门》里写道:"如果现在这个时代能出全才,那便是应试教育的幸运和这个时代的不幸。如果有,他便是人中之王,可惜没有,所以我们只好把'全'字'人'下的'王'给拿掉。时代需要的只是人才。"①作者对其不满的现实进行直言讽刺，如此不留情面，恰恰也体现了青春期学生的不成熟和叛逆的特点。此时作文教学对学生的侧重点更多的是理解和关爱。

学生发展的个别差异性。不同的学生在身心特征上都表现出相对稳定的不相似性。因为生活阅历、教育环境、主观能动性等的差异，学生明显地呈现出个别差异性。有的学生好动，有的学生喜静，有的学生语言功底强，有的学生观察能力强……"三生作文"教学遵循学生发展规律，针对学生个别差异性因材施教。

学生的认知发展规律。"三生作文"教学模式强调对生活先"观察"，再"感悟"，然后才有"反思"，符合学生的认知过程。"三生作文"就是要培养学生对现实生活的观察力，先认识生活，再引导学生感悟生活、感悟生命，最后从生活经验中或阅读积累中形成写作素材，经过筛选、措辞、布局、谋篇，最终成文。

"三生作文"教学是符合学生发展规律的，学生在日常生活中积累了"原型"，生活中的一缕微风、一滴露水、一片雪花、一扇窗、一个不经意的微笑等，都可以唤醒这些体验，都可以激发他们积于心底的情绪，唤起作文的欲望。

(二)遵循作文教学规律

教学是有规律的，作文教学亦是如此。叶圣陶先生说："我么可以教会学生写作，但是却教不好学生写作。"②从中可以看出，作文教学是有规律可循的，掌握规律，能更好地指导学生，提高学生的写作能力。现今提到"作文"二字，老师和学生莫不头疼，这是因为在写作教学中，双方都没有很好地掌握规律。

---

① 韩寒.三重门[M].北京：作家山版社，2000：362.
② 叶圣陶.怎样写好作文[M].杭州：浙江文艺出版社，2012：8.

知行合一规律。中国古代王阳明是"知行合一"观点的代表人物,他说:"知之真切笃实处即是行,行之明觉精察处即是知。知行工夫本不可离。"强调了知和行的统一性。作文教学也是一个知行统一的过程。教师教授给学生理论知识和作文技巧,如果没有去应用,那就是"纸上谈兵",就不用说提高学生的写作能力了。理论一定要运用到实践中,在训练上下苦功夫,去练习,去动笔。就像夏丏尊教授所提到的:"技术要达到巧妙的地步,不能只靠规矩,非自己努力锻炼不可。"①

善教善喻规律。《礼记·学记》:"善歌者,使人继其声。善教者,使人继其志。""故君子之教,喻也,道而弗牵,强而弗抑,开而弗达。道而弗牵则和,强而弗抑则易,开而弗达则思。和、易、以思,可谓善喻也。"教学好比唱歌,教得好,学生自然而然就会跟着唱了。现在很多学生害怕写作文甚至讨厌写作文,有一部分原因是教师教学无趣,教得不生动,又如何让学生爱上写作呢? 如何才能教好作文呢? "三生作文"教学讲求教法的"善",会"导""强""开",三者都做到了,"善教"之谓也。如此一来,学生自然爱上写作,有话可写了。

"先放后收"规律。所谓"放"就是学生在形式上不采用固有的框架和模式,内容上不使用通用的素材和语言,思想上不受各种功利主义的束缚,学生真正做到自主写作、吾手写吾心。学生通过自身内驱力写作,提高自我写作动机,使学生树立心里想写、本能地要写、活着就要写的信念,学会自主作文、自由作文,从而达到"情动而辞发"的境界。"收"指的是学生思维上合乎写作规律,行文上合乎写作法则。教师在写作教学之前可"授之以渔",让学生在面对任何写作时都有自己的应对方法,即对学生某方面写作能力的强化。"先放后收","益于散发学生,益于实现言语生命的多姿多彩,这样做并不完全排斥作前指导,而是在学生了解随笔写作的基础上,适时进行必要的引导点拨,可以使学生少走弯路,提高写作教学效率"。在"放"中,学生自由作文,释放天性,在"收"中,教师自觉指导,教给他们方法,"收""放"结合,学

---

① 夏丏尊.文心之辑[M].杭州:浙江文艺出版社,1983:6.

生的作文才能有个性地绽放。

(三)遵循写作自身规律

写作,作为一门独立的学科,也是有其规律可循的。创造性规律,"写作是一种精神创造行为"。"作",在《说文解字》里是"作,起也",在《周易》中是"圣人作二万物睹",《诗·天作》中说"天作高山",《孙子兵法·势备》说"皇帝作剑,以阵象之"……可见"作",本就含创造之意,制作就是一个从无到有的过程,当制作的成品产生的时候,这种创造性也随之产生了。因此,写作的过程也是一个创造的过程,这种创造是精神性的。展开性规律。"所谓展开,就是由写作者企图向读者表达的心知肚明的基本语义,话语的主旨、句旨向功能性语义(能实现写作功能、征服读者的语义、言说语句)转化的过程"。[①] 孔子说"辞达而已矣",这个"达"就是展开。所谓展开就是作者将心中的话语表现出来的这么一个过程,即写作的过程也是一个思维展开的过程。思维展开的过程中必须对文章的句旨、段旨、主旨进行解说,从而形成语句和文章。写作的这种展开行为是一种带着目的性的展开,因为人们都希望通过自己的文章来实现某种目的,或是个体情感宣泄的需要,或是物质的需要,这样,整个写作行为都是围绕这个目的来展开行文的。

---

① 马正平.高等写作学引论[M].北京:中国人民大学出版社,2002:65.

第五章 "三生作文"教学模式的基本类型

前四章我们介绍了"三生作文"教学模式提出的背景、研究的综述、理论依据和结构框架等内容。本章我们阐述"三生作文"教学模式的基本类型，主要介绍"生活作文""生命作文"和"生态作文"教学模式。这三种模式虽然作独立介绍，但它们之间又相互联系，可合为一体。

一、生命作文教学模式

21 世纪，科学技术的飞速发展为社会带来了惊异的成绩和进步。社会的发展拓宽了人类的生活空间，改善了人类的生活质量，为人类的发展提供了更多的机会和条件。但是人们在追求物质生活的同时，也逐渐成为其附庸，丧失了自己的精神空间，人们也许会"丧失而不是获得对人类生命的控制和生活意义的把握"，也许会"丧失支撑其生命活动的价值资源和意义归宿，从而也陷入了深刻的精神迷茫和意义危机，人无法领略生命的价值和生活的意义……"①现在，很多人都有这种认为生命无意义的情况，就连还未成熟的学生，也会因为缺失生命的朝气而让人感觉到沉闷。面对这种情况，

---

① 文雪.生命教育论[J].山东教育科研,2002(9):13-14.

教育就要发挥它的作用,展现它的关怀。

由于教育的对象是活生生的人,所以教育的关怀就是对学生生命的关怀,因而教育从某种程度来说,也就是"生命教育"。近几年,人们对"生命教育"的研究越来越多,深受争议的语文学科也从中受到启发,开始专注"生命语文"的研究与发展,而今,我们从语文学科的"听、说、读、写"的"写"出发,提出"生命作文"的概念,来关注学生生命的价值与发展。

(一)生命作文提出的背景

作文,是语文教育课程改革中一个备受关注的部分,它既是语文基础知识应用的主要方式,又是语文素养形成与展现的重要手段。既是"运用语言文字进行表达和交流的重要方式",又是"认识世界,认识自我、进行创造性表述的过程"①;更是生命的沟通与交流。在这里,我们为"作文"赋予了两个词性,一个是名词即文章,是写作的最终成品;另外一个是动词即写作,是写出文章的整个过程。

语文课程标准实验稿中写道:"九年义务教育阶段的语文课程,必须面向全体学生,使学生获得基本的语文素养",而"写作能力是语文素养的综合体现"。② 它以文件的形式强调了写作的重要性。由此可见,作文在语文教学中的重要地位。

1. 传统作文教学的问题

近年来,人们对作文的不满呼声日益高涨,作文教学面临困境。目前,作文教学的现状到底如何? 我们开展了以写作动机、写作兴趣、写作态度、写作习惯、写作积累、写作过程、写作思维和写作表达等方面为主要内容的问卷调查,获取了一些学生作文现状的实际情况。从调查结果中,我们看到了在作文教学与学生写作中存在很多问题。但是,这些问题是如何造成的?

---

① 教育部.全日制义务教育语文课程标准(实验稿)[S].北京:北京师范大学出版社,2001.
② 教育部.全日制义务教育语文课程标准(实验稿)[S].北京:北京师范大学出版社,2001.

其中的原因我们要分析一下。

(1)写作动机的无生命性

长期以来,考试一直都是学生努力的目标,"考,考,考,老师的法宝;分,分,分,学生的命根"。考试指挥着教师前进的方向,分数更是让学生无条件膜拜,学生学习的动机非常功利,那就是为了考试分数。这种动机在学生的作文写作方面也表现得很明显,所以,学生的写作动机是不纯正的,是功利的,是无"生命性"的。由于学生写作的动机并非出自内心的喜爱,所以很多学生对于作文并没有兴趣,只是被动学习,被动写作,那这些学生的作文也不会得到真正的提高。端正学生的写作动机应摆在作文教学工作的首位。

(2)写作主体的无生命性

应试教育下的学校,有一个非常显著的特征就是课程(或课时)多。学生每天都要上很多门课来应对考试,好像学生上的课程(或课时)越多,考试就越有把握一样。至于学生上的课程(或课时)的数量和成绩之间是否成正比例关系,我们且不去考察,但是,有一点我们敢肯定,就是学生会产生学习疲倦感甚至会产生厌学情绪。沉重的课业压力,使得学生这一花季年龄的群体个个毫无生机,没有生命力。学生的毫无生机反映在作文上,就是写作主体的无生命性。没有生命力的写作主体,自然写不出充满生机、个性鲜明、构思创新的"生命作文"。

(3)写作模式的无生命性

八股文,作为当时一种新的考试文体,在取士纳贤方面确实有过积极的作用,但是,其消极作用也是不可忽视的,它使得人们读死书,死读书,毫无自己的思想,只知道谨遵古书圣贤言;使得人们墨守成规,局限于固定模式,毫无创新思想。虽然从八股文废除至今已经有百余年了,但是,写作的老问题仍然存在,"新八股"取代了"旧八股",并继续用同一化和标准化的模式约束着学生。学生按照教师给的或是从作文资料上看到的作文模板生成自己的"万能模板",以不变应万变。学生作文的写作模式是死板的、公式化的,没有变化、没有差异,是无"生命性"的。

(4)写作教学的无生命性

阅读教学长期以来占据了语文教学的半壁江山,教师只知道要在课上好好为学生讲解课文,却不知作文也要教。传统的教师给学生一个题目就要学生写作文的所谓"作文课"并不少见,或者作文课有时干脆被占用、取消,作文被放任课外,写作教学长期不受重视。既然不受重视,那教师对于写作教学的方法也不讲究推陈出新,而是钟爱"讲授式"的传统写作教学方法,无自己的思想、情感、个性,作文教学无"生命性"。由此可见,传统写作教学的目的、原则、模式、策略都有很大问题,亟须改革。

2. 新课程改革的时代要求

语文课程标准实验稿在谈到写作这一部分时,要求学生在写作时:"要感情真挚,力求表达自己对自然、社会、人生的独特感受和真切体验。"这种"真"的感情是学生生命最真实的表现,是生命的本真。同时,它还强调学生要"多角度地观察生活,发现生活的丰富多彩,捕捉事物的特征,力求有创意地表达"。其中提到的"生活""特征""创意"这三个词,就是"生命作文"的三个关键词,让学生回归自然,回归生活,发现世界万物的独特,开启自己尘封已久的想象,用富有创造力的语言写下具有生命气息的文字。对于教师,此标准同样提出要求:"为学生的自主写作提供有利条件和广阔空间,减少对学生写作的束缚,鼓励自由表达和有创意的表达。提倡学生自主拟题,少写命题作文。"[①]教师给予学生的这种写作自由同样是"生命作文"所追求的。

《普通高中语文课程标准(实验)》对作文教学是这样阐释的:"在写作教学中,教师应鼓励学生积极参与生活,体验人生,关注社会热点,激发写作欲望。引导学生表达真情实感,不说假话、空话、套话,避免为文造情。"这与语文课程标准中所提到的内容大同小异,由此可见,生活的、真实的、有个性的、创新的作文成为中小学作文改革的目标。《普通高中语文课程标准(实验)》同时还提出:"指导学生根据写作需要搜集素材,可以采用走访、考察、

① 教育部.全日制义务教育语文课程标准(实验稿)[S].北京:北京师范大学出版社,2011.

问卷等方式进行社会调查,通过图书、报刊、文件、网络、音像等途径获得有用信息。应鼓励学生将自己或同学的文章加以整理,按照要求进行加工,汇编成册,回顾和交流学习成果。采用现代信息技术演示自己的文稿,学习用计算机进行文稿编辑、版面设计,用电子邮件进行交流……"①这种写作资料搜集和写作成果展示的多样化、信息化、科技化是时代对作文改革的要求,是具有时代性、先进性的,为"生命作文"的写作指出了方向。

在新课改的大背景下,我们提出"生命作文"的概念。

(二)生命作文的研究综述

我们要了解"生命作文"的现状及动态,就不得不从三个方面展开:一是"生命教育"的研究动态,二是"生命语文"的研究动态,三是"生命作文"的研究动态。

1. 国内外"生命教育"的研究动态

(1)国外的"生命教育"研究

1968年,美国学者杰·唐纳·华特士在美国加州创建"阿南达村"学校,成为第一个倡导和实践"生命教育"思想的人。这一思想很快传播到许多国家和地区,形成了一种新的教育思潮。美国的生命教育最初是以死亡教育的形式出现的,死亡教育作为教育的一种形式,名为谈"死",实则是让学生树立正确的生死观念,以正确的态度保持生命、追求生命的价值和意义。为了推广生命教育,美国成立了各种专业协会,并出版了《生死学》等许多科普书籍和杂志。

1979年,澳大利亚悉尼成立了"生命教育中心"(life educational center;LEC),这可能是西方国家最早使用"生命教育"(life education)概念的机构,现在该中心已经成为一个正式的国际性机构(Life Education International Organization),是联合国的"非政府组织"(NGO)中的一员。

---

① 教育部.全日制普通高中语文课程标准[S].北京:人民教育出版社,2003.

1986年初,英国第一个流动教室在多样性俱乐部(Varity Club)的赞助下产生了;到了1987年,成立了生命教育中心英国基金会,它是一种慈善信托机构,1987年3月成立了第二个流动教室。到1995年,20多个流动教室普及至英格兰、威尔士和贝尔法斯特等区。

1988年,新西兰开始关注生命教育,这源自澳洲生命教育的哲学理念,其目标是将生命教育的精神传送至每所中小学。新西兰生命教育课程实施的原则是建立学生自我尊重,教导学生拒绝的技巧和认识健康生活的好处。课程的目的是让学生在就学阶段能认识到人类身体的功能,学会与人交往、排遣不良情绪等技巧。

1989年,日本的新版《教学大纲》中明确提出以尊重人的精神和对生命的敬畏之观念来定位道德教育目标,"余裕教育"成为生命教育的重要内容之一。"余裕教育"倡导"热爱生命,选择坚强",是针对日本青少年的脆弱心理和青少年自杀事件而提出的,目的是让青少年通过"余裕教育"认识到生命的美好和重要,使他们能够面对并很好地承受挫折,从而更加热爱生命,珍惜生命。所以"余裕教育"者认为,热爱生命的主要内容之一是要求人与自然和谐相处,并热爱其他生命。为此,日本的学生经常被鼓励去体验生活。

(2)国内的"生命教育"研究

1996年前后,台湾校园一再发生暴力与自戕案件,相关人员认为有必要在校园里施行生命教育,让学生了解生命的可贵,并建立正确的生命观。之后,台湾开设了生命教育课程,将生命教育的理念纳入小学到中学的学校教育体系中,并建立了全球生命教育网站和相关资料库,成立了资源中心学校,举办了生命教育博览会,开发了生命教育教材,而且还成立了生命教育委员会。1998年,台湾地区成立了"生命教育中心",并将2001年定为"生命教育年"。生命教育20多年来在台湾蓬勃发展,取得了比较好的成绩。

20世纪末,香港也极大地关注了"生命教育",内容涉及德育、伦理、公民教育等20多个科目,出版了《香港的生命教育》等专著,取得了一些成果。

2001 年,一项命名为"生命化教育"的课题实验,正式在福建省城乡学校以及全国各地的学校逐次开展。2003 年,青岛五十九中开设了生命教育课,包括交通安全、心理健康、珍爱生命、网络安全、卫生习惯、传染病、体育和健康等。到 2005 年,青岛中小学都已开设生命教育课。2005 年 3 月 14 日,上海正式颁布了《上海市中小学生命教育指导纲要》,将生命教育纳入国民教育体系,这意味着生命教育这一现代教育理念,已经正式进入我国中小学校园。由中国青年出版社出版的国内首套生命教育教材《生命教育》从 2006 年秋季开学时正式成为上海中小学的生命教育教材。2008 年,云南省教育厅开始在小学、中学和大学的整个国民教育系统开展以"生命、生存、生活"为内容的"三生教育"。2009 年秋天,更是在所有国民教育系统各层级的学校中,将"三生教育"作为必修课开设,这是我国生命教育开展和推动以来最大、最系统和最具影响的创举。此外,全国各地其他学校也开展这方面的课程实验。一些社会团体,如中国宋庆龄基金会、甘霖智慧培训机构创办的"中华生命教育网",都有力地推动了生命教育的开展。

理论研究上形成了两大生命教育学派。一派是"生命/实践教育"学派,代表人物是华东师范大学的叶澜教授。主张以"生命作为教育的基础和教学研究的原点,关注教育实践活动中"具体的人的真实成长。叶澜认为生命教育的根本的目的在于形成新的基础教育观念和创新型学校,显性目标是建设 21 世纪需要的、符合时代发展的学校。另一派是"生命化教育"学派,代表人物是张文质、黄克剑教授。他们认为,生命化教育就是个性化、个人化教育,始终关注生命的差异,努力去成全所有生命各不相同的发展目标,始终以成全每一个健全和富有个性的人为根本目的。努力培植对生命的敏感,关注所有生命的价值,肯定所有生命的意义;把每个人都视为一个运思与创意的原点和智识与灵感的凝结中心,使教育沐浴于人性的光辉之中。

由此可见,国内外研究"生命教育"的学者越来越多,"生命教育"理论也日渐成熟。

2. "生命语文"的研究动态

正如叶澜教授所说:"总之,把丰富复杂、变动不居的课堂教学过程,简括为特殊的认识活动,把它从整体的生命活动中抽象、隔离出来,是传统课堂教学观的最根本缺陷。"①这一切中时弊的论断,指出了当今学校教育对学生和教师生命关注的缺失。从 1997 年开始,整个国内的舆论界给予了中学语文教学极大的关注,通过三篇直接问难当今中国语文教育的文章——王丽的《中学语文教学手记》、邹静之的《女儿的作业》、薛毅的《文学教育的悲哀——一次演讲》,引起了国内关于"中国语文教育"的大讨论。从此,语文教育界开始从各方面探讨当前语文教育的弊端。其中,有一部分语文教育工作者把目光集中在了"生命教育"上。一些学者以此为基础,开始把"生命"和"语文"联系起来,提出"生命语文"的概念并进行研究。

2003 年 7 月,熊芳芳在《中学语文教学参考》发表论文《生命语文》,首次公开提出"生命语文"的概念并进行深入实践,她认为生命语文"就是以生命为出发点,遵循生命的本质属性,与生活牵手,让生命发言,让语文进入生命、唤醒生命,并内化为深厚的文化底蕴和丰富的人格内涵,是在帮助我们认识生命的美丽和宝贵,探索生命的方向与意义,提升生命的质量与品位,使生命变得更加美好、更有力量、更有意义而进行的语文教育"。②

关于"生命语文"的教学,叶澜指出:"必须突破(但不是完全否定)'特殊认识活动论'的传统框架,从更高的层次——生命的层次,用动态生成的观念,重新全面地认识课堂教学,构建新的课堂教学观,它所期望的实践效应就是:让课堂焕发出生命活力。"③王蓁认为"语文教学是生命与生命交流的过程,应依据生命的特质,遵循生命发展的原则,引导生命走向更加完整、和谐与无限的境界"。④ 而如何在语文教学中进行生命教育的探索,谢玉香认为可以通过"在语文教材中挖掘生命教育课程资源","在阅读训练中捕捉生命教育契机","在生活习作中搜寻生命教育的话题","在实践活动中感悟生

---

① 叶澜.让课堂焕发出生命活力[J].教育研究,1997(9):4.

② 熊芳芳.生命语文[J].中学语文教学参考,2003(7):10-13.

③ 叶澜.让课堂焕发出生命活力[J].教育研究,1997(9):5.

④ 王蓁.论语文教学的生命意蕴[D].长沙:湖南师范大学,2005.

命教育的真谛"等策略实施语文的生命教学。[①] 钱锦秀认为可以通过"重视学生学习的主体地位,寓教于乐","引导学生走近文本,感悟生命","联系实际,反思生命的意义"等策略来实现。[②] 徐鸿跃认为"生命语文"在阅读教学中的实施策略可以通过"以生命解生命","以人物解生命","以自然解生命","以情感体验生命"等策略来实现。[③]

当然,张文质先生的"语文和生命化教育"的倡导也引起了语文教育工作者对"生命与语文"的关注,其著作《生命化教育的责任与梦想》、《生命教育》(实验教材)、《生命化教育探索丛书》、《活着就是幸福——生命读本》、《回到每一个人的生命化教育:张文质二甲中学教育行动录》等,对我们进行语文生命教育的研究有很大帮助。

综上所述,国内对"生命语文"的研究也已经有一定的成果。

3."生命作文"的研究动态

作文,作为语文学科的一个重要的内容,对其进行"生命"的教学研究是很必要的。

早在 2003 年,徐同就提出"作文的根本功能是'抒情表意',是生命个体在生命群体中养成'人际交往能力'的重要活动之一[④]。他认为"生命"与"作文"是具有内在联系的,由此,我们提出"生命作文"。

有文章从生命角度来构建作文的教学理念。吴滨认为应"把情感意愿和对生命的表达放在首位","借助想象和联想创新思维","调整思想,提升思想"。[⑤] 陶振环认为通过"回归本真,放飞思想","涵养品格,荡涤心灵","陶冶情操,开启智慧","超越自我,升华生命"等途径建构。[⑥] 韩会认为通

---

① 谢玉香.生命教育在高中语文教学中的渗透与实践[D].长春:东北师范大学,2007.
② 钱锦秀.生命教育与初中语文教学[D].福州:福建师范大学,2008.
③ 徐鸿跃.生命教育在语文教育中的实施策略研究[D].长春:东北师范大学,2010.
④ 徐同.从生命的发展解读作文教学——作文个性化刍议之一[J].语文教学通讯,2003(12):40-41.
⑤ 吴滨.把握教育本质,让作文回归生命[J].学科教学,2009(15):149.
⑥ 陶振环.生命意义在作文教育中的消解及重构[J].学科教与学,2009(12):58-79.

过"顺应孩子好奇的天性,让孩子爱写","抛弃单调训练,让孩子乐学乐写","提供创造空间,让学生自由写,彰显活力"等方法建构。[①] 徐鸿跃认为可以通过"将生命问题引入作文写作","把阅读教学中的生命问题延伸入写作","开展以生命为主题的研究性写作","举办演讲、辩论赛","鼓励学生关注周围的生命状态,坚持写观察日记"等方式建构。[②] 虽然这些文章都对"生命"与"作文"进行研究,但是就目前我们收集的资料来看,以"生命作文"为题,较为系统、全面的研究文章只有蒋美玲的《小学生命作文的理论与实践探索》。

在中国知网中输入"生命"和"作文"两个词,搜出的与"生命"和"作文"有关的文章仅有 41 篇;而输入"生命作文"一词,搜出的与"生命作文"有关的文章仅有 14 篇,其中大部分如前文所提到的那样,是对于"生命作文"比较零散的认识和研究,而系统研究"生命作文"的文章却很少。由此可见,对于"生命作文"的系统研究还处于初级阶段。"生命作文"作为一个新的写作教学理论,其研究的空间还是很大的。

(三)生命作文的界定

1. 生命作文的含义

想要研究"生命作文"的含义,就不得不先弄清楚"生命""生命教育"和"生命语文"的定义。

(1)生命

生命是宇宙中最灿烂的花朵,宇宙因为有生命的存在才会色彩斑斓。然而今时今日,生命仍然是一个难以破解的谜题。从睿智的哲学家到普通人,每一个人都在用自己的知识和能力来解读着人类的生命,那生命到底是什么?

---

① 韩会.怎样让学生的作文彰显生命的活力[J].青年文学家,2009(10):125.
② 徐鸿跃.生命教育在语文教育中的实施策略[D].长春:东北师范大学,2010.

医学上认为生命是："①活着的状态；由新陈代谢、生长、繁衍以及对环境的适应所表现出来的特征；动植物器官能完成其所有或部分功能的状态。②有机体的出生或发端到死亡之间的时期，从生理学上看，完整的生命起始于胎儿，终结于死亡……③将生命物体（动、植物）与非生命、非有机的化学物或已死的有机物区别开来的特征的总和。"①生命在这里是世间生物的一种基本的存在形态。

哲学上认为生命是"世界的绝对的、无限的本原，它跟物质和意识不同，是积极的、多样的、永恒的运动着的。生命不能借助于感觉或逻辑思维来认识，只能靠直觉或体验来把握"②。生命在这里具有抽象性和神秘性。

随着科学的分化及其发展，涉及"生命"的很多学科都试图从各自的角度界定"生命"。如心理学认为生命是意识到的自我存在，从婴儿期开始慢慢发展；遗传学认为生命是通过基因复制、突变和自然选择而进化的系统，等等。

我们认为生命包括狭义和广义之分，狭义的生命就是医学上所讲的自然生命，是人存在的客观方式，侧重于生命的物质个体；广义的生命包括自然生命、精神生命和社会生命。精神生命是人的灵魂，是人能够判断善恶，健全人格，提升自我，不断创新与超越的表现。社会生命是生命的升华，它是人能够融入社会并使社会发展的标志。自然生命、精神生命与社会生命共同构成一个完整的大生命。

（2）生命教育

生命是人的根本，关注生命是人发展的必然要求。从古至今，对人生命的研究始终是教育的课题，而目前在教育理论界，对生命教育的关注和研究更是蒸蒸日上。不同的教育理论研究者从不同的角度对生命教育进行了深入的思考和探索，提出了颇有价值的理论。

什么是生命教育？钱巨波在《生命教育论纲》中认为生命教育"一是教

---

① 黄应全.死亡与解脱[M].北京：作家出版社,1997：14-15.
② 葛力.现代西方哲学辞典[M].北京：求实出版社,1990：124.

育要确认生命的整体性和人发展的主体作用;二是要按照人生命成长、发展的规律和社会需求实施教育;三是其终极目标,是培养人热爱人生,珍视生命,塑造健全的人格,充分开发人的生命潜能和人生智慧,为受教育者实现人生的最大价值(社会价值、个人价值)奠定基础"[①]。

程红艳在《教育的起点是人的生命》一文中提出"教育应依据生命的特征,遵循生命发展的原则,引导生命走向更加完整、和谐与无限的境界,引导人的生命进入'类生命'"。(转引自刘济良《生命教育论》)[②]

刘济良在《生命教育论》中认为:"生命教育就是在学生物质性生命的前提下,在个体生命的基础上,通过有目的、有计划的教育活动,对个体生命从出生到死亡的整个过程,进行完整性、人文性的生命意识的培养,引导学生认识生命的意义,追求生命的价值,活出生命的意蕴,绽放生命的光彩,实现生命的辉煌。"[③]这些都强调生命教育要在个体生命自然、生理的基础上,遵循生命的规律和原则,引导生命走向完善,追求生命的意义,实现生命的价值。

综上可以看出,我们认为生命教育有狭义与广义两种:狭义的生命教育指的是对生命物质个体本身的关注,包括个人与他人的生命,进而延伸扩展到一切自然生命;广义的生命教育是一种全人教育,它不仅包括对个体外在物质生命的关注,而且包括对个体的精神、情感、价值等内在生命的关注,让教育促进肉体生命的强健和精神生命的纯净,使人更好地体验和感悟生命的意义,在激扬生命之力度的同时焕发生命之美。

(3)生命语文

在当下国内"生命教育"的研究开展得轰轰烈烈的时候,语文作为教育的一门学科,同时也是多年来备受争议的一门学科,自然也要从"生命"的角度寻找解决问题的出路。于是,"生命语文"的研究也开始受到语文教育工作者的关注。

---

① 刘济良.生命教育论[M].北京:中国社会科学出版社,2003:7.

② 程红艳.教育的起点是人的生命[J].教育理论与实践,2002(8):19.

③ 刘济良.生命教育论[M].北京:中国社会科学出版社,2003:9.

什么是"生命语文"？王萍认为生命语文"是在充分尊重师生个性特点，尊重人的价值，发展人的灵性和智慧的基础上，努力营造充满生命气息的语文课堂环境和充满人性魅力的情感氛围，通过师生文本之间的交流对话，体验生命的快乐与价值，体验存在的感受，探寻人生的意义"。[①]

徐俊认为语文是生命的图腾，"当语文成为生命的图腾时，我们并不期待它有一种超自然的能力，而是要从语文这里继承民族精神和人类文化遗产，提高文化修养，培养高尚情操，形成良好的个性和健全的人格，塑造高尚的灵魂；让人在语文里变得睿智，积淀文化，冶炼精神"。[②]

刘祥认为："生命语文，是用理想激活理想、用爱心开启爱心、用责任传递责任、用生命点燃生命的实在课程。在生命语文的课堂里，一切的目标，最终都只指向人的健康成长；一切的活动，最终都只服务于人的终身发展需求。"[③]

王芳认为："生命语文就是把人当作人，使人成为人的主体语文。它将高举生命关怀的大旗，在充满生命体验和生命关怀、富有生命活力的氛围中，促进生命和谐成长，促进生命的求真向善向美的整体建构。"[④]

"生命语文"简而言之，就是在语文教学和学习中展现生命的精彩，在生命的成长中体现语文的价值，从而使生命得以升华。

（4）生命作文

古代用"一文定天下"的说法来形容科举考试，苦读十年书，功败都在一纸文章。如今，虽说不能用此说法来形容语文考试，但是，作文在整张语文试卷中所占的分量确实不得不令人重视，也有人戏称"得作文者得天下"。可是，在语文教学研究的前几阶段，作文教学并没有引起语文教育工作者的充分关注，直到作文教学本身出现严重问题，学生与家长对作文怨声载道

---

① 王萍.论语文生命课堂的构成[J].昌吉学院学报,2004(4):77-79.
② 徐俊.生命与语文[M].杭州:浙江教育出版社,2010:12.
③ 刘祥.生命需要点燃——读熊芳芳老师的《生命语文》[J].文化,2009(8):58.
④ 王芳.生命语文的教学思考与探索[D].济南:山东师范大学,2005:4-5.

时,我们才把视线拉回到作文身上。近几年,教育工作者从很多方面对作文教学进行研究,在"生命语文"研究的背景下,"生命作文"开始成为一个研究热点。

①作文的本质属性。王寿山认为"作文,从本质上说,是生命与生命的表达与沟通","是生命个体情感的抒发、思想的表达、个性风采的展示,它是一种高层次的生命活动,是生命自身的需求"。① 由此可见,生命和作文是有本质联系的。

那"生命"为何能与"作文"联系在一起？我们可以从作文的载体、内容和主体这三方面的属性来分析两者之间的内在联系。

一是作文载体承载生命历史文化。

作文的载体是语言和文字,而文字是作文最主要的载体,前者通过声音表达出来,后者通过汉字呈现出来。

汉字作为一种历史悠久的文字,是汉民族书面语的载体,是迄今为止连续使用时间最长的主要文字,也是上古时期各大文字体系中唯一传承至今的文字,是中华民族灿烂文化的结晶。

汉字是一种表意性文字,有六种基本的造字法,叫"六书",即象形、指事、会意、形声、转注和假借,具有 5000 多年的悠久历史,它的创造都有自身的独特意义,这种智慧是古人生命智慧的外在表现。如"戍",如果用"戍"来组个词,很多人都会组"戍边",那为什么"戍"要和"戍边"联系在一起,我们通过分析这个字,就可以清楚的知道了。"戍"是个会意字,把这个字拆开,就是"人"和"戈","戈"的本意为武器,一个人拿着一把武器,就可以想象为人在戍边。由此可知,"戍"一字,并非我们随意编纂的,是古人经过认真思考得来的。由此可见,汉字中饱含着古人生命的智慧,充满了古人生命的气息。

同时汉字忠实地记录和保存了中国文化的原貌,是中国文化的活化石。经过千年的发展,汉字本身就积淀了很多的民族文化,是汉民族文化生命的

---

① 王寿山.中国特级教师文启:中学主体性作文教学研究[M].北京:人民教育出版社,2007:9.

延续。有了汉字,我们才能从《论语》中领悟做人的真谛;有了汉字,我们才能从《离骚》中体会忧国忧民的情感;有了汉字,我们才能从《史记》中了解帝王、英雄的生平事迹。我们用汉字描绘了"天街小雨润如酥,草色遥看近却无"的春天;我们用汉字描绘了"首夏犹清和,芳草亦未歇"的夏天;我们用汉字描绘"停车坐爱枫林晚,霜叶红于二月花"的秋天;我们用汉字描绘了"北风卷地白草折,胡天八月即飞雪"的冬天。汉字,记载着中华民族的古老文化,记录着中华民族的历史变迁,承载着中华民族生命的血肉。

由此可见,作文载体具有生命属性。

二是作文内容体现生命表征。

作文是学生展现自我的一种方式,其内容主要是表现学生的客观世界和精神世界的形象的、抽象的事情或情感,是学生自然生命、精神生命和社会生命的体现。

学生的客观世界主要指学生的生活和学习,而学生在生活和学习中,总会遇到这样或那样的事情,这些事情也许是令人开心的,也许是让人苦恼的,但是,不管怎样,这些都是学生的生活和学习的经历,是生命个体存在的客观表现,学生总会在作文中把这些经历体验写出来。没有这些生命体验,学生就像"巧妇难为无米之炊"一样,没有了写作的素材。其实作文中的内容都是来源于生活的,脱离现实的空泛想象是不存在的。

学生的精神世界主要是指向学生的情感。人不可避免的有感情,有情绪,这些感情、情绪会在人的言语和行为中自然地、无意识地表现出来。当学生写作文时,这种情感、情绪也会或明确或隐约地体现出来,使作文有人情味,有血有肉。作文有感情,才会使人读来有感触,没有情感的作文是空洞的。

作文的内容包含着学生的经历体验、情感感悟,是学生生命存在、发展的表现,由此可见,作文内容具有生命属性。

三是作文主体散发生命气息。

主体,是指有生命,有头脑,能思维,能在社会关系中进行活动,并能够在其中发挥主导作用的人。而作文主体,就是指在作文教学和作文写作中处于主导地位的人,我们认为包括写作主体——学生和教学主体——教师两部分。

学生,是现实生活中活生生的人,是真实的生命体。学生通过自己的感官认识客观世界,并用作文表现出来;通过自己的大脑进行思考,并把感悟写进作文,整个作文中体现的是学生这个生命个体对于其他生命个体的态度和情感。学生通过自己独特的、创意的方式把生命的气息带到作文中。

教师,在教学活动中是一个占有知识、经验、能力、地位、威望等优势的生命个体。在作文教学活动中,教师运用先进的教育教学理念,调动扎实的专业知识技能,深入地认识教育对象,选择恰当的教育教学方法,充分调动学生写作的积极性和能动性,促进学生作文能力的提升。这是一个生命主体对另一个生命主体的教育和引导。教师能够把自己的生命气息间接地传递到学生的作文中。

由学生和教师各自的生命属性可知,作文主体具有生命属性。

从作文的载体、作文的内容、作文的主体都具有生命属性的角度来看,作文本身无可争议地具有生命属性,作文和生命两者具有本质的内在联系。

②生命作文的含义。"一个言语作品就是一个生命活体。它的肢体是词句段落,它的骨骼筋络是结构,它的血脉是感情,它的灵魂,就是作者的主体精神。它们有机整合在一起,就产生了活力和生机,成了生命的形式。"①这是一个生动的比喻,把"生命"与"作文"紧密地联系在一起。我们把这两者结合起来,提出"生命作文"这一概念。目前,国内对于生命作文的研究还处于初级阶段,研究的人员和研究成果还很少,还没有对于生命作文确切的、完整的定义。

生命作文,首先是一种作文类型、模式,其基本的目的是促进学生作文水平的提高。其次是一种理念,"作文"之前,冠以"生命"二字,有其促进学生生命发展之意。

---

① 方智范.语文教育与文学素养[M].南宁:广西教育出版社,2005.

由此,关于生命作文的含义,我们认为,有广义和狭义之分。

广义的生命作文是指作为生命个体的学生以语言文字为载体,创造性地表现自己独特、真实的生命体验与情感,并能提升自己的生命价值,引导自己生命反思,促进自己精神世界健康发展,从而使整个生命个体完满发展,实现"作文"与"做人"双赢局面的作文。

狭义的生命作文是指专门以"生命"为话题或以"生命"为主旨的有针对性的作文。

2. 生命作文的类型

生命作文的分类,我们将其分为两部分:一是广义的生命作文的分类,二是狭义的生命作文的分类。

(1)广义的生命作文分类

对于广义的生命作文的分类,我们大致根据生命个体的外在、内在世界和当前作文的弊端方面,把生命作文分成三类。

一是生活作文。生活作文是指展现学生学习生活、日常生活和社会生活等现实生活中的体验和情感的作文。

首先,人是生活在现实世界之中的,人一生下来首先接触到的就是生活世界,生活世界是人生命存在的环境,是人的价值得以实现的基础。人只有在生活中才能舒展自己的生命,体验自己的生存状态,享受生命的快乐和生活的乐趣,生活对于学生生命自身的发展有着重要作用。所以,在作文教学时,教师就要引导学生从生活中发掘写作的内容,在作文中展现生活的体验;其次,建构主义教学理论明确指出,复杂的学习领域应针对学习者先前的经验,学生所学的新知识需要借助他们原有的生活经验,才容易被学生接受,变成学生自己的知识。只有这样,才能激发学生的学习积极性,学习才可能是主动的。让学生依靠自己的经验来学习,从自己的经验中学会认识并学会建构自己的认识。因此,在作文教学时,教师就要鼓励学生把自己对自然界、社会和他人的独特认识和情感表达出来,激发学生写作的积极性和主动性。

　　既然现实生活对于学生的成长如此重要,那么学生在作文中就有必要把有关现实生活的体验与情感用文字记录下来,让生活作文随着学生的不断成长而变得丰富起来。

　　二是生态作文。生态作文是指流露真情实感,具有创新思想,以人为本,促进学生成为完整的人的绿色、健康的作文。"生态",首先是在环境问题中提出的,针对的是环境污染,而在作文中出现的"生态",针对的是作文中的污染问题,其中被污染的作文指的就是那些传统的应试作文。传统应试作文的主要弊端是作文套路、模板千篇一律,缺乏创新;作文"假、大、空"明显,缺乏真情;作文"唯分是图",不"以人为本"。

　　由于应试的压力,学生终日忙碌在应试的科目当中,没有时间来思考作文,更没有时间去创新作文的思路或写作方法,很多学生都青睐教师教给的或从作文书中看到的作文模板或材料,既省时又省力,还不容易得低分,一举三得,结果造成应试作文千篇一律的局面,每个学生的作文大致都是一样的,学生的独特性被掩盖,学生的创新能力被埋没。所以,生态作文主张学生运用创新思维,写出自己独特的、有新意的作文,彰显生命的独特,展现生命的力量。

　　应试作文盛产"假、大、空",其实质都是造假。"假"为假话,这自然很明显;"大",为大话,是大唱高调的话,其本质仍是造假。其实高调并非不能唱,但是如果不分主题、不分题材、不分体裁,一律矫揉造作的高唱"主旋律",那就会把高调唱虚了,唱假了,就会让人感觉虚情假意,令人生厌;"空"为空话,言之无物,本质还是造假。这些作文表面看来,有观点,有材料,是言之有物的,其实,这些观点都是从"名人"处拿来的,材料都是从书中或网上抄来的,并未经过自己的加工,没有提炼出自己独特的体验和感受。由此,生态作文主张还原学生生命的本真,提倡写真情实感。

　　从以上应试作文的弊端,我们可以得知,应试作文种种弊端的根源来自"以分取人",分数是所有一切的根本和目的,而生态作文主张"以人为本",就是以学生为根本,关注学生生命个体的完满发展。不管是追求作文的真情实感,还是推崇作文的创新思想,生态作文体现的是人这一生命个体的人文关怀,作文与做人是密切联系的。

由此,我们认为,生态作文以健康为基点,从关注作文到关注做人,体现的就是对学生的生命关怀。

三是生存作文。一般说到"生存",人们总会想到现实生活,为了柴米油盐到处奔波以求肉体的满足,而除了肉体,精神的生存更为重要。所以,我们认为生存作文是从生命个体的情感、思想等精神方面来说的,是指反映学生内心思想和情感的作文。

人之所以成为人,是因为人能够独立思考,对待问题有自己的见解,对待事物有自己的情感。人除了有肉体存在以外,还拥有精神,而精神是比肉体更高一级的存在形式。只有肉体而没有精神的人,只能是行尸走肉,不能称之为真正的人,精神对于人来说,是至关重要的。学生是成长中的个体,在成长过程中有自己的独特思想,尤其是处于青春期的学生,其思想更是复杂而又敏感,如果压制学生的情感,不让其吐露出来,无疑是损害学生心理健康的,所以,作文可以成为学生展现精神世界的一片净土。让学生在作文这片土地上尽情阐发自己对于生命、生活的见解,尽情流露自己对于世界万物的情感,尽情表达自己特殊年龄阶段的敏感情绪,放飞自己的精神世界。

由于学生年龄还小,思想、认识、情感等还不稳定,对于世界充满困惑和不解,世界观和人生观还没有成型,极易受他人影响,所以,教师可以从学生的作文中发现学生的精神情感,及时地对学生进行引导,培养学生正确的世界观和人生观。

(2)狭义的生命作文分类

每个人对生命的态度是不同的,有积极的、有消极的、有正面的、有负面的,而对于学生而言,拥有正确对待生命的态度是很重要的。从生命态度入手,为狭义的生命作文分类,使学生在作文中潜移默化地领略生命的真谛。

正视生命的作文:这是指学生在领略生命美好的同时,能够勇敢的直面生命中的困难,对生命有全面认识的作文。马克思主义哲学告诉我们,任何事物都是一分为二的,利弊总是相依相随的,所以,当我们经历生命的美好时,不要误以为这就是生命的全部。要知道人生不可能一直风平浪静,不可能总是一帆风顺,困难同样是生命的另一部分。而当遇到困难时,最重要的是如何看待逆境,如何度过逆境。要让学生明白痛苦与困难是生命的一部分,并且坚信生命因这些挫折而更显光彩。

珍爱生命的作文:是指学生认识到生命的唯一性,从而能够写出珍惜、珍爱生命的作文。人的生命只有一次,不管命运对我们做了何种安排,我们都要竭尽自己的所能,探索人生的真谛。要学会努力从各方面找出真实的自我,帮助自己了解自己的独特性、唯一性,努力去做自己。不断的开发潜能,从而建立自尊与自信,在生活中获得意义,使生命得到成长和圆满的发展。

尊重生命的作文:是指学生认识到万物是平等的,除了尊重人这一生命群体以外,还要尊重大自然中的动植物的作文。当今的学生都是家中的宝贝,心中可能从小被渗透进了唯我独尊的思想,"不平等"思想或多或少隐藏在他们的思想中,但是这种思想不能使他们站稳于当今竞争激烈的时代。所以,学会尊重,知道人人平等,应该成为学生们的必修课。在我们这个地球上,除了人类,还有大自然的存在,自然这一朋友对于我们是很重要的,学生要懂得在尊重其他人的同时,处理好与大自然的共存关系,尊重自然,保护环境,保护我们人类自己。

敬畏生命的作文:是指学生写出的敬重、畏惧生命的坚忍、强大、与生生不息的作文。生命总是很强大的,从"野火烧不尽,春风吹又生"的小草,再到汶川地震中以身护幼子的母亲,这些都告诉我们生命是坚强的、是伟大的,是生生不息的,是值得我们敬畏的。学生要学会从身边找到这些生命的场景、生命的特质,从而让自己从内心敬畏自己的生命,敬畏他人的生命。

感悟生命的作文:是指学生理性地反思自己,思考生命,悟出生命真谛的作文。人们总是在世俗生活中周而复始的忙忙碌碌,却很少停下来思考生活、思考生命,这种机械式的存在方式并不能提高生命的价值,所以,有时候人们应该从忙碌的生活中停下来,思考、感悟一下生命的价值与意义。学生要学会在学习、生活中反思自己,思索他人,体悟生命的点滴,发现生命的内在光芒与真谛。

完善生命的作文:是指学生不局限于自己的缺点与不足,不断地超越自我、完善自我的作文。生活中,每个学生都有自己的局限,这些局限或让他们郁郁寡欢,或让他们安于现状,不思进取。学生正视自己的不足,进而克服自己的缺点,才能在肉体和精神上不断地提升自己、超越自己、完善自己。

3. 生命作文的特点

"文章是社会现实的反映,当代社会日新月异,计算机的普及、信息高速公路的开通,网络时代在快捷地改变着人们生活的……而我们的作文教学却硬要把孩子拽回到他们父母的,甚至祖父母的时代,要求他们在作文中写他们长辈写过的题目,说过的话,遵循过的文体准则:议论文、记叙文、说明文,开头、结尾、起承转合、扣题点题、结尾升华主题,不能想象虚构……以此来规范学生的作文,就导致了作文思想老一套,表达程式化;以此命题,就限制了学生的创新热情、思维锐气;而以此评判作文,则是将'不规矩'的作文打入另册……在年复一年的考试中,又有多少文学人才被埋没、扼杀?"[①]因此,"生命作文"抛弃了传统作文的束缚,提出与传统作文不同的四点,这四点我们认为也是生命作文的主要特点。

(1)展现学生真实的生命体验

传统作文多年来存在"假、大、空"和"俗套"的情况,作文毫无生命力可言。面对学生毫无真情实感的"假、大、空"和背得滚瓜烂熟的"俗套"素材,生命作文主张展现学生真实的生命体验。

所谓展现学生真实的生命体验,就是指在作文中,学生要写自己的真实经历,表达自己的真实情感,不去借用别人的故事,不去杜撰自己的生活,自己只写自己经历过的,体验过的,感受过的事情,表达自己拥有的、与他人不同的感情。故事是自己的,感情也是自己的,不违心地唱高调,不刻意地照

---

① 郝月梅.作文教学审美化探析——来自新概念作文的启示[J].山东教育学院学报,2000(5):46.

搬素材,从文字到内心都透露着一种真实,是自己真实的生命体验。只有这样,读者才会与作者产生共鸣。虚假的感情、相似的作文素材,在现在很容易被揭穿。在生命作文中,每一个读者都能读出作者或喜悦,或哀伤的真实感情,都能与作者产生共鸣,而不会在看了文章之后无动于衷,这就是因为作者在写文章时写出了自己的真感情。每一个读者都能了解作者或平淡,或刺激的生活经历,都能与作者产生共鸣,而不会在看了文章之后遗憾失望,这是因为作者在写文章时写出了自己真实的经历。

(2)表现学生创新的生命思维

"长期以来,命题写作训练方式与写作知识、技能的教条式灌输,严重影响了学生的自由写作,也折断了学生的想象、创新的翅膀,难以唤起学生的写作热情,最终只能走进一条死胡同。可见,规范性的东西是一柄双刃剑,它在教给学生如何写作文的同时,却不自觉的扼杀了他们写出好文章的可能。"[①]因此,生命作文就要抛弃过多的条条框框的束缚,唤醒学生的想象,让学生去绘制一幅具有创造力的图画。

所谓表现学生创新的生命思维,就是指在作文中,学生不按照传统常规的方式去思考、理解事物,不按部就班地行事,而是从不同角度、不同方面去考虑问题,发现新的思路。这就要求学生敢于冲破传统思想、道德的束缚,用时代的、超前的视角去审视自己,审视社会。充分展现自己的想象与联想能力,尽可能地改善、改变,甚至是推翻旧的、落后的、不合时宜思想,取而代之的是新的、先进的、创新的思维,进而把这种思维用到作文中,为作文改头换面,体现学生作为新新人类的创新之处。

(3)反映学生独特的生命表达

在传统作文中,教师总是会犯一个错误,就是将不同水平、不同特长的学生置于同一个起点上教学。循规蹈矩的教学步骤、严格的写作要求,难以唤醒学生的写作兴趣,当然更谈不上独特的语言和情感表达了。

所谓反映学生独特的生命表达,就是作文本身不受文体、题材的限制,

---

① 曹明海.语文教育观新建构[M].济南:山东人民出版社,2007:216.

不受规范性语言的约束,更不受应试作文模板的制约,学生采用自己觉得适合的文体、题材,运用能够展现自己独特个性的语言去写自己想要写的文章。没有千篇一律,没有众口一词,每个人表达的是世上独一无二的内容与情感,不会出现雷同,只有独特。实际上,每个学生的写作起点都不是零,他们可能是理科高手、体育健将,或者擅长琴棋书画,或者饱尝人间坎坷,如果我们能让他们毫无制约的把这些表达出来,一定会拉近学生与作文的距离。玄幻、历史、侦探、武侠等小说各具精彩,各领风骚;幽默犀利、优美灵动、透明凄美、智性表达等语言风格也各具特色,自成一格。学生的生命是独特的、灵动的、成长的,不应该受到过多的制约,只有取消作文的种种约束,才能消除雷同,呈现学生独特的生命表达。

(4)关注学生精神的生命成长

学生时期是一个人一生当中的重要时期,一个人的人生观、价值观大多数都是在此时期形成的,是一个人生命发展的基础和关键时期。尤其是处于青春期的学生,更是受到人们的极大关注。由此,生命作文就不得不关注学生此时期的生命动态,促进学生今后生命的健康发展。

所谓关注学生精神的生命成长,就是教师从学生的作文中体会学生独特的思想情感,了解学生内心的困惑,及时发现学生思想中的危险情绪,并给予及时、正确的引导。青少年学生由于生理原因会造成对于社会、学校、家庭的逆反,这种逆反是对传统束缚的反感,或者可以说是对于一切束缚的反抗。当学生的这种逆反情绪体现在作文中时,我们就应该知道学生在青春期时更需要理解与关怀。还有就是青少年学生的忧郁情感。除了青春期特有的忧伤情感、内心的孤独寂寞以外,20世纪90年代中后期怀旧的社会文化氛围,都市生活中小资情调、文化的流行,韩剧自始至终的悲剧意识、悲剧情感都深深地影响着他们,使他们接受了忧郁的精神洗礼,从内到外刻意或不刻意地表现着忧郁的气质。真诚的或做作的"忧伤"表演,从某种角度来说已经成为这个时期青少年们制造的另一种流行,很有"少年不知愁滋味,为赋新词强说愁"的意思,但是这个忧伤却是确实存在的。生命作文就是要让学生把自己的情绪情感表达出来,让人们了解他们独特而敏感的内心世界,从而真正走近他们并引导他们更好地发展,让他们更好地成长。

4. 生命作文的理论依据

"生命作文"作为一个新的研究内容,它的提出不是人们一时兴起随口说出的,而是有其理论基础的。正是这些理论基础,为我们研究"生命作文"提供了很大的帮助。

(1)人本主义教育理论

人本主义是号称"心理学第三势力"的心理学思潮,由于人本主义心理学家认为人的潜能是由自我实现的,而不是教育的作用使然,因此在环境与教育的作用问题方面,他们认为文化、环境、教育只是阳光、食物和水,但不是种子,个体的自我潜能才是成功的种子。他们认为,教育的作用只在于提供一个安全、自由、充满人情味的心理环境,使人类固有的优异潜能可以自动地实现。所以,在教学过程中强调要建立一种和睦的气氛,形成一种真诚、信任、理解的人际关系,关注人的成长,感悟人的变化,关心人的情感需要,使人在心理上产生一种安全感,使人相信自己拥有潜能,从而实现真实的自我,只有在这种条件下,人的创造潜能才能得以发挥。在生命作文教学中,教师就要给学生这样一种理解与关怀的气氛,让学生敢于倾吐心声,敢于表达自己的思想,在让学生感觉安全的环境中不断地展示他被遮掩的才华,释放他的生命潜能。

人本主义教育理论认为教学的最终目标是使人成为真正自由的、独立的、有主见的、适应性强的"完人"。"完人"是人本主义教育心理学的一种理想化的模式,而要想最终实现这一教育理想,就应该有一个现实的教学目标,那就是促进变化和学习,从而培养能够适应变化和知道如何学习的人。只有学会怎样适应变化和学会怎样学习的人,只有意识到没有任何可靠的知识、寻求知识的过程才最可靠的人,才能够真正成为"完人"。在现代不断变化发展的社会中,适应性是可以作为教育目标的,所以,人本主义重视的是教学过程而不是教学内容,重视的是教学方法而不是教学结果。这与生命作文关注学生生命成长,促进学生成为真正的"人"的教学目的相同。

(2)建构主义教育理论

建构主义教育理论认为世界是客观存在的,但对世界的理解和赋予的意义却是由每个人自己决定的。建构主义认为知识不是外在的客观之物,它取决于人们在一定历史阶段对这个事物的认识,它可能会被不断出现的新的假设所推翻。知识是暂时的、相对的,教学中就不应该将知识作为不变的教条强制学生死记硬背,因此,传统作文教学的内容和方式就要随着社会的进步和发展而不断改革。

建构主义教育理论强调学生主动的建构,认为学习是个体主动、积极的建构知识而不是从他人那里被动接受知识的过程,而教学要引起学生的积极建构,就必须改变过去那种一切"以教师为中心"的做法,提倡"以学生为中心"。教师的角色应从传统的掌握并传递知识的权威者转变为学生学习活动的合作者,如此才能体现、增强学生的主体性。生命作文的教学强调,教师要意识到学生的主体地位,不要让学生完全按照教师的理解和方法去写作文,要鼓励学生主动写自己想写的东西,对于作文的种种限制要予以突破,要让学生深刻认识到自己的主体地位,掌握写作的主动权和写作权,这与建构主义的思想是一致的。

建构主义教育理论强调学生应该以自己的方式建构对事物的理解,每个学生在日常生活和学习过程中,已经形成了相当多的经验,在教学过程中就不能无视学生的这些经验,而是要把学生现有的知识经验当作新知识的增长点,引导学生从原有的知识经验中"生长"出新的知识经验。而且,由于每个学生的发展水平和经验背景不同,每个人看待事物的态度和方式是不同的,世界上不存在唯一的理解标准,要突出学生的差异性。生命作文教学强调,教师要认识到学生的差异性,不能用整齐划一的方式去教学,而是要关注学生的不同经验背景,关注学生的原有知识,因材施教,培养不同个性的学生,而学生也要了解自身的差异性,并运用这种差异性去表现自己的个性。生命作文的这一观点与建构主义的这一思想也是一致的。

（3）自然主义教育理论

自然主义教育理论的核心就是强调对儿童进行教育必须遵循自然的要求，顺应儿童天性的发展，反对按照传统与偏见强制儿童接受违反自然规律的所谓教育。

自然主义教育理论认为人是有差异的，教育必须尊重人的这种差异，尊重人的不同个性。学生的这种自我个性，就是学生的一种天性，压制学生个性的发展就是违反学生的自然发展，是有违学生自身成长规律的。这在生命作文教学尊重学生生命个体独特性上是有体现的。

自然主义教育理论认为儿童只有在乡村自然、纯朴的环境中接受教育，才能培养和发展人的纯真本性。

自然主义教育理论的教育目的是培养"自然人"。"自然人"就是完全为自己生活，不依靠任何的社会地位和职业，并且能够适应各种变化的、生活在社会中的人。从中可以看出，对自然人的培养离不开社会，自然人的发展要能够适应社会的发展，不能远离、脱离社会。这与生命作文主张学生接触社会，体验生活有相似之处。

（4）生命教育理论

生命教育理论是关于生命教育未来发展的理想观念，是人们在对生命教育的基本认识和对生命教育规律的正确把握的基础上形成的。

生命教育理论认为生命是宇宙创造的奇迹，世界上最珍贵的是生命，这个简单的事实应该作为教育的起点。在教育确立尊重生命的观念后，最重要的是在教育实践中真正做到尊重生命。尊重生命，首先要尊重自然生命。人们不仅要尊重自己的生命，还要尊重他人的生命。其次，要相信生命存在的意义。相信自己，相信自己存在的价值，同时也相信别人独特的价值。这就要求生命作文教学要引导学生尊重自己、尊重他人，相信自己、相信他人。

生命教育理论认为生命从本质上讲是一个生成的存在，是一个生生不息的过程。任何人的生命都是在先天的基础上，在后天的生活中不断生成、发展的，任何人的生命都是自己生活的产物，没有人可以随便替代。所以，每一个人的生命都是独特的,都是有差异的,也正是由于生命的这种差异,世界才如此丰富多彩,绚丽多姿。教育要促使学生逐步形成最优化的自我,形成独特的个性,形成积极主动的、个性化的生存方式。在生命作文中,教师就要发现学生的独特性,尊重学生的独特性,引导学生发展、完善自己的独特性。

生命教育理论认为人是世界上最不安分的动物,人总是在挑剔当下的生活,并在不断的挑剔中追求更完美的生活。教育就要注重引导学生追求生命的超越,并在不断追求的过程中,发现生命的意义,创造生命的价值,并最终实现生命的价值。在生命作文教学时,教师要引导学生相信自己,并引导学生不断超越自己,从而完善生命。

(5)写作哲学理论

马正平的写作哲学理论认为:"在表层上,写作是一种表情达意、交流信息的行为;在深层上,写作又是一种生命存在的形式、途径。从这个意义上讲,写作就是对生命秩序的创生行为。因此,写作行为又具有一种哲学性、生命性。"[①]这一理论认为写作并不单单是一种外显的语言表达,更是一种内隐的精神依托,写作的本质属性就是生命性。

马正平的写作哲学理论还认为:"写作是人类运用书面语言文字创生生命生存的自由秩序的一种精神生产活动。"[②]当我们把"书面语言"等字词去掉后,就可以把这一句话简化"写作是人类的活动",写作就是人的本质,写作就是人本身,生命个体对于写作的需要是根本性的。因为生命个体感到外在世界存在荒谬、存在虚假、存在丑恶、存在伪善,他看不惯这种无序和混乱,也无法忍受这种无序和混乱带给自己的恐慌、恐惧和对生命的威胁,于是,他产生了思想,用一些文字建造自己理想的世界。而这个世界就成了自己的生命之所。所以,写作是一种精神的写作。于是,生命作文中就要体现学生的精神世界。

---

① 马正平.高等写作学引论[M].北京:中国人民大学出版社,2003:90.
② 马正平.高等写作学引论[M].北京:中国人民大学出版社,2003:75.

由写作哲学引出和发展的写作文化理论认为写作就是一种鲜活的生命力的表征,是一种生命关注。在生命作文教学上,教师在讲每一条作文写作技巧时,都应该揭示出人们关于这一条写作技巧的价值观念、思维方式和人生态度等。作文不再是学生对时间的组合和对语言的运用,它也是学生心灵工程建构的行为和方式。

(四)生命作文的写作

学生,是写作的主体。不管教师教的如何,落实到最后,还是要靠学生自己动脑想,动笔写。对于写作,学生应该有自己的准备。我们试从学生角度就写作内容和写作模式两个方面对"生命作文"进行研究。

1. 生命作文的写作内容

学生是有一定生活体验和生命情感的个体,并且这种体验和情感会随着其年龄的增长而逐渐丰富,从这一方面来说,学生是富有的。但是,为什么学生在写作时经常会出现无从下手或无话可说的情况?很大程度上是因为学生还没有意识到自己的"财富",我们把学生的这些"财富"总结了一下,希望能够丰富学生的写作内容。

(1)投入生活,评议现实

学生是有生活的,而且是有真实的生活。生活中,每天都会有很多新鲜的事情发生,有令人快乐的,也有令人痛苦的,有令人拍案叫绝的,也有令人冲冠发指的。生活中的内容是如此丰富,生命因生活而丰富多彩。学生作为生活的参与者,他有权利享受生活带来的乐趣,也有义务处理生活带来的麻烦。他们是生活的演绎者,而不是旁观者,他们必须投身生活、感悟生活并评论生活。但学生的这种真实的生活却被应试教育这堵无形的墙给隔绝了。如果教师不能有目的地让学生回归生活,学生也就无法写出真实的、有血有肉的作文。

(2)感悟自然,保护生态

自然,这一比人类更早出现在地球上的客观存在,在人类出现以后,一直和人类相依相存着。学生应该深刻地了解人类与自然之间的这种相互依存的关系,近距离地接触自然,感悟自然。在作文中,学生可以把自己对繁茂神秘森林的向往、对水滴石穿的惊叹、对钱塘涨潮的震撼写出来,把自然的美好展现出来。但是,贪婪的人类为了自己的私欲肆无忌惮的破坏自然,自然开始惩罚人类,人类认识到了保护自然的重要性。所以,在作文中,学生也可以抒发自己对保护自然的见解或感受,从笔尖的保护自然发展到在实际行动中保护自然。

(3)品读经典,反思历史

信息网络时代的迅速发展,带给人们的是空前的新鲜、时尚与前卫,现在,人们一有感触,就发微博;一想聊天,就上 QQ;一旦无聊,就看电子书……什么时髦,就玩什么;什么时尚,就看什么,唯恐自己会落伍。但是,不管时代怎样发展,历史的、经典的东西,我们还是要保留、学习、感悟、研究、反思。遗忘历史就等于背叛,抛弃经典就等于愚昧。学生在接受新知识的同时,不要忘了还要读读经典的书、看看经典的电影或听听经典的音乐。倘若学生只关注新的事物,而放弃感悟经典的文献,将会变得肤浅。所以,学生平时可以多了解一下有关历史的、经典的文献,对其有所感悟、有所反思,并把这些感悟与反思写下来,才有可能成为一个有内涵的人。

(4)张扬个性,崇尚理性

青少年由于生理、心理原因造成的对于社会、学校、家庭的叛逆在日常生活和学习中表现得很明显,与其去压制他们,质疑他们,不如给他们一个平台让他们展现自己,释放自己的情绪。情绪情感是需要释放与宣泄的,生命作文就可以给学生这样一个尽情展现自己的地方,学生可以在作文中尽情表现自己独特的、反叛的、张扬的个性,尽情吐露自己不被人理解的心声,尽情表达自己对外界的看法。但是,自由是相对的,不是绝对的。我们给学生一个宣泄的场所并不代表我们认同学生乖张的想法。当学生展现了自己反叛的个性之后,教师就要对其进行适当的引导,使学生尽快摆脱极端的想法,从而使其个性和谐,崇尚理性。

(5)关注内心,分享关爱

现在的孩子们从小享受着周围众多人的爱,却很少向周围人传递自己的爱,"爱"这个词对于他们来说是"最熟悉的陌生人"。一般来说,爱包括朋友之爱、爱人之爱、亲人之爱和世人之爱。学生把关爱从朋友、爱人、亲人一直推及到对世人,是爱升级的过程,是从小爱到大爱的过程。生命作文想让学生通过对爱的描写,关注自己的内心,丰富自己的情感,让人性从自私到无私发生质的变化,使自己在本质上充满明亮和向上的张力,闪烁人性的光芒。爱是那么美好而又纯洁,没有一丝掺杂,它感动人也感染人,让人向往爱,期待爱。只要学生开始给予爱、分享爱,其内心就会健康而充实。

(6)抱负梦想,实现自我

每个人都有自己的梦想,这种梦想或虚无缥缈,或遥不可及,但它却是一个人为之努力的方向,为之奋斗的力量。学生应该明确自己的理想,把理想用文字写下来,时常提醒自己,时常督促自己。虽然,在实现理想的道路上有很多的困难,有很多的荆棘,但是,阳光总在风雨后。生命作文鼓励学生把实现理想之路上所遇到的困难写下来,让学生诉说自己的艰辛,舔舐自己的伤口,发发自己的牢骚,显示自己受挫后的颓废,然后再整装待发,继续拼搏。也许,拼搏之路的苦闷与伤痛学生只想自我回味,不想让其他人体味,写下来是最好的选择。

2. 生命作文的写作模式

学生传统的写作模式是借助于教师提供的模板,学生按照同一个模子包装自己的作文,结果出现了大量雷同的作文,生命作文就是要摆脱传统的写作模式,建构新的写作模式。人的情感与思想的发展大致是感觉—感受(体验)—感悟(思考)这样一个过程,是一个由低级向高级逐层渐进发展的过程。我们可以借用这种发展过程,构建作文的表达过程,从而建立生命作文的写作模式。

(1)"感觉—表达"模式

感觉是人们对于世界万物的最直观的一种感受,人们在处理事情时,很多时候都是依靠自己的感觉,而感觉主要是通过感官获得的。感官是人认识事物的第一步,人们通过眼睛看到万紫千红的春天,看到绿柳如茵的夏天,看到麦色如金的秋天,看到皑皑瑞雪的冬天,知道了一年四季的不同变迁;人们通过耳朵听到了小河流水的潺潺声,听到了大海奔腾的滔滔声,听到了鸟儿鸣啼的啾啾声,听到了蝉嬉闹的声音,知道了世界万物的不同声音;我们通过嘴巴品尝了杨梅的酸甜,品尝了鲜桃的美味,品尝了黑咖啡的苦涩,品尝了红辣椒的辛辣,知道了世界万物的酸甜苦辣。感觉是人们最直接的外在体验。

生命作文就是想要学生借助于感官把对世界的最直观的感受表达出来,这种"感觉—表达"的模式是生命作文的一种简单的写作模式,适合于接触作文写作时间不长的学生。如教师想要学生写一篇有关于"春天来了"的作文,就可以带学生去春游,在自然中寻找春天的足迹。学生只需要把自己在大自然中看到的、听到的、触摸到的写下来,表达出来就可以了,这就是一篇好的关于春天的作文。

(2)"体验—表达"模式

体验是比感觉更高一级的行为。人生活在世界上,总是会经历很多的事情,接触到很多的人,对于不同的事情、不同的人,也总会有自己不同的体验。金榜题名是一种骄傲;久旱逢甘是一种喜悦;他乡遇故知是一种兴奋;自刎乌江是一种不舍;挥泪斩马谡是一种无奈;富贵不能淫,威武不能屈是一种气节。这些都是不同人对不同事情、情感的体验。"作文就是一种生命活动,是对生命活动的体验、记录和诠释。"[①]体验的成果可以藏在内心,与己体味;也可以向人诉说,与人共鸣;还可以形成文字,与人分享。

生命作文就是要让学生把自己的不同体验展现出来,让我们了解真实的学生,走进他们的世界,这就是一种"体验—表达"的写作模式。这种模式有助于教师关注学生的成长经历,及时了解学生的生命体验。

---

① 邢国卿.作文是一种生命活动[J].辽宁师范高等专科学校学报(社会科学版),2006(4):81-82.

(3)"思考—表达"模式

思考是人对于事物的感悟与体悟,是对人感受的进一步升华。思考相对于感觉和体验来说,更偏重理性,是对事情进行理智思考以后得出的感悟。世上有很多的事情不是一两句话就能说清的,也不是"是"与"非"就能简单概括的,单单凭感觉和体验是无法准确表达的,这就需要人们进行思考。随着时代的发展,以前被视为真理的东西,现在也开始遭到人们的质疑,鲁迅的"拿来主义"现在还要不要;"见义勇为"现在还可不可行;"近朱者赤近墨者黑"现在是不是一定准确。人们很难说谁是谁非,不同的人也有不同的理解,但是这些理解是要人们认真思考的。

生命作文就是要让学生学会对事物进行自己的思考,不管前人与他人如何理解,自己要敢于表达自己的感悟。"思考—表达"的写作模式多见于议论文或议论性散文中,学生在进行理性的思考后,把自己的理解用文字付诸纸上。这种模式的作文往往能给人一种生活或生命的启示。

(五)生命作文的教学

"写作,是性灵的自然流露,是一种精神体验,是一种与精神的发展、生命轨迹的成长同步的精神旅行,学生真实地写出人生的痛苦和坎坷,写出心路的喜悦和欢乐,这才是写作教学的最高境界。"[①]"生命作文"教学就要带领学生进入这一最高境界。

1. 生命作文的教学目标

目标是个人、部门或整个组织所期望的最终成果,是其为之努力的方向和强大推动力,而引导我们进行"生命作文"教学研究的方向和推动力,即"生命作文"的教学目标,就是"作文"和"做人"。

(1)作文

叶圣陶认为作文的教学目标是:"培养学生运用语言文字表达自己思想

---

① 刘智慧.浅谈生命教育在语文教学中的渗透与实践[D].长春:东北师范大学,2006:14.

感情的能力。"①既然要培养学生的这种能力,那作文就不能单纯的被认为是写在纸上的书面文字,它还应该有更丰富的意义。作文不仅是写作的最终成品,还是写文章的整个过程,所以,"生命作文"的教学既要关注学生的写作成品,又要关注学生写作的整个过程及在写作过程中对写作能力的培养。

我们认为"生命作文"的"作文"这一教学目标可以具体分为几个小的分目标。

首先,教授学生写作的基本知识与技巧。教授学生观察生活、积累素材的知识;教授学生发现题材价值的知识;教授学生写好一篇文章的基础知识,如审题、立意、选材、组材、构思、谋篇、修改的知识;教授学生常用文体的写作知识,如记叙文、说明文、议论文、应用文等写作知识;教授学生写作方法和技巧的知识,如如何运用记叙、议论、描写、抒情、说明等表达方式,如何开头、过渡、结尾、照应等知识。

其次,发展学生独特的个性。语文课程标准实验稿各个阶段的写作教学目标分别为:第一学段(1—2 年级)是"对写话有兴趣,写自己想说的话,写想象中的事物,写出自己对周围事物的认识和感想"。第二学段(3—4 年级)是"能不拘形式地写下见闻、感受和想象,注意表现自己觉得新奇有趣的或印象最深、最受感动的内容"。第三学段(5—6 年级)是"养成留心观察周围事物的习惯,有意识地丰富自己的见闻,珍视个人的独特感受,积累习作素材。"第四学段(7—9 年级)是"多角度地观察生活,发现生活的丰富多彩,捕捉事物的特征,力求有创意地表达"。② 新课标中的这些表述全是主张在写作教学中要教学生注重自己的生命体验,不要复制别人的故事,要发展学生自己的个性,培养学生的独特精神。由此,"生命作文"教学当然要把发展学生独特的个性作为教学目标。

---

① 许振轩.中学作文教学的目标·体系·方法——学习《叶圣陶语文教育论集》札记之一[J].淮北师范学院学报,1989(11):127.

② 教育部.全日制义务教育语文课程标准(实验稿)[S].北京:北京师范大学出版社,2001.

再次，挖掘学生至真的情感。《普通高中语文课程标准（实验）》的必修课程"表达与交流"部分中写道："能考虑不同的目的要求，以负责的态度陈述自己的看法，表达真情实感，培育科学理性精神。""引导学生表达真情实感，不说假话、空话、套话，避免为文造情。"①对于学生来说，写作是他们精神生活的一部分，他们在作文中创造并表现真善美，同时也在作文中不断地审视自己，校正自己的精神方向，使自己健康的发展。作文不仅是学生的精神家园，同时也是学生自身成长的一部"史记"，所以，不造假应成为学生作文的一个要求。"生命作文"教学就是要挖掘学生的真性情，展现学生最纯的本真。

然后，训练学生的创新思维。人的思维是依靠语言来进行的，而语言的表达（说或写）同时也离不开人的思维。作文，作为语言的一种表达方式，其写作过程，无不是学生以自己的思维来解决现实生活中的某个问题的过程，无不是以自己的思维来适应新情境需要的过程。所以，对学生作文的训练，就应侧重学生形象思维、抽象思维、直觉思维、灵感思维、辩证思维和创造性思维等方面的思维训练，其中创造性思维能力的训练是重点。教师可在命题、立意、选材、语言等方面巧施诱导，激发学生的创作欲望，引导学生通过多角度立意、大胆选材、新奇的表达等方式，摆脱思维定式，增强创新意识。"生命作文"的教学要为学生插上想象、创新的翅膀，让学生在作文的天空下自由翱翔。

最后，培养学生良好的写作习惯。良好的写作习惯，是提高学生写作能力的基础，教师要注重培养学生良好的写作习惯。一般来说，良好的写作习惯包括热爱生活、留心观察生活的习惯；积累记忆、博采众长的习惯；规范写字，熟练查阅工具书的习惯；勤写多思、善于修改的习惯，等等。要培养学生的写作习惯就不得不激发学生写作的兴趣和自信心。在写作兴趣和自信心的驱动下，学生才有动力形成自己的写作习惯。"生命作文"教学要在激发学生写作兴趣和自信心的前提下，培养学生良好的写作习惯。

① 教育部.普通高中语文课程标准（实验）[S].北京：人民教育出版社，2003.

(2)做人

语文教育专家于漪指出："作文不只是一种写作技巧,而是一种表情达意的手段,要做好文章,首先要在做人上狠下功夫——内心必定要充实。尽管现在大家都在提倡创新和求异,但作文中有些精神的东西,是不必质疑的,更是不能缺失的。"①而这种精神就是学生"做人"的精神。语文特级教师陆继椿指出："现在的学生作文过于注重个人内心情感的抒发,而很少去关心个人以外的东西,很少能够看到学生真正的发自内心的对社会、对民族、对世界的关心和感受,缺乏一种大气。"②由此看来,学生在"做人"方面是有欠缺的,所以,"生命作文"教学除了要在"作文"上帮助学生,更要在"做人"上引导学生。根据生命教育的教学目标,我们把"生命作文"的教学目标具体分为五个层面。

第一层是帮助学生培养正确的生命态度。教师要引导学生知道世界万物都是有生命的,让学生平等地对待所有的生命体,学会珍惜、保护自己及他人的生命,培养学生对待生命的平等态度;帮助学生体验生命成长过程中的艰辛与困难,学会调节不良情绪,让学生能够笑着面对挫折,培养学生对待挫折积极乐观的态度;帮助学生初步接触死亡,全面地了解生命的内容,消除学生面对死亡的恐惧心理,让其知道生命的短暂和来之不易,培养学生对待生命的严肃态度。我们希望"生命作文"能在选材、命题等方面渗透这些内容,让学生全面地了解生命,正确的面对生命,从而形成平等的、乐观的、积极的生命态度。

第二层是帮助学生懂得基本的生存技能。现在的家长只是关心学生的分数,重视学生的学习能力,而往往忽视了学生的生活能力,很多学生到了高中阶段生活还不能自理,一旦离开学校,离开父母,他们根本不知该如何生存,这是一种真实的、可怕的现象。所以"生命作文"鼓励学生多留心观察生活,多用心体验生活,写出自己在生活中的所见所闻、所想所悟,在写作的

---

① 于漪.中学作文严重"缺钙"[N].青年报,2000-11-12.

② 陆继椿.中学生作文怎么了[N].文学报,2002-5-9.

过程中,潜移默化地把生活、生存的一些常识性知识渗透到自己的头脑中,从而掌握基本的生存技能,提高生活能力。

第三层是帮助学生形成完整的生命人格。人格是在生命个体与所处的环境相互作用的过程中所形成的稳定的心理结构。其"统摄着写作主体心理的诸多复杂因素并使之成为一种主导倾向,这种主导倾向不仅制约着写作者选材立意等文章诸要素的质量,同时也影响着写作者自身的行为规范,这二者应该是统一的"。①我们认为人格具体表现为真、善、美,对于一个具有健康人格意识的学生来说,真、善、美既是他进行写作活动的永恒要求,也是他对自身行动的基本要求。"生命作文"教学试图从各方面帮助学生形成真、善、美的生命人格。

第四层是帮助学生树立积极的人生观、价值观。曹文轩曾说过:"这些年看了太多的少年文字,十之八九竟都是一副看破红尘要自绝于世界的'清冷模样',你想不明白这个世界究竟在哪里伤害了他,也不知他的内心之灰色到底是否来自于他的生活经验和生命体验?但就是那样的姿态——一摆千年的姿态。纯真不再,温馨不再,美感不再,崇高不再,庄重不再,雅致不再,真诚不再,阳光也不再,剩下的就只有一片阴霾与心灰意懒。"②当今学生由于青春期的自身原因以及言情小说、电视等外在的原因,总喜欢用"伤感""消极"来包装自己,并以此为时髦,"生命作文"就是要帮助学生摆脱这种对自己、对他人、对社会的消极情绪,从而树立积极的世界观和人生观。

第五层是帮助学生实现并超越自我。我们认为一个人水平的高低和成就的大小,并不只是依靠他的才华和能力,还要依靠他的综合素质,即他的敬业态度、生活阅历、人格品质、人生观等各方面的综合。"生命作文"就是要让学生发现自身的独特点,培养自身的能力,提高自身的综合素质,实现自己的理想,实现自身的价值。只有实现自我,才能超越自我。超越自我,是我们期待的最理想的结果。

---

① 林可夫.高等师范写作教程[M].福州:福建教育出版社,1991:36.
② 曹文轩.知名作家给"新概念作文"泼冷水[N].文汇报,2004-1-20.

2. 生命作文的教学原则

原则就是原理或法则,是人们所要遵循的准则和要求。原则是规律的反映,以原则来指导生命作文教学,生命作文教学就能避免低效劳动。我们认为生命作文教学遵循的主要教学原则是:主体性原则、动力性原则、体验性原则、创新性原则和个性化原则。

(1)主体性原则

随着国际竞争的加剧,社会对人才提出了更高的要求,培养人的主体意识和主体能力,成为各国教育改革的主题。《学会生存》中指出:"未来的学校教育必须把教育对象变成教育的主体。受教育的人必须成为教育他自己的人;别人的教育必须成为这个人自己的教育。"[①]这句话非常明确地强调了学生学习的主体地位。

作文写作是自主性很强的劳动,没有学生主体性地位的保障,学生是难以提高写作能力的。我们认为,人的主体性是人在认识和改造自己、自然、社会的过程中所表现出来的自主性、能动性和创造性。具体到生命作文教学中,主体性原则具体体现为教师引导学生进行自主性、能动性和创造性的作文教学。

自主性作文教学,就是教师要引导学生自觉地确定作文写作的目标,选择写作方法,监控写作过程和评价写作结果。具体说就是学生进行作文写作的动机是自我驱动的,作文写作的内容是自我选择的,作文写作的策略是自主调节的,作文写作的时间是自我计划的。教师要引导学生主动营造有利于作文写作的条件。

能动性作文教学,就是教师要引导学生自觉、积极、主动的学习作文写作,而不是无奈的、被动的、消极的写作。主要表现为教师要让学生能根据社会的要求和未来的需求自觉参与学习,并能以自己已有的知识经验、认识水平去主动进行新旧经验的组合,从而提高自己的写作水平。

---

① 联合国教科文组织国际教育发展委员会.学会生存——教育世界的今天和明天[M].华东师范大学北教教育研究所,译.北京:教育科学出版社,1996:200.

创造性作文教学，就是教师要引导学生实现对自己、对现实的超越。学生要以主体性的独立人格参与社会生活、教育活动，积累材料，升华感情，创造出高于自己过去作品的作文。

（2）动力性原则

在动力学教育观点中，人的行为能力是一个功能系统，包括信息动力、心理动力和操作动力。其中兴趣、意志力、事业心、成功感等组成的心理动力是信息动力和操作动力实现和操作的推动力。我们这里说的动力性原则主要指的就是心理动力。

心理动力是一种在一定情境条件下引起并推动人们活动（内部活动、外部活动）的原动力、冲动力和内驱力。生命作文教学的动力性原则就是要教师培养学生生命作文的心理动力。生命作文教学的心理动力主要包括两方面：一是培养学生写作的兴趣和热情，二是培养学生写作的成就感。这两方面关系密切，学生写作要有热情，要有兴趣，作文才能写好，学生才会有成就感；反过来，当学生体会到写作的成就感时，自然会增加写作的兴趣和热情，从而形成良性循环。

（3）体验性原则

体验是人的生存方式，是人追求生命意义的方式，是生命个体在活动过程中产生的主观感受、经验及情感。体验性原则是现代教育的重要特征，也是优化生命作文教学的重要途径。生命作文教学的体验性原则是指教师指导学生亲历生命活动，亲身感受其中的滋味，经历其中的感情变化和发展，使学生在体验中产生丰富的联想和深刻的感悟。

体验性原则的实施有两种方式。一是关注学生生命体验。生命自身是不会自然显现意义、实现价值的，只有生命个体通过自己的实践才能发现生命之真，体验生命之美。教师要引导学生关注自身的生命体验，并对其体验进行感悟，这是生命作文教学的一个重要方面。二是讲述生命体悟故事。"讲述老百姓自己的故事""讲述你身边的故事"，现在"讲述"类的节目非常火爆，说明现代人对情感交流、生命体验和生命体悟有很大的渴望。能够清晰停留在生命长河中的故事必定是生命经历中最美的花朵,必定能影响一个人的一生。在生命作文教学时,教师可以让学生讲述自己的生命故事,以生命叙事的方式来寻找生命的感觉,触发作文写作的灵感。

（4）创新性原则

创新是人类生存和发展的手段,现代教育以培养创新人才为己任。作文,是具有创新性和创造性的。所以生命作文的创新性原则是指教师在作文教学时要运用创新的教学方法,去培养学生创新的思维。

应试教育使学生的作文千人一面,众口一词,套话连篇,毫无创新可言。这就形成一种思维定式,教师画地为牢,学生小心翼翼,学生的作文没有自己的个性,没有新意。所以,生命作文教学就要教师运用创新的教学方法,培养学生作文的创新思维,激发学生写作的创新灵感,让学生全新的表达自己的情感。在下文中,将会详细介绍教师创新的教学方法。

（5）个性化原则

"个性化作文"是新课程写作教学的一个追求。《普通高中语文课程标准（实验）》中指出:"写作教学应着重培养学生的观察能力、想象能力和表达能力,重视发展学生的思维能力,发展创造性思维。鼓励学生自由地表达、有个性地表达、有创意地表达,尽可能减少对写作的束缚,为学生提供广阔的写作空间。"[①]

俗话说:一树梅花万首诗。对于同一件事情,不同的学生有不同的感受。生命作文教学强调学生作文的创新,鼓励差异,提倡作文要有自己的风格和特色。所以,生命作文的个性化原则就要求作文教学要尊重学生的个性,挖掘学生的个性,对学生因材施教,让学生写出富有生命个性的文章。

3. 生命作文的教学模式

模式,是某种事物的标准形式或人可以照着做的标准样式,是一种可以模仿的套路或者程序。而教学模式就是指可以用于教学的一种套路或程

---

① 教育部.普通高中语文课程标准（实验）[S].北京:人民教育出版社,2003.

序。生命作文以主体性、动力性、体验性、创新性、个性化的教学原则为基础,根据教师教学地点、学生写作时间以及教学辅助手段的不同,把生命作文的教学模式分为作文课写作教学模式、活动课写作教学模式、阅读课写作教学模式。

(1)作文课写作教学模式

很多学校的作文课一般是两节课连上,这两节课完全属于作文课的范畴,教师教学和学生写作都是在这两节作文课上完成,整体来说是相对独立的一部分,一直以来,这都是作文课最主要的上课方式。以"教室"为空间地点,以"课堂时间"为时间范畴,这也就是我们说的课堂写作教学模式。在这种课堂写作教学模式中,我们认为主要可以分为讲授式写作教学模式、对话式写作教学模式和多媒体写作教学模式三种。

一是讲授式写作教学模式。是指教师用一段与题目有关且具有启发性、诱导性的语言对作文题目进行讲解,帮助学生开阔思路,是"教师讲——学生写"的一种模式。

以下是"意外"这一话题的教学实例。

师:在这个世界上,人们经常会遇到各种意外。也许,大家一听到"意外",自然而然会联想到不好的事情,好像"意外"是坏事情的代名词。其实不然,很多时候,"意外"的事情会导致好的结果。想当年,太上老君把孙悟空放到"八卦炉"中,为的是把他烧成灰烬,谁知在七七四十九天以后,孙悟空不但没有被烧死,反而练就了火眼金睛;台湾作家张晓风在湖边看书,无意中发现树木飘送种子,懂得了生命在繁殖后代时的投资是如此"不计成本";舞蹈天才韩庚当日陪朋友去参加韩国公司的面试,本不想参加竞选的他却被工作人员看上,结果他被选上了,朋友却落选了;而《增广贤文》中"有心栽花花不开,无心插柳柳成荫"的古训更是告诉了我们什么是"意外"。

生(大多数):(点头)

师:其实,在我们生活中,也有很多的"意外",有的"意外"带给我们痛苦,有的"意外"带给我们惊喜,现在大家就回忆一下,在你们周围有没有一

88

些"意外"可以与我们分享呢?

生:(思考)

师:下面大家就以"意外"为话题写一篇作文,把你生活中的"意外"写出来。

学生都沉浸在思考中。

几分钟后……

生:(动手开始写)

这个话题,其实本身不难,难的是学生对"意外"的固定思维,如果教师不通过一段话对"意外"进行阐述的话,那很可能大部分学生都只会从"意外"产生不好的结果这一方面展开写,所以,教师的讲授对于学生全面、正确理解话题是很有必要的。

二是对话式写作教学模式。是指教师围绕题目有针对性地向学生提出问题,师生相互交流,在一问一答的对话中,激发学生的表达欲望,帮助学生更好的写作,是"师问——生答——师生对话讨论"的模式。

下面是熊芳芳老师"说说你的故事"这个话题的教学片段。[①]

学生先读《草娃娃的故事》和《Twins 的故事》读完后,师生之间相互讨论。

师:这个结局,还满意吗?

生:不满意。

师:为什么不满意?

一女孩:因为一段美好的友情就这样被毁掉了。友情是最珍贵的,她们却这样扼杀了它。

师:真好。还有其他看法吗?

一女孩:我觉得这个结局还是很好的。毕竟前面大家都做错了事嘛,能够这样收场,谁都没有因负面影响而毁掉前途,已经不错了,生活总是现实

①　熊芳芳."故事"里的事——写作讨论课实录[J].中学语文教学参考,2009(10):17-19.

的。我觉得草娃娃的故事充满了爱,Twins的故事就比较现实一点。

师:你可以用两个专用术语来定义这两种风格吗? 就好像……雨果和巴尔扎克的区别,李白和杜甫的区别。

一女孩:一个是浪漫主义,一个是现实主义。

师:很好。还有其他意见吗?

一女孩:我也觉得这个结局不错,因为友情固然重要,但事业是一个人实现自己人生价值的重要途径,她们发挥了各自的特长,最终都做了自己。

一男孩(马上接过女孩的话头,针锋相对):我觉得这个结局不好! 成功必须靠自己的努力。我觉得这个故事一点教育意义也没有! 因为她们前面各自散布流言来影响对方,我觉得电视台如果要公平一点,人性化一点,就应该去查清流言的出处,然后取消她们的参赛资格,这样才能给人们以警戒和教育!(台下观众热烈鼓掌)

师(欣慰地笑):我在他脸上看到了正义的光辉!

一男孩:一个人需要事业的成功,但也需要真诚的友谊。没有友谊的浇灌,生命是非常枯竭的。

另一男孩:这个故事虽然很现实,但和我们所希望的有距离,我们希望它有一个温暖而美好的结局,但这个结局令人对人性有些失望。

一女孩:成功的机会永远不是唯一的,世界上并非只有这一个舞台。感情才是一切的基础,有这样一份美好的友情,在人生当中是非常有意义的。如果是我,我不会伤害这份友情,我会跟我的朋友携手,共同奋斗创造,把我们的才能发挥到极致!

另一女孩:如果你选择了一份感情,就必须在行动中对这份感情负责任。感情不是一个符号。

师(欣喜地):说得非常好! 还有其他看法吗? 等大家说完了,我再发问。

一男孩(很酷很自信地):你可以发问了。

师(笑了):我可以发问了? 好! 如果我们把中间她们互相伤害的情节

抽掉,她们没有散布流言彼此伤害,而只是各自努力,充分发挥自己的才能,结局有哪些是不变的,哪些是会改变的?

一男孩:不变的是,她们同样会双双被录取;变化的是,她们之间不会有阴影和隔阂,不会有愧对对方的内疚和自责。如果她们从来没有伤害过对方,都只是正大光明地被录取的话,她们还会和从前一样,拥有和谐亲密的友情,她们的笑容不会像现在这样是做给别人看的,而是会像从前一样,是发自内心的。

师:很好。看问题很深刻。我再发问:"Twins"变成了"主播 X 和主播 Y",到底是好事还是坏事?或者,有好亦有坏呢?

一男孩:我觉得不纯粹是坏事。先前两个人形同一体,现在各自独立了。我们知道人都是各有各的优点,两个人这样粘在一起,各自的自我有可能被埋没。

师:也就是说,自己有可能会成为别人的影子?

一男孩:是,只有各自独立了,才可能发散出自己独特的魅力。

师:好,也就是说,结局并不坏,只是过程不美好。因为这种个体的独立是用伤害的手段来实现的,而她们本来可以选择光明正大的途径。好,我再发问:这个故事够不够现实?或者说:它的现实主义够不够彻底?

一男孩:够,绝对够了。

师:绝对够了?你确定?

几个男孩(确定而自信地):够,够,够!

······

这节课,师生在一问一答的对话中,相互讨论,相互交流,把这两个故事讨论得深刻、细致,让学生自主鉴赏,发现写作方法。这体现了新课标以学生为主体,以教师为主导的理念,尊重了学生的思想,给了学生说话的权利。而且在争论的乐趣中不着痕迹地让学生感受情节构思对主题表现的作用,以及多元主题所带来的思想深度,有利于培养学生有意义的学习。

三是多媒体写作教学模式。传统的作文教学,教师习惯用"一支粉笔",

靠语言表达和体态表达完成一堂作文课,这样很容易造成课堂上教师激情四射、口水四溅地拼命讲,但是学生却还是无法感同身受的局面,师生不能形成共鸣。传统的教学方法已经不能满足学生的需要,教师就要另觅他法。随着信息技术的发展,社会的各个行业都已经把信息技术融入了进去,用信息技术辅助自己在本行业的发展。教育更需要与时俱进,积极与信息技术进行有机整合。从目前来看,学校运用的信息技术一般指的是信息技术中的计算机多媒体技术。

在生命作文教学中,多媒体写作教学模式是指教师合理的设计、选择和应用多媒体技术,通过图片、声音、文字、视频等方式,向学生提供素材,引导学生思路,使其适时、适量、适度的在作文教学活动中发挥不可替代的作用。把多媒体技术整合于生命作文教学,我们常用以下四种多媒体方式。

以图入境。就是教师把鲜明生动的图片呈现出来,引导学生进入习作情境。学生在写作文时,有时对一事物很有感觉,想写出来,但是对这一事物只有模糊的印象,想写又写不出;有时又会出现"卡壳"的现象,大脑一片空白,一时想不起要写什么了。一般情况下,教师能直接用言语告诉他们可以写什么,但是,这些东西并不能在学生的头脑中形象地展示出来,这些东西在学生的脑中是死的,不鲜活,所以,教师可以把自己想说的用图片展现出来。如让学生描写"夏天"时,教师就可以播放关于夏天的风景图片,夏季长得郁郁葱葱的大树、池塘中央盛开的荷花、海滩上奔跑的孩童、果盘中色彩艳丽的荔枝,这些画面都可以引导学生进入想象空间,唤醒学生固有的情感体验,比起教师的言语更能激活学生的心灵,"此时无声胜有声"。

以声激情。就是教师把不同的声音播放出来,给予学生声音的刺激,激发学生的情感。声音是非常美妙的东西,世界万物都有属于自己的声音,它虽然看不见,摸不着,但是它可以通过耳朵直接进入人们的内心,给人以震撼。所以,教师可以让学生闭上眼,静静地聆听万物的天籁,写下天籁之"曲"。教师可以播放润物无声的春雨的声音;可以播放夏蝉"吱吱"催眠似的声音;可以播放秋天大丰收时农民雀跃的声音;可以播放冬天大风狂刮时

"呼呼"的声音。让学生通过声音展开想象,在头脑中绘制一幅幅生动的画面,并把画面用文字表达出来。

以文触心。就是教师展现一些发人深思的文字,与学生一起分享,从而触动学生的心灵,激发学生的表达欲望。人是感性的动物,不管外表是多么冷酷的人,都有埋藏在内心深处的情感。人的感情之所以没有外露,是因为他接触的东西还不足以触动他的内心。人的内心看似很难打动,但有时却又很容易触碰,一个词、一句话也许就可以让人热泪盈眶。但是人总是不善于用言语表达自己的情感,那文字就成了最好的选择。如作文以"离别"为主题时,就可以选取徐志摩的《再别康桥》中的一部分为学生展现出来。

> 悄悄的我走了,
>
> 正如我悄悄的来;
>
> 我挥一挥衣袖,
>
> 不带走一片云彩。
>
> (字后背景图片可以选取康桥的一角)

这样,学生就能在看图的同时,体味"离别"的伤感。

综合体验。就是教师把图片、声音、文字等融合在一起,让学生综合体验多媒体方式,发挥综合的作文指导效果。我们在高一两个班中做了一个实验,以"爱"为话题,让水平相当的两个班的同学来写,但是采用的是不同的教学模式。我们发现,两个班的同学进入写作状态的时间和态度不同,写作的速度和写作的顺畅度不同,最终两个班级中的优秀作文数量也不同。

在一班,教师按照传统一支笔、一张嘴的教学模式。教师把话题告诉学生,由于话题不是很难,教师对话题进行了适当启发之后,就让学生开始动手写。

在二班,教师采用多媒体教学模式。教师利用电脑投影先是放了几张图片:母亲幸福的看着新生儿的图片;父亲背着小男孩在沙滩上迎着镜头大笑的图片;两个穿着校服的学生手牵手、说笑着一起上学的图片;猫妈妈安静的为小猫舔舐胎毛的图片……(每一张图片的时间间隔是 5 秒)在图片放完之后,播放一段剪辑好的视频:四川地震中,母亲为了让孩子活着用身体为他挡住滚滚而来的岩石的镜头;一个乞丐将自己一天的乞讨所得投入募捐箱时露出欣慰表情的镜头;大学生在夜间把蜡烛摆成心形,屏幕上出现"汶川加油,中国加油"字样的镜头……。在播放视频时,视频中播放着低沉缓慢的音乐,为这个哀伤的视频渲染氛围,学生们感动得流泪。视频结束后,教师让学生动手写。

从进入写作状态的时间和态度这一方面看,一班学生在教师要求开始写时,很多学生都没有动笔,有的同学面色严肃,有的或者托腮,或者咬笔杆,或者直接趴在桌子上,只有几个学生开始写,大多数学生进入写作状态的时间比较慢,小部分学生的态度也不是很认真;二班学生在看完图片、视频之后,大部分情绪都很激动,当教师说开始写时,大多数学生都拿出纸笔,稍思考几秒钟后,都能开始写作,相比一班同学来说,进入写作状态的时间比较短,态度也比较认真。

从写作的速度和顺畅度这一方面来看,一班学生总体来说写作的速度比较慢,45 分钟后,还有四分之一的学生没有写完,而且在写作过程中,有三分之一的学生中间断断续续地停下笔思考了好几次,不能一气呵成;二班学生在 45 分钟内几乎全部完成,只有两三个学生没有写完,班级的总体写作速度比较快,而且只有少数的七八个学生中间出现过几次停顿,大多数学生基本上都能一气呵成写完全文。

从优秀作文数量这一方面来看,满分 60 分的作文,达到 54 分及以上的学生,一班有 3 位,二班有 6 位,达到 50 分及以上的学生,一班有 12 位,二班有 20 位。其中,一班学生对于人物的神态、动作等的细节描写很少,也不具体,画面感不强;但二班学生的作文对于人物的神态、动作等的细节描写很具体,给人的画面感很强,更能深切地表达自己的情感。

由此看来,图片、声音、文字、视频等多媒体方式,对于学生作文写作有很大帮助。多媒体写作教学模式可以突破时空的限制,将人、物等及时展现在学生面前,为学生及时提供写作素材。它通过调动学生的各种感官,诱发学生的情感活动,使学生身临其境,从而全身心地投入到作文情境中去。在作文教学中恰当地运用多媒体进行引导,不但避免了枯燥的传统说教,而且使作文教学形象、生动、直观。因此,在这个信息技术时代,将多媒体技术介入到作文教学中,可以使学生从中收集资料,增加阅历,进而充实自己的作文内容,提高写作水平。

(2)活动课写作教学模式

自然主义教育理论认为,学生要回归自然,在大自然中自由的成长。而今,由于升学的压力,学生天天被关在教室里,画地为牢,一个个了无生机,不利于学生的健康成长,所以,教师可以利用作文课的时间,让学生去呼吸一下新鲜空气。生命作文教学主张让学生在轻松自由的玩耍后,写出鲜活的作文。

下面是一堂游记题材的课外活动作文课。

师:今天,我们大家要写一篇游记作文。

生(七嘴八舌):哪都没去过,怎么写游记啊!

师:既然大家哪都没去过,而且今天天气又这么好,我们不如(拖长音)去外面走走,寻找一下灵感?

生(高呼):万岁!

(一出校门,学生们个个就像出了笼的小鸟,叽叽喳喳地扑向令人神往的大自然的怀抱。时值清明,各种花竞相开放,把大自然打扮得花枝招展的。我选定的去处是一块桃树和油菜套种的田地。举目望去,一片粉色的世界;俯首低视,则是满眼的金黄;再往左右远眺,碧绿的麦苗青得直逼你的眼。学生围定坐下,不禁令我联想到当年孔子杏坛讲学的情景,真是惬意极了!)

很快,班里的"机灵鬼"摇头晃脑地背起自己篡改的老舍的文句:"这样,一道儿粉红,一道儿金黄,一道儿碧绿,给大地披上了一件五彩的花衣……"

话音未落,"噼里啪啦"的掌声就响了起来,可见大家都认可了他的观点,置身于花海之中,学生们已领会了我选此"风水宝地"的用意。

师:同学们,你们能搜寻出记忆中有关花的诗句吗?

生1(脱口而出):春色满园关不住,一枝红杏出墙来。

生2:沾衣欲湿杏花雨,吹面不寒杨柳风。

生3:儿童急走追黄蝶,飞入菜花无处寻。

生4:忽如一夜春风来,千树万树梨花开。

……

孩子们旺盛的表现欲迸发出来了,一下子想出了许多有关"花"的诗句。走着走着我们走到几株桃树前,接着,我继续因势利导。

师:说了这么多花,不如,我们仔细观察一下眼前的桃花,怎么样?

这下,学生们又三个一群,五个一伙,细心地观察起桃花来。一会儿,就形成了一篇篇的"杰作"。

生2:它一般有五片花瓣,也有的多达六七片,花瓣的颜色是内深外浅。桃花的花期是一至两周,刚开的时候是浅粉色,渐渐地就变成了深粉红,像姑娘的脸蛋一样……

生5:桃花快凋谢时,叶子就慢慢长出来了。桃花的精神很可嘉,当她飘向大地之后,便化作春泥滋润桃树,为桃子的生长献上了自己的最后一片心意.

……

最后,我想来个轻松结尾,于是提议,看谁能说出带有"桃花"的电影、电视剧、戏剧、小说及歌曲的名称,这就更难不倒学生了。

众生:《桃花扇》《桃花雨》《桃花仙子》《人面桃花》《桃李情》《在那桃花盛开的地方》……

看得出,学生们的学习积极性和主动性已完全被调动起来了。直到回家路上,学生们还意犹未尽。回来后,学生们只用了一节课的时间,一篇篇充满生命力、创造力和想象力的习作便写出来了。

我深切体会到:作文教学不能受太多的约束,要真正让学生走出课堂,

深入生活,了解自然,关注社会,洞察人生,体验真情。这样,学生才不至于下笔无文,空发议论。这样,我们的作文教学才可能出现"桃杏竞艳"的春天!

(3)阅读课写作教学模式

语文教科书是很好的阅读材料,文章中的很多文章都可以成为学生作文写作的典范,文章中的很多情感都能给学生启发,是学生最贴身的良师益友。而且,由于应试的原因,有些学生根本没有时间去阅读其他的课外书,那语文教科书就成了这些学生唯一可以接触到的阅读材料。教师要利用好语文教科书,并使其在一定程度上为学生的作文服务。所以,我们主张阅读渗透写作教学模式。

阅读课写作教学模式,是指在阅读课中,教师根据课文本身的特点,通过介绍课文内容、作者思想情感或课文中的写作技巧等,引导学生当堂写下体会和感受、按照课文中的写作方法仿写相似的片段或续写等,是阅读教学和作文教学相结合的模式。阅读课写作教学模式与之前的几种作文教学模式不同,前几种作文教学模式都是利用作文课的时间,不管教师采用何种教学方式,教师和学生学习、活动的时间本身就是属于作文教学的。而阅读渗透写作教学模式,教师占用的是阅读教学的时间,此时教师不但承担阅读教学的任务,还要为学生的作文学习承担一定的任务。这时学生写下的内容可以不是完整的作文,只言片语、一两段话都可以,主要训练的是学生的领悟能力和模仿能力。

苏教版语文高一课本的第一个模块是"珍爱生命",有《我与地坛》《最后的常春藤叶》《假如给我三天光明》《鸟啼》这四篇课文,都是以珍爱生命为主题的,每一篇课文都可以给学生一定的启示,让学生知道要珍惜生命。

《最后的常春藤叶》一课中,主人公老贝尔曼画常春藤叶的情节是很重要的,但是作者却没有写,留给了读者无限想象的空间,在教完这一课时,我们给学生布置了作业,就是让学生根据自己的想象把这一情节写出来。

学生习作:

"深夜,阴云密布,响雷一个接着一个,闪电在空中闪过。风使劲地吹着,常春藤的枝叶被风吹得沙沙响,豆大的雨滴落下来。终于,最后一片常春藤叶掉下来了。贝尔曼看了看窗外,沉不住气了,他穿上自己仅有的那件厚外套,打开房门,向常春藤走去。风很大,他一边本能地打着寒战,一边将落满尘土的梯子拖到长着常春藤的墙边。墙上已经没有了常春藤叶,一片也没有了。他抬起疲惫的眼皮,哀伤的看了一眼琼珊的窗户,把梯子移动了几下,使其正对着琼珊的窗户,然后,点点头,缩了缩大衣,往房间走去。不一会,只见他左手拿着一盏灯,右手拿着调色板又回来了,而且调色板上遮了一层东西,可能是怕雨水流进去。他小心翼翼地爬上梯子,爬到第六层时,他停下了,慢慢转身,用眼神比量了一下自己所站的高度与琼珊窗户中间的高度,然后转过身,快速地把调色板上的遮布扯掉,拿起画笔,蘸了蘸早已调好色的颜料,在墙上画起了什么。雨还在下着,打在他瘦弱的身体上;风还在刮着,吹着他凌乱的头发。雨慢慢小了起来,贝尔曼艰难地从梯子上下来,笑了起来……"

这个学生最难得的地方就是把细节写得很到位,虽然人物的动作和神态还不能写得很传神,但是事情发生的逻辑顺序,人物动作的先后快慢都写得很清楚,也很符合人物的心理,这种对事情和人物的想象,对于高一的学生来说已经不错了。所以,这样的续写练习,不仅有助于学生更好地理解课文中的人物,还有助于激发学生的想象力,培养学生的想象思维。

当然除了续写,也可以让学生根据对课文的理解,写出自己的感受。

《鸟啼》这一篇课文学完以后,离下课还有十几分钟的时间。

师:同学们,我们课本的第一模块"珍爱生命"今天就学完了,不知道大家学完之后有什么感想,对于"生命",我们到底应该持有什么态度,又到底应该怎么做?

生:(议论纷纷)

师：现在离下课还有 15 分钟，请大家重新回顾一下这几篇课文，写一下自己的感受。

生：要写成作文？时间不够啊？

师：大家可以只写几句话，也可以写一两段话，感兴趣的同学可以利用课下时间写成一篇完整的作文，在这里不给大家作硬性要求，大家根据自己的实际情况来定。

……

学生习作 1：

"生命是珍贵的，珍贵在其只有短短一生的时间供人挥霍；生命是顽强的，顽强在其本身带有的不屈不挠的精神；生命更是脆弱的，脆弱得只在一瞬间就消失离散。所以，我们要珍惜，要呵护它。"

学生习作 2：

"放眼世界，多少人在伤害自己，伤害生命。在 21 世纪的高科技时代，80、90 后的人更为突出。一遇到不顺心的事就要自杀，殊不知，一念之差，生命便不再存在，空留悔恨。人是很奇怪的，如果自己的一生总是顺利平坦，那就会抱怨生活的无趣，但是，一旦遇上困难，又觉得自己承受不了，多活无益。可是，有什么比这样轻易放弃生命更遭人唾弃的呢？"

通过学生写的内容来看，虽然有的同学只写了三四行，但是从中也能让我们深切地感受到他对于"生命"的理解。而且由于是刚学完课文，文中作者的观点以及引发的自我思考都还比较清晰地印在学生的脑海中，可以说是"胸中有物，心中有情"，比起过一段时间再让学生以"生命"为话题写一篇完整的作文，效果会更好。

4. 生命作文的教学策略

我们除了从整体上研究生命作文的教学程序和过程以外，还要具体研究生命作文的教学策略。我们认为，生命作文的教学有归还学生自由生活、培养学生创新思维、还原学生童心本真、展现师生积极暗示、给予学生正确赏识、激发学生写作兴趣、丰富学生文化积淀、鼓励学生自主评改等八种策略。

（1）归还学生自由生活

"自由是个体生命发展的灵魂。"[①]当今应试教育在很多学校占据主导地位,学生每天的活动范围大多只限定在学校,学校生活就是学生在学习阶段即成长过程中的全部记忆内容,很多学生不了解学校以外的世界,不了解课本以外的知识,甚至不了解课本中提到的事物在现实生活中的原形,课本中的死知识束缚了学生。

因此,教师应该带领学生到大自然中去寻找美的真谛,去探索生命的意义,看看自然风景,惊叹自然的鬼斧神工;把学生放到社会中,去体验生活的艰难,看众生百相。在作文教学中,教师可以利用作文课的时间,或利用其他的课余时间带着学生们走出教室,走出校门。教师组织的活动可以分三类。一是体验生存环境的活动。体验生存环境的活动可以让学生对生活、对社会、对自然有所了解,通过这些活动可以丰富学生的经历,使学生热爱自然,积极参与社会活动。如:学校可以组织学生游览名胜古迹,可以去田野观察农作物,可以去敬老院做义工,可以去协助交警指挥交通等。二是体验生命情感的活动。对生命情感的体验,包括对快乐意识的感受和对困难意识的感受。国内教育认为应该让学生学会吃苦,让他们知道生活的艰难,这是对的,尤其是计划生育以来,大多数孩子已经不知道何为艰苦了,"对苦难的体验与认同,把人对生命的追思与探寻引向深处,孕育人透彻的生命意识,对生命的珍爱,和对他者生命的同情,引导个体超越自我,把个我生命引向对他人生命乃至普遍生命的关怀,拓宽人的生命情怀,丰富人的生命情感,净化人的心灵,提升人的精神境界"[②]。由此苦难情感的体验是有必要的,如可以带学生去电影院观看爱国电影,让学生感受当今生活来之不易,让他们对苦难有所了解。但是,"一个人从小所受的教育把他往哪里引导,

---

[①] 徐同.从生命的发展解读作文教学——作文个性化刍议之一[J].语文教学通讯,2003(12):40-41.

[②] 刘铁芳.生命情感与教育关怀[J].高等师范教育研究,2000(6):26-30.

能决定他后来往哪里走"①。教育还应该让学生多多体验快乐与幸福的感觉,引导他们走向幸福。三是体验生命表现方式的活动。音乐、绘画、雕塑、文学等这些艺术形态可以以其各自的方式表达对生命的理解,是生命的表现方式,同时它们也是扩展学生课外学习生活体验的最有效的方式。教师要带领学生开展活动,体验这些表现方式。如:带学生去看音乐剧;带学生去看画展;带学生去陶艺馆等,让学生从这些艺术中丰富生命本身。

以上这些活动都可以让学生呼吸一下自由的、新鲜的空气,给他们大脑也换一换储存的内容,给他们的眼睛也换一换欣赏的事物,让他们在大自然和社会中重新看待自己,找回那个已经逝去的自己,唤醒掩埋在心底的童心和童趣,让学生变回真实的自己。如果学生找回了真正的自己,在作文中势必会体现出来,这样的作文就是具有生命气息的作文。但是,实际实施起来可能会存在一些困难,这就需要学校尽力去克服了。

(2)培养学生创新思维

创新性思维是一种具有开创性意义的高智能活动,具有很强的开创性、突破性和新颖性。根据心理学研究成果显示,人的创新思维主要表现为发散思维和聚合思维。发散思维又叫开放思维、求异思维,是指不依常规、寻求变异、从多方面探索答案的思维方式,是"以一趋多"的思维;聚合思维又叫集中思维,求同思维,是指把从不同渠道得来的信息集中起来,重新组合以解决当前问题的思维方式,是"以多趋一"的思维。我们要让学生的这两种思维都得到很好的训练。

"头脑风暴"式的发散思维训练。是指教师给出学生一个话题,让学生分组讨论,抛弃传统的、过时的观点,让学生充分想象新的,不一样的,甚至是荒诞的、稀奇古怪的观点,然后小组或全班交流,让各种想法相互碰撞,让学生的思维不断闪现火花,在无意识中不断提高学生的想象创造力。但是,如何去引导学生进入这种"头脑风暴"的训练中也是一个问题,如果无法把学生引入其中,就算这样的训练搞得多热闹也只是表面的,收不到实际的效

① 刘铁芳.生命情感与教育关怀[J].高等师范教育研究,2000(6):26-30.

果，这就需要教师的指导。教师要对学生的想象进行鼓励，以激起学生的想象热情；并且在学生的想象过程中，教师要给予帮助，如对话题的提示，对学生想法的延伸，对学生困惑的点拨，等等。

"众星拱月"式的聚合思维训练。学生在发散思维之后，头脑中会有很多的想法，这些想法或者与主题有关，或者与主题无关，作文的材料总体来说是杂乱的，没有头绪的，有的学生自己能够从中找出与主题有关的内容，有的学生却不能，这就需要教师的训练。"众星拱月"式的聚合思维训练，是指教师给出学生很多的内容和材料，让学生从中找出适合这次作文主题的内容，并对学生选出的材料进行适当分析，告诉学生哪些材料选的合适，哪些材料选的不合适，从而训练学生集中、聚合的思维能力。

想象作文的练习。美国西北大学的入学作文考题是：想想你是某两个著名人物的后代。谁是你的父母呢？他们将什么素质传给了你？宾夕法尼亚大学则是这样：你刚刚完成了300页的自我介绍，请交出第217页。像这样的命题方式，与我国重视引经据典的作文形成鲜明的对照，它非常注重对学生想象能力的考查，学生在作文中拥有更大的精神自由。这种作文题目本身带有想象性，能把学生想象创新能力的培养落实到实践中，在生命作文教学中就可以采用这种作文方式，直接训练学生的创新思维。

（3）还原学生童心本真

童年是充满幻想的岁月，是生命最美好、最纯真的时代。五岁的孩子会把白云想象成豆腐脑，把花菜想象成爆米花；六岁半的孩子会说波浪在湖里淘气；七岁的孩子会说用蚂蚁一样小的字把天都写满。无忌的童言和充满想象力的童心对作文是很珍贵的。但是，随着年龄的增长，学生作文的成人化倾向严重，儿童式的语言已经不见了。人们呼吁改革作文教学，还原学生的童心本真。

虽然在作文教学中，学生是写作的主体，但是其主体地位一直名存实亡，新课标明确了学生的写作主体地位，教师就不得不对传统的"以教师为中心"的写作教学方法进行改革，尊重学生的主体地位，尊重学生的内心思想。

首先,理解学生的内心思想。想要还原学生的童心,就要先了解学生的童心是什么,学生的内心思想是什么。教师作为成年人,具有的是成年的思想,对于学生的一些想法,教师并不了解,这就要求教师要学会理解学生,只有理解了学生,才能走进学生的心里,知道学生想要什么,需要什么,关心什么,渴望什么。

只有教师理解了学生的内心,才能发现真正的童心。如对于一个作文题目,学生的理解是这样的,那教师就不要给学生强加所谓正确的理解,学生自己的理解可能是不完美的,却是发自内心的,具有童心的。否则,教师就会想当然的认为学生的理解是肤浅的、表面的,如作文的主题没有得到深化等一系列问题,本着对学生"负责"的态度,教师就会以居高临下的姿态告诉学生应该怎样去表达思想,深化主题,这些都是传统写作的方法,从而造就了一批又一批的成人化作文。当然教师对作文的理解是很正确的,但是,教师忽视了一点,那就是作文内容体现的是写作主体的思想,既然主体是学生,而学生又是正在成长中的人,那他们的思想和理解自然没有达到一定的高度,较为肤浅的理解正是学生生命的真实表现。

其次,使用学生的儿童视角。教师只有学会使用儿童视角、儿童的思想考虑问题才能真正理解学生,从而采取行之有效的教学方法,解决学生实际的困难。只有这样,教师才不会强迫学生按照自己的认识和理解去写作文,当学生知道自己的思想得到了教师的认可,自己的地位得到了教师的尊重时,学生才会心无芥蒂的表达自己的观点,才会真实的反映自己的内心,不用再模仿成人化的语言宣扬高调的、政治的、道德的思想;只有这样,学生的童心才能回归,我们才能看到一个个真实的儿童内心,一个个纯净、真挚、单纯的生命。

当然,童心有时也是一种幼稚的表现,有时它可能距离真理太远,这就需要教师对学生进行引导。尊重童心也并不等于放弃真理,当学生的童心思想过分的低于自己的实际年龄水平时,教师就要引导学生往稍成熟的方向发展,避免"伪童心作文"的出现。

（4）展现师生积极暗示

人的情感和观念会不同程度地受到别人有意或无意的影响，一般情况下，人们会不自觉地受到自己喜欢、钦佩、信任和崇拜的人的语言、行为或思想的影响，从而对自己产生一种积极的或消极的自我暗示。积极的自我暗示有助于增强人的自信心，从而产生内在的动力，推动目标的实现；消极的自我暗示却会使人们错误的评估自己的实际能力，从而贬低自己，逃避目标。因此，我们主张积极的暗示，回避消极的暗示。

首先，教师要进行积极的自我暗示。在生命作文教学中，教师积极的自我暗示就是教师自己要真诚的、自信的告诉自己：每一个学生都能学得好，都有很大的潜力，都有美好的发展前途。而且要使之成为自己的一种信念，并为此信念的实现而付出努力。在学校里，教师是一个重要的群体，发挥着举足轻重的作用，教师对教学、对学生的态度直接影响着教学的成果和学生的成绩。

在生命作文教学中，如果教师自己对学生的作文不抱有信心，久而久之，势必会在自己内心中产生一种"学生学不好"的自我暗示，这样必然会影响到教师对学生的态度。对自己而言，这样会使学生疏远自己，得不到学生对老师的爱；对学生而言，除了会影响他们的作文学习以外，还会影响他们的内心，让他们觉得自己是不被老师喜欢的学生，有可能会使他们对自己产生消极的评价，影响他们为人处世的态度，进而影响他们的人生观。因此，在生命作文教学中，积极的自我暗示对教师很重要。

其次，教师要引导学生产生积极的自我暗示。在生命作文教学中，教师引导学生产生积极的自我暗示就是在教师充分相信学生，并把此信息准确传达给学生的基础上，引导学生产生一种对自己合理的正面评估，从而使学生产生积极情绪，相信自己能够成功并愿意为之付出努力。学生能否取得进步在很大程度上是靠自己主观努力的，事物发展的内因能够起最大作用，所以这就需要教师引导学生产生积极的自我暗示，让学生产生作文学习的内在动力。

教师的引导很重要,教师在学生心中是权威的表征,是真理的传达者,如果教师认为这个学生是好学生,那他就会把这种思想潜移默化地传递给学生,学生信任崇拜权威,自然会把自己的角色定位在好学生的位置上,并为了巩固这个位置而努力,从而就能得到教师更多的表扬和认可,学生的成绩证明了教师的期待没有错,教师就会继续认同这个学生是好学生,学生得到这样的信息后就会继续努力,从而形成一个良性循环;反之,会形成一个恶性循环。

(5)给予学生正确赏识

人性最深切的渴望就是获得他人的赞赏,如果一个人的某一方面得到别人的赏识,这个人就会觉得自己很有价值,生命也有了特殊的意义,并会因为这种赏识,而使这方面的才能得到最大限度的发挥。一个人的存在是需要别人的赞赏的,正是由于别人对自己的肯定,才使自己认识到了作为一个人存在的价值与意义。所以,教师要给予学生正确的赏识。正确的赏识是指在生命作文教学过程中,教师对学生作文写作的某一方面或某几方面独特的、持续的、匹配的欣赏、赞扬与肯定。

一是独特的赏识。世界上不是缺少美,而是缺少发现美的眼睛。每一个学生都有他的优点,有他的与众不同之处,这些特点有的外显,有的内隐,有的合乎常规,有的另类,但是,不管是哪一种形式,它们都是存在于学生身上的。"生命作为一种特有的生活方式……它有责任保护和实现自己的形式。"①所以,教师要保留学生自身的特有形式。

语文课程标准实验稿中提到教师"必须根据学生身心发展和语文学习的特点,关注学生的个体差异和不同的学习需求,爱护学生的好奇心、求知欲,充分激发学生的主动意识和进取精神"②在作文写作方面,每一个学生都有他的优点,有他的与众不同之处。有的学生擅长语言表达,有的学生擅长主题升华,有的学生文笔幽默,有的学生言语冷峻。每一个学生都有自己

---

① 费迪南·费尔曼.生命哲学[M].李健鸣,译.北京:华夏出版社,2000:51.
② 教育部.义务教育语文课程标准(实验稿)[S].北京:北京师范大学出版社,2001.

写作的擅长方面，只要教师去关注，去发现，就会惊叹学生的写作天赋。只要教师找到学生的这些闪光点，给予学生肯定与支持，学生就会因为教师的赏识，而把这种优势发挥的更好；如果教师根据一己的喜好，对学生的独特之处不予肯定和赏识，学生就会放弃自己的这种天赋，转而向教师喜欢的方向努力，教师的这种做法会使学生失去自身的特点。在生命作文教学中，教师要运用多种手段去寻找学生作文中的闪光点。作文因为差异所以多彩。

二是持续的赏识。教师一时的即兴或偶发的表扬与赞赏是容易的，但是经常的、持续的赏识是不容易的。学生会因为教师一句简单的表扬而努力一段时间，以期待教师的继续表扬，但是当他们发现教师自那以后没有表扬过自己，学生可能就没有了以前的学习动力，就会以为自己没有能力做到教师的要求而放弃努力，或者以为教师并没有真正在关注自己而失望。因此，要让学生知道教师一直在关注自己，没有忽视自己，教师就要学会持续的表扬。

学生作文水平的提高不是一蹴而就的，是需要一个漫长的过程的，在生命作文教学中，教师就是要在这个漫长的过程中陪伴着学生，给他们鼓励，教师中途对学生赏识的中断会影响学生的继续发展，这就需要教师对学生的作文有时间上的持续赏识。

三是恰当的赏识。我们主张教师对学生的赏识要恰当，与学生作文的实际情况相匹配，不能滥用赏识、过度赏识。教师对学生的赞赏若能与学生作文的实际情况相吻合，就会使学生作文优良的一面真实的表现出来，更重要的是，随之作文中的一些缺点则会被发现而改正。反之，不但不能找出学生作文的真正问题，还会给学生指出错误的努力方向。

因此，在生命作文教学中，教师要了解学生的身心需要，了解学生的心理状态，根据学生作文的实际情况进行表扬、鼓励，不能为达到某种目的而牵强地赏识，这不仅对学生的作文学习起不到积极作用，而且还会影响周围的学生，他们会觉得教师的赏识不真实、很虚伪，从而失去对教师的信任，这样即使教师真实的赏识也不会对学生作文学习的进步产生推动作用了，所以教师不能滥用赏识;同样赏识也不能过度,过度会导致学生对自己的作文水平认识不明,从而使学生过高的评价自己,也过高的提升了对自己的要求。因此,教师对学生的赏识要与学生的实际作文水平相匹配。

(6)激发学生写作兴趣

没有真正的需要,就不会有真正的快乐。培养学生的写作兴趣,把写作当成自己的一种内在需要,是作文教学的目标。学生有了写作的兴趣就有了写作的动力,有了写作动力就能更好的、更持久的写作文。学生厌倦作文的原因之一,是作文教学长期运用僵化的命题作文形式,学生的写作兴趣未能得到有效的培养。如果学生都把写作当成生活的需要,从内心觉得写作是生活中不可或缺的一部分时,学生对写作也就有了内在的需要,也就有了写作的兴趣。我们认为,学生的写作兴趣分为:写前兴趣和写后兴趣,教师要学会激发学生的写作兴趣。

首先,激发写前兴趣。这是指教师要在写作之前激发学生对作文题目、作文内容等的兴趣,把学生置入想说、想表达的心理状态和写作心境中去。也就是我们经常说的,要让学生从"要我写"转入"我要写"的心理状态。我们认为激发写前兴趣最重要的部分是激发学生对于作文题目的兴趣,因为"题好一半文",所以,教师要在命题上开动脑筋。作文题目分为命题题目和非命题题目,而命题题目又分为半命题题目和全命题题目,虽然题目的类型很多,但是教师在命题时,要符合以下两点。

一是趣味性。学龄期的学生还没有成熟起来,不能理性的判断知识是否有用,学生对知识的学习很大程度上依赖于知识的趣味性,而非知识的有用性,这是由学生的心理发展特点所决定的。对趣味性事物的偏爱正是学生童心的一种体现,成熟的大人是可以接受甚至忍受乏味事物的,但是,孩子却不可以,因为孩子有更多的童心占据内心,而童心偏爱趣味性的事物,不允许乏味的存在。从作文教学的角度来说,就要求教师给出的作文题目要有趣味性,乏味的作文题目只会让学生感到不耐烦,无从下手。学生看到作文题目要感觉它很有意思,从而才能更愿意去思考,更愿意去表达,童心的思想自然也就容易表现出来。

适合学生现有阶段的认知水平。传统作文题目有时偏难偏怪,超出了学生的能力范围,学生写起来有一定的困难,这就会使学生对写作产生畏惧心理,从而怀疑自己的写作能力。学生的写作能力在某一阶段内是比较低的,教师不要对学生有过高的期望,从而对学生产生过分的要求,教师对学生的实际水平应该要有比较清楚的认识。在改革作文教学时,教师要注意让作文的题目符合学生的认知范围,学生能够理解题目,并能就此题目表达自己的认识。学生对于偏难题目的理解是有困难的,必须要教师进行讲解指导后才能领会;有时学生即使理解了题目,但其理解也是片面的,这时教师的讲解就是很必要的。但是,有时教师在潜移默化中向学生传授了成人思想,导致学生思想的成人化,使学生作文缺少童心,所以,教师对讲解的"度"要把握好。

二是生活性。在传统的作文教学中,教师给出的作文题目缺乏生活性,学生无法从生活中找到与题目有关的内容,只能凭借自己的理解在纸上为教师拼凑字数,很少有自己的思想,必然就会写很多不痛不痒、大而空的内容,"为赋新词强说愁"的现象由此产生。在生命作文教学中,教师就要选取那些能够体现生活气息的、反映生活现象的、从生活中提炼出来的作文题目,要让学生有东西可写。写作要和生活相结合。

其次,激发写后兴趣。激发写后兴趣,是指教师要在学生写作之后继续激发学生的写作兴趣。很多作家曾经谈到自己之所以会成为作家是因为小时候写的作文曾在课上被教师当作范文读给全班同学听,这让他们有了写作的信心、动力和兴趣,从而长久的写下去。

这种现象从心理学上讲,是马斯洛的需要层次理论中的自我实现需要。马斯洛需要层次理论把需求分成生理需求、安全需求、归属与爱的需求、尊重需求和自我实现需求五类,依次由较低层次到较高层次排列,而自我实现需要是人的最高需要。这些作家从教师对自己作文的肯定中,体会到了成就感,实现了自我的价值,所以对作文产生了兴趣,喜欢上了作文,最终成了以文字为生命的作家,写作成了他们的自我需要,成了他们生命的最高需要。

而这种现象从传播学上讲,是一种传播行为,一种发表行为。教师发表学生的作文,从而让更多人知道了他的文章,也就是让更多人知道了他的成功。教师的这种发表行为,让学生体会到了成功的喜悦与荣耀,让学生从内心对作文产生了兴趣,有了内在驱动力。除了在班级读学生的作文,教师还可以把学生的习作抄写在教室后面的黑板上,还可以制成一本班级《作文书》,让全班或全校同学阅读,更进一步可以把学生的作文推荐到正规的作文出版刊物上,从而提高学生的成就感。

教师的这些做法,可以让学生在写完作文以后,仍能保持对作文的兴趣,并能够产生对下次作文的期待,从兴趣到期待,这是培养作文长期兴趣的必要条件。

对学生写前兴趣和写后兴趣的激发,最终的目的就是要培养学生的长期兴趣,让作文写作成为学生的内在需要,自我实现的需要,生命实现的需要。

(7)丰富学生文化积淀

作文,离不开广泛的阅读作基础,自古就有"读书破万卷,下笔如有神"的格言,表明阅读和写作有密切的关系,阅读对写作有着极其重要的作用。广泛的阅读不仅可以提高学生的语言和表达能力,而且还是学生增长见识、丰富文化积淀的重要渠道,它能解决学生"无话可说"的难题。但是,读什么、怎么读才能使学生获得最大的阅读收益,我们认为有以下几种阅读方法。

一是寻根阅读。任何事物都有其本源,我们在写作时就要寻找写作事物的本源。如果我们描绘秋天,就不能不知道古人悲秋的传统,以及落叶、梧桐的悲秋意象;如果我们歌颂仁义,就不能不知道儒家仁爱的思想,以及关云长这样的仁义英雄。如果我们作文中没有做这些本源的内容作铺垫,那作文必定是没有深度的、浅薄的、没有厚重感的。所以,我们要寻根阅读。

寻根阅读,是指教师要为学生推荐经典书目,推荐经典名篇,让学生从前人的经典内容中找到自己作文内容的历史根源,并使其成为作文的基点。寻根阅读可以让学生在写作时跟古人的情感相呼应,并能学到古人的写作思路、思考角度,展现扎实的历史积淀,作文就不会成为无根的浮萍。但是由于中学生的课业负担很重,从现实的角度来考虑,学生不可能在校内进行大量的阅读,这就需要学生在家中抽时间进行阅读或者教师想办法尽可能地为学生争取课堂时间,让他们进行阅读。

二是限制阅读。现在,人们的生活水平在不断提高,想要什么东西都能得到,但是这导致产生了不珍惜的心理。拿到阅读这方面来说,道理是一样的。如今,学生想看什么书都能很容易的阅读到,今天看看这个,明天看看那个,学生的眼睛就开始"花"了,不知道自己究竟要阅读什么,走进阅读的大千世界中,迷失了方向,等走出来后,却发现自己什么都没有学到。俗话说"弱水三千,只取一瓢饮",虽然这是歌颂专一爱情的,但是在学生的阅读方面,教师可以借鉴这句话来指导学生阅读,帮助学生限制阅读。

限制阅读,是指在一段时间内,教师为学生限定阅读的数量,让学生集中精力好好地阅读一本书,把这一本书的内容读透。当然,学生阅读的书不是随便的一本,而是经过教师筛选的、适合学生阅读的书。

三是专题阅读。随着互联网等传媒工具的发展,现在的学生知道很多事情,对于古人的、今人的,甚至是未来世界的事情,都有所了解。但是,过度丰富的内容会分散学生的注意,让学生的知识广而散。学生对于一个人物或是一件事情,往往都只是有所了解,懂个大概,对于这个人物一生的事迹,对于这件事情的前因后果都不清楚,这就需要学生进行专题阅读。

专题阅读,是指教师要为学生提出一个专题,然后为学生列举这个专题所涉及的内容,让学生根据教师所给的内容进行有针对性的阅读。如教师提出"张爱玲的小说创作"专题,就会为学生列举出张爱玲的小说《沉香屑:第一炉香》《金锁记》《倾城之恋》《红玫瑰与白玫瑰》……让学生对张爱玲的小说进行专门的阅读,了解张爱玲的整个小说创作,从语言、思想、情感上对她的小说进行深入了解。

四是自由阅读。由于应试教育的原因,学生长期以来读的书都是与应对考试有关的,读的作品都是在一定程度上可以为学生当范文模板的,所以,学生阅读的内容太过单调,教师应该鼓励学生自由阅读。

自由阅读,是指教师鼓励学生抛开应试的束缚,适当的进行多样阅读。可以让学生读一读姜戎的《狼图腾》,感受一下狂野的狼性;可以让学生读一读刘心武的"三楼",了解普通人物的悲欢离合;可以让学生读一读韩寒的《三重门》,张扬一下青春的个性;可以让学生看一看当红的网络文学,紧跟时代的流行;可以让学生看一看朱德庸的漫画,放松中体味人生道理……当然,由于学生认识水平、知识水平的局限,需要教师为学生提供必要的书目。

五是讨论阅读。学生是有思想的人,他们阅读以后,必然会对书中的内容形成自己的看法,学生之间就会进行讨论与交流。如果只是单纯的阅读,而不对书中的内容进行思考,就无法真正明白作者的思想;如果只是单纯的阅读,而不与他人进行交流讨论,就无法真正提高自己。所以,学生要进行讨论阅读。

讨论阅读,是指教师让学生相互交流、讨论所看的书或是文章,让学生对别人的作品进行点评,从更高层次,让学生对写作有深入了解。教师可以指定学生阅读一本书,让学生就这本书进行同学之间的交流与讨论,学生的不同观点与想法进行相互碰撞;也可以不指定书目,让学生各自就自己所看的书表达观点,既让学生从自己的角度去理解了作品,也让其他同学产生了看这本书的兴趣。

教师可以根据教学计划和学生的实践情况为学生选择适合他们的阅读方法,可以单一选择,也可以几种综合使用。

(8)鼓励学生自主评改

教师主宰作文评改的局面一直维持了很多年,在当今呼吁学生主体地位回归的时候,把作文评改的权利还给学生,是生命作文提倡的一种教学策略。我们认为学生自主评改工作包括两方面:一是批改,二是修改。

首先看批改方面，学生进行自主批改作文的形式有两种：写作者自批和小组讨论批改。写作者自批是学生自己批改自己的作文，这是学生对自己的作文继续深入反思，不断提高的过程；小组讨论批改是两个及以上学生为一个小组，小组成员交换批改作文，最后共同讨论批改过的每一篇作文，这是发挥群体作用，实现学生作文共同进步的过程。教师可以根据教学计划、学生的意愿和自己班级的实际情况，为学生选择一种批改方式或定期更改不同的批改方式，使这两种方式发挥出不同的批改作用。

教师还要向学生讲清楚作文批改的要求，让学生按照要求进行批改，使批改结果更可信、更有价值。学生批改作文有几点基本要求：

作文至少看三遍。学生对于自己批改的作文，前后至少要看三遍。第一遍，学生总观全篇，通读大意，了解其写作思路。第二遍，学生对其语言、结构、思想情感等进行细致品味。第三遍，学生检查其语病、错别字、标点符号等小细节的问题。如果学生在三遍以内还无法清晰的把握这篇作文，那学生就要酌情增加看作文的遍数，而少于三遍，学生一般可能无法完整的把握此文。

批语至少写三条。作文批语的内容要包括对优点予以肯定和对缺点的建议，其中肯定的内容至少要写两条，建议的内容至少要写一条。学生作文中的优点可以从语言、构思、结构、书写等角度寻找，对于好一点的作文，在文中找两处优点应该是很容易的，但是对于水平不是很高的作文来说，找两处优点可能会有难度。但是不管学生作文写得多差，都要给学生两条优点予以肯定来增加学生的信心，这既是对学生辛苦成果的尊重，也是对学生自身的尊重。至于对缺点的建议，从我们的问卷调查中可以看出，学生需要具有实际可操作性的批语。比如，不要简单地写"要使语言优美"，而可以写"可以在文中使用比喻、拟人、排比等修辞方法使文章的语言优美"。具体指出学生可以运用的改进方法，而不是写无关痛痒的套话。

评语语气可多样。学生在写评语时，要改变过去教师生硬、居高临下的指导性、权威性语气，可以尝试多样的语气。我们认为，可以有以下几种：分享交流型语气,批改者在深切了解作者情感的基础上,与作者产生共鸣,并与作者分享自己的情感或解决方法。如"你的情绪,我能体会到,我之前也遇到过这样的事情,但我没有把它放在心上,过几天,我就不再那么介怀了,你也可以试试啊!"指点建议型语气,批改者为作者指出缺点,并提出可操作性的建议。如"你的语言写得很好,但是内容有点老套,可以看一下你的周围有没有什么新鲜事可以用在这篇作文中呢?"成功激励型语气,批改者用鼓励的语言为写作者打气,增加写作者的信心。如"不错啊,比上一篇作文好很多啊,成功在望了!"看到了这样的评语谁不会信心大增呢。

在批改工作结束以后,还有一个很重要的工作就是作文的修改。语文课程标准实验稿中指出学生要:"养成修改自己作文的习惯,修改时能借助语感和语法修辞赏识,做到文从字顺。"①很多学生以为作文写完了,打了分数、写了评语,那作文的整个环节也就都结束了,其实不对,还有一个重要的环节,也就是作文写作的最后一个环节,同时也是学生最容易忽视和遗忘的环节,那就是修改。

作文的修改也可以有两种形式:写作者自改和小组讨论修改,这和作文的评改形式是相似的。学生可以根据实际情况选择不同的修改形式,但是,不管选择哪一种形式,都要把作文写作的最后一个程序认真完成。如果学生只是得到评语,而不按照评语来修改自己的作文,那学生的作文水平仍然无法得到提高。知道自己作文的缺点在哪而不去修改的学生,比那些不知道自己作文缺点的学生更愚昧。

根据问卷调查中反映出来的问题,上述的这八种教学策略对于解决学生作文写作的难题是有帮助的,能够打破传统的写作局面,摒弃传统的作文教学模式,建立新的作文天地——"生命作文"。而在教师建构"生命作文"教学理论的同时,还潜移默化对学生的信心、童心、个性、创新等精神层面进行润物细无声的完善,诠释了"生命作文"内涵中对"作文"与"做人"完美结合的要求。

---

① 教育部.全日制义务教育语文课程标准(实验稿)[S].北京:北京师范大学出版社,2001.

(六)生命作文教学的意义

1."生命作文"教学有助于促进师生个体的完满发展

"培养学生高尚的道德情操和健康的审美情趣,形成正确的价值观和积极的人生态度"是我们作文教学的任务,"不应把它们当作外在的附加任务。应该注重熏陶感染,潜移默化,把这些内容贯穿于日常的教学过程之中"。①应试作文的功利性使学生隐藏自己的情感、同化自己的个性、闭塞自己的想象,努力学习"范文",寻找"考试模板",仅因为那些能够使自己得到实际利益即分数。久而久之,不但教师开始出现教学倦怠感,学生也开始出现学习厌烦感,师生的精神世界逐渐被灰色所覆盖,他们的情感、人格、自身的各方面发展都受到影响。"生命作文"帮助师生摆脱分数的诱惑,还师生纯净的精神世界,促进师生个性的完满、全面发展。

2."生命作文"教学有助于建立新的语文课程体系

"语文课程应植根于现实,面向世界,面向未来。应拓宽语文学习和运用的领域,注重跨学科的学习和现代科技手段的运用,使学生在不同内容和方法的相互交叉、渗透和整合中开阔视野,提高学习效率,初步获得现代社会所需要的语文实践能力。"②由此看来,传统的师生被束缚在教室里上作文课的时代已经结束了,多样的、新的作文课的时代需要开创。生命作文注重学生的真实体验和经历,反对学生坐在教室里凭借自己对外界模糊的印象编造自己的有趣故事,作文活动课需要在中小学的课程中开设。作文活动课作为语文课程一个重要的组成部分,其改革必然会引起语文课程体系的变化。

3."生命作文"教学有助于建立新的写作模式

多年来,学生受应试教育的影响,写作基本上处于被动的、模式化的状

---

① 教育部.全日制义务教育语文课程标准(实验稿)[S].北京:北京师范大学出版社,2001.
② 教育部.全日制义务教育语文课程标准(实验稿)[S].北京:北京师范大学出版社,2001.

态,学生对于作文的印象、对于作文的态度全都来源于考试,学生写作的主动意识缺失,创新思维被禁锢,语言枯燥,毫无生机,缺少生命的气息。"生命作文"能够在传统作文这块干枯的大地上洒下生命的甘泉,滋润写作这块土地,让学生建立新的自我写作模式。

4."生命作文"教学有助于建立新的写作教学模式

传统的作文教学模式多年来受到人们的批判,寻找新的作文教学模式已经成为语文教育工作者的任务。针对传统作文的不同弊端,形式多样、内涵丰富的作文教学模式已经运用于语文课堂上。针对当前作文教学忽视学生个性、脱离学生生活实际、缺少创新思维、被动的模式化写作等种种缺少学生生命思想的弊端,我们提倡"生命作文"。"生命作文"对于打破传统作文教学模式,建立新的具有生命意识的作文教学模式是有积极意义的。

生命作文的研究有很多优点,但是作为一个新的理论不免会出现缺点,所以在研究和实施的过程中,对其缺点,我们既要有宽容的态度,更要有解决问题的准备。

二、生活作文教学模式

德国有一名叫理查德的教师,为了让学生写出自己最真实的感悟,他带领一班的学生徒步旅行,他说:"所有的学生都应该走出校园,亲近自然,感悟生活",在旅途中,有美丽的风景覆满你的眼睛,有奇特的建筑挑战你的思维,有诱人的美食激发你的欲望,有未知的技能展示你的能力等,而这一切就是生活,他认为只有生活丰富了,思想才能丰腴,表达才能满溢。

作文是语文教育的一部分,也是社会生活中不可或缺的一部分,随着知识经济爆发,学校教育与社会生活联系愈加紧密,因此让写作能适应现代社会的生活,是学校教育现在需要面对的现实问题。如何让学生有兴趣的写作呢? 我们要让学生清楚的知道,他为什么要写作,如何有效地写,怎么样写才是真正的"好"作文。作文作为一种现实的存在,它不是为了得高分的工具,而只是一种有感、有悟后的表达方式。

正如叶圣陶所说:"我们要把生活和作文结合,多多练习,做自己要作的题目,久而久之,将会觉得作文是生活的一部分,是一种发展,是一种享受。"①如果写作成为一种享受,成为如空气一般的生存必要条件,那么它将不再是语文课后的一篇"作业",不再是考场上为得高分的一道"题目"。因此教师应该意识到作文与生活的这一关系,引导学生和谐处理生活与写作的关系,让写作如同生活一样,成为学生的一种习惯,当一切成为习惯,那么一切将会顺其自然,学生愿意自由表达,愿意展现自我,愿意凸显个性;作文摘下神秘的面纱,学生也不再恐惧写作。

(一)生活作文提出的背景

1. "回归生活"教育背景

19世纪著名教育学家斯宾塞提出"教育准备说"。他认为:"怎样运用我们的一切能力使对己对人最为有益,怎样去圆满地生活? 这个既是我们需要学的大事,当然也是教育中应当教的大事。为我们的完满生活做准备是教育应尽的职责;而评判一门教学科目的唯一合理办法就是看他对这个职责尽到什么程度。"②他的这一观点明确表述了教育的目的性。斯宾塞还指出:"我们有责任把完满的生活作为要达到的目的摆在我们的面前……以便我们在培养儿童时能审慎地根据这个目的来选择施教的科目和方法。"③其他教育家虽然没有像他一样明确表述这一思想,但是大致遵循了这一原则。

19世纪末20世纪初,美国杜威公开批评斯宾塞"教育准备说",并提出"教学即生活"的主张。杜威认为,教学活动并不是如斯宾塞所说的只是为

---

① 叶圣陶.叶圣陶语文教育论集(下册)[M].北京:教育科学出版社,1980:398.

② 斯宾塞.斯宾塞教育论著选[M].胡毅,王承绪,译.北京:人民教育出版社,2004:11.

③ 斯宾塞.斯宾塞教育论著选[M].胡毅,王承绪,译.北京:人民教育出版社,1997:58-592.

未来生活做准备,它应该是一种过程,一种学生在生活中积累经验,然后将所积累的经验进行重组、改造的生活过程。因此,杜威表明:"教育与社会生活的关系,正如营养和生殖和生理的生活的关系一样,这种教育首先是通过沟通进行传递。在个人经验成为共同财富以前,沟通乃是一个共同参与经验的过程。"①综上,我们可以发现,杜威不仅不支持传统的教育观点,而且从教学本质角度出发,表明了教育与生活的关系。

20世纪上半叶,我国教育家陶行知一声呐喊,震动中国教育界,他提出了与美国杜威"教育即生活"思想相同,本质却又完全不同的教育理念——"生活教育"。在他的教育观点中,他认为:"没有生活做中心的教育是死教育,没有生活做中心的学校是死学校,没有生活做中心的书本是死书本。在死教育、死学校、死书本里鬼混的人是死人。"②这句话点明了陶行知的一个中心思想"活",而"活教育"则必须要求教育与生活相联系。同时,他还指出:"生活教育是生活所原有,生活所自营,生活所必需的教育。教育的根本意义是生活之变化,生活无时不变,即生活无时不含有教育的意义,因此,我们可以说'生活即教育'"。③ 由此,陶行知老师的教育观点就很明朗了,即教育要与生活相联系,形成"活"的教育。

20世纪下半叶,我国教育家叶圣陶对语文教育进行了深入研究,特别是在写作教学方面,他认为:"人在生活中在工作中随时需要作文,所以要学作文,在从前并不是人人需要,在今天却是人人需要。"④这句话明确地表达出,写作已经融入生活。写作"要写出诚实的、自己的话,空口念着是没有用的,应该去寻找到它的源头,有了源头才会不息地倾注出真实的水来"。⑤从叶老的这句话我们得到暗示,即想要真实地抒发出自己内心的情感,就需要找到让情绪满溢的"源头",而这源头不是别的,正是我们的生活,当自我

---

① 杜威.民主主义与教育[M].王承绪,译.北京:人民教育出版社,2001:14.
② 陶行知.中国教育改造[M].北京:东方出版社,1996:150.
③ 陶行知.陶行知全集(第2卷)[M].长沙:湖南教育出版社,1985:633.
④ 叶圣陶.叶圣陶语文教育论集[M].北京:教育科学出版社,1980:154.
⑤ 叶圣陶.叶圣陶语文教育论集[M].北京:教育科学出版社,1980:359.

的生活丰富、充实起来后,我们就会有想表达,想抒发的冲动。

21世纪初,语文课程标准实验稿明确指出:"语言文字的运用,包括生活、工作和学习中的听说读写活动以及文学活动,存在于人类生活的各个领域。""写作能力是语文素养的综合体现,写作教学应贴近学生实际,让学生易于动笔、乐于表达;应引导学生关注现实,热爱生活,表达真实情感。"[①]语文课程标准实验稿的颁布与实施,真正做到了让学生作文"回归生活"有据可依,让教师引导学生创作生活作文有理可循。

综上所述,不论是整体教育,还是语文教育,甚至是语文中的阅读板块、作文板块等,都应该做到联系实际生活,从生活中学习;鼓励表达生活,从学习中生活。

2."语文教学生活化"的学科背景

语文重在应用,重在培养人,当今语文教育已稳步向促进学生全面发展进军,因此,如何能培养出我们所认为"全面的人"? 有学者认为,进行语文教学生活化有一定的必要性,因为语文教学生活化,能激励学生从生活中学习,从而为其终身学习打好基础,使其成为全面发展的人。

(1)缺乏"生活味"的传统作文教学

于漪说过,今天的语文课都变成了"空中楼阁",特别是作文教学。为什么呢? 因为传统的作文教学,迫使学生去走捷径、背上若干作文去考场押宝;因此,作文失去了它原本该有的"味道",变成了只是完成一场考试的"题目",没有了味道,这顿"作文盛宴"就会越吃越难吃,导致最后怕吃,所谓"食之无味"大概就是这个意思。因此,学生怕作文,不是作文本身可怕,而是我们的教学观念脱离了实际的生活,让作文变得可怕。

作文教学对学生写作的指导和评价首先就是强调:写事,必须是一件有意义的事;写人,必须是一个高尚的甚至理想模型式的人;议论,必须体现无产阶级的立场观点。 总之必须思想健康,格调高尚。[②] 在本应该"百鸟争

---

① 教育部.全日制义务教育语文课程标准(实验稿)[S].北京:北京师范大学出版社,2001.

② 马智君.湖南省初中生活化作文教学改革整体实验报告[J].当代教育论坛,2008(4):5-11.

鸣"的校园创作里,因为这些死板、强制的要求,导致学生思想封闭,创新性思维遭到扼杀,于是在写作时无话可说。

一直以来,教师以布置"作文作业"这种模式,使学生将作文当成一种"任务"。在作文课上,老师所说的作文训练,也只是强制性、限制性的。如题目是教师给定的,无论是全命题、半命题或者材料题,都将学生圈在了一个圆里面,至于学生怎么写,能否写的出来,就是学生自己需要解决的问题了。因此,内容不真实,情感虚假,语言混乱,就成了当下学生作文的现状。

(2)新课标提倡"作文教学生活化"

《义务教育语文课程标准》指出:"写作要感情真挚,力求表达自己对自然、社会、人生的独特感受和真切体验;要多角度地观察生活,发现生活的丰富多彩,捕捉事物的特征,力求有创意地表达,在写作教学中,应注重培养观察、思考、表现、评价的能力,要求学生说真话、实话、心里话,不说假话、空话、套话;激发学生展开想象和幻想,鼓励写想象中的事物;为学生的自主写作提供有利条件和广阔空间,减少对学生写作的束缚,鼓励自由表达和有创意的表达;提倡学生自主拟题,少写命题作文。"[①]《义务教育语文课程标准》提出写作要联系现实生活,体验生活,表达生活,鼓励学生说真话、实话,摒弃那些假话、套话,扎实地运用语文工具,做到作文训练不机械,作文表达不僵硬,犹如泉水般涌出,从而做到语文课堂、语文教学以及细分出来的阅读教学、作文教学等都能"生活化"。

综上所述,生活丰富语文,语文"报答"生活,他们相互依赖,相互扶持。语文在生活之中,生活在语文之内,生活内化语文,语文提升生活。

3."生活作文"的教学实践

"生活作文"这一理念的提出,让许多一线教师看到了希望,而以生活与作文相结合的训练体系,也如雨后春笋,不断涌现。

---

① 教育部.全日制义务教育语文课程标准(实验稿)[S].北京:人民教育出版社,2011.

(1)"做人—作文"教学模式

"做人—作文"教学是由中国报刊协会和人教社提出的,它以"三化合一"("三化"即生命化、生活化、生态化)为指导思想,"做人—作文"教学重点关注以下三个方面:①作文教学的目标应着眼于学生"学会做人"的生活建构;②作文教学的内容应关注学生的现实生活;③作文教学的过程应强调学生的体验和感悟。

陶行知说:"千教万教教人求真,千学万学学做真人。"这句话,明确了作文不仅教人做人的道理,而且教人做真实的人。现在学生的写作,大多是为了完成"作业任务"而进行的虚假创作。有一句民间谚语:"作文,作文,不作就不能成文。"这句话让许多学生把虚假创作当成写好文章的基础。叶圣陶写过一篇文章叫《作文与做人》,叶老的文章在一定程度上展现了作文与做人之间的本质联系:每一篇文章都是情感的寄托,作文中真实情感的表达是对写作主体个性、性格的体现。不仅仅在思想品德课上教会学生如何做人,作文课也是一个很好的媒介。因此,教师如何引导学生在写作中真实的展现自己的情感是教师在作文教学中义不容辞的责任。作文只有真实了,教师才能更加确切的了解学生,掌握学生,引导学生。

(2)"社会化"写作教学模式

特级教师李元昌在教学实践中始终坚持教、学、做合一的做法,他的这一观点的形成,在一定程度上借鉴和吸收了陶行知"生活教育"的思想,他认为:"语文教学是提高学生素质的一种特殊的教育形式。对学生的语文能力的培养,特别是作文能力的培养,单凭语文教学的课堂是很难完成的,必须同学生的社会生活结合在一起。"[①]这句话表明了,要培养学生的语文能力,不能光靠语文课这种单一模式,要引导学生走出课堂,用社会生活中的感悟来充实语文课堂,从而实现自我提升。课外实践中,他注重整合语文与其他学科,把生活指向作文,将作文向生活延伸,运用"放—收—放"训练法进行作文教学,即"'放'——引导学生走向生活,解决作文的材料,'收'——运用

---

① 王鹏伟.中学语文作文教学研究[M].长春:东北师范大学出版社,2000:237.

材料,化生活为作文,再'放'——参与生活",这样的写作教学模式以社会为作文的实践基地,不仅拓宽了学生的写作空间,而且在一次次参与社会实践中,学生与生活之间的联系更紧密了,同时也丰富了学生的情感体验。由此,李老师的写作教学模式从根本上解决了学生写作材料的问题,写作不再是单一的语文课的"任务""作业",写作不再是课堂内的一次训练,任何学科,任何地方都能帮助学生寻找写作灵感,完成文章创作。例如:李老师会在课后,让学生寻找自己身边的先进人物,经过李老师的引导,学生亲自拜访体验,学生的作文不再是《慈祥的妈妈》《伟大的爸爸》,而是多了许多学生自己以前想都不敢想的题目,如《万能》《赶鬼的人》等。

(3)"生活化"作文教学模式

湖南省教育科学研究所副所长马智君在其湖南省初中生活化作文教学改革整体实验中阐述了"生活化作文",他认为可分三个层面来表述:①学会做人是写好作文的根本;②生活是作文的源泉;③真实的生活加上创新的写作是生活化作文的灵魂。这一"生活化作文"的理念,为马老师建立初步的"生活化作文"教学体系提供了基础。马老师的教学体系由三条线编织交错而成:"一是生活线,二是思维线,三是表达线,然后细化实化,落实到每个单元的训练中。"同时,马老师也重新研究了作文教学的新理念,提出"主体性原则是生活化作文观的根本原则。他认为生活化原则有两个方面的含义:①是生活的需要;②是作文源泉是生活,归纳起来即是为了生活和源于生活。当然,作文生活化与作文的实践性是分不开的,因此马老师依据此联系,提出生活作文的实践性原则,他认为:"应让学生学会自己修改文章,教师修改以作示范,修改的主权下放给学生。"①马老师的"生活化"作文教学体系,无论是概念还是其训练体系都遵循了生活化作文教学的基本理念,虽然没有很完善的作文教学过程,但是也为生活作文的研究提供了实践理论。

---

① 马智君.湖南省初中生活化作文教学改革整体实验报告[J].当代教育论坛,2008(4):5-11.

（4）"开放性作文"教学

浙江省特级教师张化万,基于小学作文教学40年的经验和研究,明确提出小学作文教学改革的新观念:"世界是多元的、五彩的,我们的思维应当是开放的、多维的、创新的。"①这为构建开放性的作文教学体系提供了理性支撑。张老师说:我国的文化、经济、政治都在朝着开放的方向发展,教育也应该是开放的,小学作文教学也应该如此。

在现代汉语中,"开放"一词的意思是"解除封锁、禁令、限制"。张老师认为:小学作文教学的"开放"是指作文教学向学校各学科、家庭和社会开放,注重教学与外部各个方面的联系,是个相互实施积极影响的开放的教学体系。开放性作文教学体系是针对传统作文教学"课堂中心、书本中心、教师中心"的封闭性弊端提出的。传统性作文教学的封闭性根源主要是:教学与社会生活的脱节,教学与学生的主体性脱节。"开放性作文教学是与现代生活大系统和学生生活经验小系统相贯通,力求把作文教学建立在相互联系的两个系统上,促进学生在更加宽泛的智力背景下主动发展。"②据此,张老师提出了建立开放性作文教学体系的基本思路。①作文教学向生活开放,张老师认为,学校是社会的细胞,要使作文教学的过程逐步变成学生走向社会的"第一生活场景"。让学生走进沸腾的生活,去参与生活、认识生活、学习生活,从五彩的生活中去挖掘取之不尽的写作素材。张老师提出,作文教学要向学生的家庭和社区开放,充分利用家庭、社区、家乡的自然资源和人文资源,努力实现作文教学的生活化。②作文教学向学校各科教学开放,张老师认为,作文教学不能囿于作文本身,应该与学校的其他学科教学联系起来,相互渗透,形成一个和谐的教学整体。③作文教学向研究性活动开放,张老师撰文提出,研究性活动关注的是学生投入研究实践活动的热情,是他们独立主动地在课内外获取各种形态信息的实践,是他们和伙伴合作、与人沟通的习惯,是他们朦胧的科学实验意识的产生,是活动中释放的

---

① 朱水根.新课程小学作文教学[M].北京:高等教育出版社,2013:9.
② 朱水根.新课程小学作文教学[M].北京:高等教育出版社,2013:10.

大胆思想和艰苦研究实验又快快乐乐的心境。④作文教学向"全域"开放，把作文教学放在全局、全过程、全领域的背景下，把作文教学的触角深入到更加宽泛的视野。

综观张老师的观点，不难发现，关于作文教学主要观点在于：回归生活的作文教学生态观。这种观点，从本质意义上说，就是强调自然、社会和人在作文教学体系中的有机统一，使自然、社会和人成为作文教学的基本来源。

（5）日本的"生活作文"教学实践

日本"生活作文"教学实践，从其发展到最后的成型，都保持着自己固有的特色，虽然是不同国家，具有不同的教育体系，但是它的作文教学对我国还是产生了一定的启发，尤其是"生活作文"教学。

20世纪初（大正时期），芦田惠之助提出了"随意选题"说，芦田表明，作文的题材应该是确实有这样的体验，才能将其纳入作文候选，而这必须从儿童日常生活中寻找。这一观点体现了作文选题的随意性、真实性，而儿童则是真实的象征与代表。

1918年7月，北原秋白发起以儿童文学为代表的运动，此运动以铃木三重吉创刊的杂志《赤鸟》为活动基地，铃木认为儿童的读物应该从"纯情的趣味"出发为儿童写作童话；北原秋白认为学校教育没有给儿童带来丝毫的乐趣，扭曲了儿童的本性，应该尊重儿童，自由教育，他提出了自己的儿童观和儿童诗论，他的儿童诗为儿童诗歌教育的自由奠定了一定的基础。昭和初期，野村的思想从神学开始转向人学，将作文归属于生活学科，这一时期，野村的"生活学科的作文"阐述了作文指导的方法。

20世纪30年代，他在对《赤鸟》运动中的不足进行批判时指出：无伟大之魂便无伟大之文，不在日常生活中积累真实的经验便无从谈伟大之魂的形成，不进行生活指导，体验有价值的生活，作文也无从成立。教师们从以乡村社会为背景的生活作文这一点出发，批判《赤鸟》运动，即"日常生活作文"运动。此次运动主张儿童及青年用当地语言写自己的生活体验和经历。

与此同时，小砂丘忠义在"生活作文"的理论上，认定生活作文就应该是积极主动地去创作，拒绝一切使写作被动化的外力。同时，他认为要培养儿童身上的优点：积极性、执着、坚强，这样才能更好地掌握儿童成长、教育的真谛。而这些也就让他意识到语言活动，即儿童身上发现、散发出去的所有人的主体性和能动性，如此便有了生活作文。小砂丘的生活作文思想——从主体出发，"以自己的眼、耳、心来反映，只有这样，自己产生出的思想、感受才有发自内心的喜悦"。[①] 综上，我们可以知道小砂丘的生活作文思想是主体性和生活性相结合，但是却明确强调生活性的重要，因为他认为这是指导生活作文最为重要的方法。

综上所述，人民教育出版社教材中心的"做人——作文"教学模式提出在作文教学中要"人"与"文"统一起来，促使学生在作文中学会做人，在做人中创造作文；李元昌老师坚持"教、学、做"合一，让学生融入生活中，丰富多彩的社会生活，也会丰富学生的思想，从而做到作文的丰满，这也是李老师"社会化"教学模式的根本所在；马智君老师的"生活化"作文教学模式，虽然不完善，但是他提出的"主体性原则"与"实践性原则"都能体现为了生活和源于生活的作文理念；张万化老师提出的"生活作文"教学，则真正做到"开放"性，让学生充分接触资源，将大脑的思维也"开放"；日本的"生活作文"教学实践对中国的写作也产生了极大的影响。以上是对"生活作文"创作和教学实践做的一个基本介绍，为以后作文教学改革提供思想、思路上的参考。

（二）生活作文的研究综述

凡是关心当前语文教育问题的人，大多都已发现现在语文教育存在的问题根本之所在，就是学生缺乏生活经验，很难将生活与学习联系起来。对于作文教学生活化这个话题，很多学者也已经进行了一定的探索、研究。改革开放以后，中国语文教育的改革，尤其是包含在语文教育中的作文教育改

---

① 方明生.日本生活作文教育研究[D].上海：华东师范大学，1998.

革,便如火如荼地开展起来,"生活作文"也是众多研究者和实践者在结合当下学生的实际情况而提出的。以下是关于"生活作文"的研究综述。

1. 关于生活作文的研究

现代汉语词典是这样界定"生活"的:"人或生物为了生存和发展而进行的各种活动。"从汉字数千年积淀的含义中可知,"作文"中的"作"有"为、撰述、制造、创作、劳动"之义。如《诗·小雅》云:"作此好歌。"其中述文"作",即用心创造的意思。《尚书》中"作新大邑于东国洛"的"作"是人工建造的意思。"日出而作,日落而息"中的"作"是劳作的意思。作文中的"作"因为以语言文字为媒介,所以有了"撰述""创作"的含义。"作文"中的"文"现在已解释为文章。"作""文"二字合起来之后形成的"作文",指的就是用笔将客观事物在人的思想意识领域形成的意象、感受等记写、描摹出来,把用心创作的东西记下来。用今天的话说,就是"做文章"。① 中学的写作教学,也称作文教学,二者一般通用。新中国成立前后的《语文教学大纲》将这部分内容称为"作文教学",20世纪90年代之后颁布的语文教学大纲将其改为"写作"及"写作训练"。相对而言,"写作"比"作文"的内涵更加丰富,在外延上更加广泛。以下对生活作文研究进行概括,写作与作文基本通用。1942年,叶圣陶针对当时一些人学习写作只从记诵和模仿入手的弊病,就明确指出:"写作的根源在于自身的生活,脱离生活,写作就无从谈起。"这种观点,从本质意义上说,就是强调自然、社会和人在作文教学体系中的有机统一,使自然、社会和人成为作文教学的基本来源。

彭小明在《写作学习论》一书中提出:"写作是个人生存和参与社会生活的需要,写作是运用书面语言进行表达和交流的重要方式,是社会生活中人际交往必不可少的工具之一。生活和工作都离不开写作,为了更好地和别人和谐共处,为了更好地生存、生活,我们人人都应该学习写作。"②彭小明简单而清楚的概括了写作和生活的关系,生活离不了写作,写作要来源于生活。

---

① 彭小明,林陈微. 写作学习论[M]. 北京:语文出版社,2012:8.
② 彭小明,林陈微. 写作学习论[M]. 北京:语文出版社,2012:22.

　　王鹏伟在《中学语文作文教学研究》中明确提出"作文和生活结合"这一观点，并且进行了详细的表述，其中写道："作文和生活结合是作文教学的重要途径，也是提高作文教学质量的最重要途径。观察生活，获得实感，是作文的先决条件。""生活不仅为作文提供了事实材料，也包括情感和认知。作文是生活的反映，但是这种反映不是纯客观的，它体现着作者的主观精神，即情感和认识。情感和认知是生活体验的结果。生活的体验深，情感才强烈，认识才深刻。因此，作文教学不仅要引导学生观察生活，从中获取素材，更要引导学生体验生活，获得充沛的情感和深刻的认识。"①在这里，王老师把生活视为作文之路，此路不仅可以积累材料，最重要的是升华生活情感，从中感悟，这样作文不仅会有充实的内容，更会充溢着鲜活的灵性。

　　叶圣陶先生在《叶圣陶语文教育论集》中提出："我们作文，要写出诚实的、自己的话。"②空念着这句话是没有用的，应该去寻找它的源头，有了源头才会不息地注入真实的水。而这源头，叶老师认为就是我们充实的生活。有了充实的生活，我们就有了发现的能力、推断的方法，情怀丰厚，兴趣饶富，内外合一，等等，这样我们的作文才会充实起来。"我们要记着，作文这件事离不开生活，生活充实到什么程度，才会做成什么文字。所以论到根本，除了不间断地向着求充实的路走去，更没有可靠的预备方法。"③叶老师这句话，充分证实了必须寻到源头，方有清甘的水喝，作文必须有充实的生活，才能写出真实的文章。

　　韦志成在《作文教学论》这一著作中，提出写作的一条基本途径——开源引流，他认为："文章由文、象、道三个相互关联的因素组成，而'象'就是文章中所写的'具体的事'，'思想意识，知识见闻，生活经验，审美观点'，就是文章的'质料'，文章没有了'象'就失去了本体，'象'的来源就是生活。"他还说："生活之树常青，生活是作文取之不尽、用之不竭的源泉"，"生活是作文

---

① 王鹏伟.中学语文作文教学研究[M].长春：东北师范大学出版社,2000：93.
② 叶圣陶.叶圣陶语文论集(下册)[M].北京：教育科学出版社,1980：359.
③ 叶圣陶.叶圣陶语文论集(下册)[M].北京：教育科学出版社,1980：363.

的原形参照,文章写的是否准确、生动,是否合乎情理,也得靠生活来衡量、检验,脱离了生活就失去了判断文章优劣的标准"。[①] 提出的这条途径中,韦老师将生活视为检验作文的方法,同时将作文视为生活的表达手法。

杨再隋强调了"生活作文"的意义:"'生活作文'的产生,并非即兴之作。它要求学生从写'生活'入手,写自己的生活经历或生活体验,写周围熟悉的人和事,写他们所能观察到的自然现象和认识到的社会生活,以解决作文内容问题。'生活作文'应是一面镜子,拂去了假、大、空的灰垢,映照出能表现童心,抒发童情,体现童趣的真正的儿童生活。"[②]

周涛在《为有源头活水来——生活作文写作初探》一文中指出:"只有直接从生活中获取素材,真切地把自己酸甜苦辣的生活感受写出来,情感才真挚,也才能让人觉得真实。写作本就是为了自我表达和与人交流,没有真实和真挚,作文难免会失掉味道。""立足于生活写作,有几点值得关注:①观察、留意生活,及时沉淀;②玩味与联想;③切入点要小,见微知著。"[③]

对于"生活作文"的研究,有的学者提出为了更好地融入生活,学生们必须学习写作,因为写作已是生活的一部分;而有的学者则从写作方面入手,认为只有从生活中寻找素材,素材才能源源不断,只有从生活中寻找灵感,才能体现真实。虽然,学者们着力方向不同,但也明确指出了生活与作文不可分割的关系。生活是写作之本,写作是生活之需。

2. 关于生活作文教学的研究

苏霍姆林斯基特别重视学习个体的各种经验,这个经验包括生活体验和社会实践,他鼓励学生去观察外面的生活,通过观察生活中的点点滴滴来学习知识,并且称为"蓝天下的学校""快乐的学校"。

他曾说:"在安静的夏天的晚上,孩子们聚在果园或池塘岸边。夕阳西

---

① 韦志成.作文教学论[M].南宁:广西教育出版社,1998:36-37.
② 朱水根.新课程小学作文教学[M].北京:高等教育出版社,2006:7.
③ 周涛.生活作文写作初探[J].http://www.stzzx.com/news/html/2007-8-13/2007813180922.htm,2007-8-13.

下,树林远方隐约可见的密,仁立着斯基福人古墓的辽阔原野,色彩斑斓,瞬息万变。孩子凝视四周景致,倾听万籁乐声。原来最寂静的夏夜也充满丰富多彩的音响。当孩子听过大自然的音乐之后,接着就给他们听相应的民歌或作曲家创作的唱片。孩子们便产生反复欣赏描绘夏夜之美的乐曲的愿望,在重复欣赏音乐的过程中,情感记忆得到发展,对旋律美的敏感性和感受性得到增强。逐渐孩子们便开始从曲调中领会音乐所表达的情感、感受、心境和体验。"①

　　苏霍姆林斯基在教育教学的过程中是很重视对生活的理解的,上课的时候,他会用各种手段和方法引导学生对生活中的情趣进行观察与探讨,这样做不仅提高了学生的兴趣,还让学生体验到了在课本上所无法体验的经验。他的这一教育教学理念,同样适用于作文教学。

　　《义务教育语文课程标准》对写作教学作了如下建议:"写作教学应贴近学生实际,让学生易于动笔,乐于表达;应引导学生关注现实,热爱生活,表达真情实感;在写作教学中,应注重培养观察、思考、表现、评价的能力。要求学生说真话、实话、心里话,不说假话、空话、套话。激发学生展开想象和幻想,鼓励写想象中的事物。"

　　《普通高中语文课程标准(实验)》关于写作教学建议为:"写作教学应鼓励学生自由地表达,有个性地表达,有创意的地表达,尽可能减少对写作的束缚,为学生提供广阔的写作空间;在写作教学中,教师应鼓励学生积极参与生活,体验人生,关注社会热点,激发写作欲望。引导学生表达真情实感,不说假话、空话、套话。避免为文造情。"

　　上述基本认识和要求,涵盖了写作教学的基本理念:写作教学从观察、体验、表达等方面都应该引导学生从身边开始,从最简单的生活开始。让作文生活化,让教学生活化。

　　王世堪在《中学语文教学法》一书中提出:"写作教学应引导学生感受生活,体验人生。教师在写作教学中要引导学生关注现实,热爱生活,全身心

① 陶燕.论语文教学的生活化[D].长沙:湖南师范大学,2012.

地投入生活。要组织学生走入社会,开展各种有益的活动,让学生在生活中认识自己、开发自己,认识生活、开掘生活,感悟自然、社会和人生;在生活中培养自己热爱生活的激情,不断提高自己审视生活的能力,养成留心生活尤其生活细节的习惯。"[①]周存辉认为作文教学过程要生活化,他提出:"注重生活的积累、信息的传递以及独特感受的表达。生活丰富,才有可能使习作内容丰富。要让学生有一种表达生活的意识:有怎样的感受,想表达怎样的生活?学生有了这样的写作意识基础,写作时,教师首先让学生把平时收集的各种资料和信息进行相互交流,共同启发,引导学生对'物'完整的把握。"周老师提出的作文教学过程生活化,他是有一套程序可以借鉴的:"恰当命题——架设生活作文的桥梁,构想内容——点燃生活作文的火花,尊重差异——构建生活作文的平台,倾吐自如——拓展生活作文的空间。"[②]湖北特级教师魏萃华在其著作《作文,想说爱你也容易》一文中提出了"建立开放的写作观念",她认为作文教学内容的开放,会带来源头活水。这里可以理解为作文教学内容生活化,魏老师总结道:"留心生活;以生活为写作的源头活水;允许模仿,以经典为写作的模式范例;减少束缚,给学生以自由表达的空间。"这三点告诉我们,在作文内容上,要开放,面向生活;在训练学生的写作技巧上,要提供学习的范例;在精神上要给予足够的自由。[③]

朱建人在《生活作文之研究》一文中对于"生活作文"的教学提倡实行"开放的教学策略"和"灵活多变的教学方法"。"开放的教学策略"即:"开放时空——打通课内外、校内外、学科间的作文教学联系,实现作文与生活的紧密连缀。""开放思想——发展思维、培养个性、鼓励创新。""开发文体——传统的作文教学把儿童发展的一般规律运用于每一位智慧风格迥异的学生,因此往往讲记叙、说明、议论作文训练一成不变的'序'。""开放阅读——转变狭窄的纯语文的阅读观和为写而读的功利化的读写结合训练方式,将

---

① 王世堪.中学语文教学法[M].北京:高等教育出版社,1994:210.
② 朱水根.新课程小学作文教学[M].北京:高等教育出版社,2006:7-8.
③ 朱水根.新课程小学作文教学[M].北京:高等教育出版社,2006:11.

阅读内容拓展到现代社会生活的各个方面,阅读方式扩大到信息化社会的各种类型,努力使学生获得尽可能丰富的间接生活经验和信息,增强学生认识事物的能力,让学生在广泛阅读的基础上积累生活,吸收思想,发展语感。""开放评价——将作文评价看作是作文教学过程的一个中间环节而不是终端,使作文评价标准多元化、对象多极化、角色主体化,以鼓励学生在学会自主评价的过程中提高作文能力。""灵活多变的教学方法"即在上活动课时,指导类的需要"呈现材料、讨论探究、指导反馈",非指导类的需要"寻找体验、触发思维、交流构思。"在上写作课时,指导类的需要"明确目标、指点要领、尝试写作",非指导类的需要"创设情境、唤醒体验、自由写作"。在上评改课时,指导类的需要"文体、结构、语言、格式等全面评点",非指导类的需要"悦纳、欣赏、评论"。[①] 王佑萌在《"生活化作文"——开放教学探析》中写道:"'生活化作文'开放教学是指充分运用开放的手段和途径,让学生通过各个方面、各种类型的社会活动和生存行为,不断获得具有伸缩性和吐纳性的认识,并将其内化为认识领域的个性所有物,然后用适当语言形式表现出来。其实质是从学生对社会生活的开放感受和对自我生活的开放体验中立意选材,从而体现习作的真情实感。"他认为:"学生习作与生活天然地密不可分,因此教师应该科学有序地指导学生对应各年段的习作要求与目标,将习作实践拓展到生活的各个层面和各个领域,让学生的习作视角延伸到社会生活的四面八方,实现体验生活与记写生活的有机结合,努力形成'生活化作文'开放教学的辐射型网络。"做到:"'生活化作文'教学向学校开放,'生活化作文'教学向社会开放,'生活化作文'教学向家庭开放,'生活化作文'教学向想象开放。"[②]真正实现让学生融入生活,让作文体现生活。

生活化作文教学的研究,更加着力于教师对学生的引导,学生就生活在"生活"中,整个世界都是向他们"开放"的,而如何去引导学生体验、感悟他们的"生活",才是生活化作文教学的本质所在。

---

① 朱建人.生活作文之研究[J].上海教育科学,2004(1):36.
② 王佑萌."生活化作文"——开放教学探析[J].江西教育科研,2006(8):67-68.

（三）生活作文的界定

1. 相关概念的含义

关于生活、生活教育、生活语文、语文生活、语文教学生活化、生活作文、生活作文教学、作文教学生活化等这些方面的定义，经过归纳与总结，发现都是这方面的研究者自己的理解和概括，并没有统一的定义。研究者们也是借鉴前人的经验加上自己的理解，对每个概念进行定义，有的侧重点不一样，但是主旨都差不多。

（1）生活教育

前面提到"生活"在汉语词典中是指："人或生物为了生存和发展而进行的各种活动。"而在写作这里，我们认为生活就是学生们为了创作而进行的各种活动的实践经验。对于什么是生活教育，在认同陶行知先生的"生活教育是生活所原有，生活所自营，生活所必需的教育"的基础，我们还觉得生活是在为今天的教育做积累，教育是在为明天的生活做准备，即生活是教育的必须，而教育也是生活的根本。

（2）生活语文

生活语文和语文生活如果不是细致区分的话，其实，就可以将他们一起定义。看了那么多研究者对生活语文的界定，也并没有统一的概念，站在巨人的肩上，我们认为生活语文是语文老师在传授语文知识和训练语文能力的过程中，补偿学生课本中缺失的生活经验，将课堂与生活相结合，不仅培养学生的语文能力，还要提高一些基本生活素养和社会社交能力，真正做到语文融入生活的一种语文教育，即语文教学生活化。李镇西老师认为，就是在语文教学的过程中，自然而然地注入生活内容，进行生活教育，让学生明白"生活与教育是一个东西，不是两个东西"。

（3）生活作文

提到作文，人们就很容易想到写作，很多学者与研究者，也将作文和写作进行了区分和研究，而在这里，我们并不将作文和写作进行严格的区分，而是鉴于国家教委 1986 年重修订的《全日制中学语文教学大纲》(试用)、1997 年制订的《全日制普通高级中学语文教学大纲》(试用),在作文教学中提到培养学生写的方面的能力,都使用"写作能力"这一概念表述,所以,我们也简单地将作文能力归于常说的写作能力,即作文就是写作。

生活作文的定义,简单来说就是生活与作文相结合。具体地说,生活作文是指学生从"生活"入手,进行仔细观察,从中获取素材,真切地将自己的生活感受表达出来,解决作文内容的同时,不失真情流露的写作。所谓生活作文教学,很明显与生活作文的区别就在于重点是教学,教学则更加侧重于教师这方面,所以,生活作文教学是指教师引导学生关注现实,热爱生活,全身心地投入生活,在作文内容表达上,鼓励学生开放性写作,面向生活创作;在情感升华中,将生活中的感悟内化为个性所有物,然后用真实的语言自由地表达出来。所谓作文教学生活化就是把作文需要的学习、实践、探究行为生活化,当日子来过,进而牢固地养成写作的好习惯,真正实现作文教学生活化,真正使学生不再害怕作文,从生活中随时触摸作文,做提高自主人格和创新能力的"作文"人。

2. 生活作文的类型

对于生活作文的分类,根据不同的标准有不同的分法。

(1)按写作内容领域

①学校生活作文。学校生活,即在校园内的物质生产活动和公共组织活动,在这里我们简单的分为学生在学校的自我生活以及教师组织的校园生活。如《我的校园》和《我的校园生活》。

> 我们的校园是一个既美观又正在进一步创新的地方。它虽然不是富丽堂皇,世外桃源,也不是皇宫殿堂,但我依然觉得这是一个很出众的校园。因为,这里生机勃勃,充满人气。来到校门口,迎接你的将是两棵高大的木棉树。冬天来了,随着冬风吹过,木棉树一片片枯黄的叶子挥舞着轻盈的身体飘然而落,真让人陶醉!不过,你可真要看清楚,校园里更加美丽!走进门口,就会感觉心旷神怡,神清气爽。

《我的校园》很多学生可能会着重写校园的风景。

> 我们喜欢课间,喜欢那可以让我们自由发挥的十分钟。我们一起谈心来增进彼此之间的友谊,增添宝贵的心灵财富;我们一起讨论问题来提高彼此的成绩,让自己更加的充实与睿智。有的依傍在栏杆上,凭栏远眺;有的聚集在长廊上,谈笑风生;有的坐在"s"形的雕塑下,沐浴阳光,享受这最美好的金色年华。

《我的校园生活》,学生可能会写学校里的人物、事情等。这些都是学校生活作文最常见的表述。当然,校园生活并不是只有我举例的这两个,还包括宿舍生活、食堂见闻,与小卖部老板娘的对话,等等。只要用心观察,真心体悟,就能写出很好的校园生活作文。

②家庭生活作文。家庭是指在具有亲属关系的基础上,由一些生活琐事所构成的社会生活单位。家庭生活作文则是家庭成员在家里或在外界所经历的一些事情,有所感触而抒发的情感写作。

除了学校,家是学生待得最久的一个地方。家是避风的港湾,是幸福的小窝,同时也是文化的发源地。我们第一次学会说话,第一次学会走路,第一次学会表达爱,都不是在学校,而是在家里,所以家庭生活是学生最初的生活,家庭教育则是学生最先接触的教育。

看过泰国这样一则宣传片《一个妈妈教会女儿受用一生的事情》,这是一个关于妈妈、女儿和菠萝的故事。

> 当女儿想吃菠萝的时候,妈妈不是直接帮她削好,而是在她旁边直接削一个菠萝,让她照着做,从生活中学习,下次想吃就能自己削给自己吃了;当女儿在炎热的夏天想吃冰棍的时候,妈妈将削好的菠萝放入冰块中做成菠萝冰棍,让女儿明白想吃可以自己动手做;当女儿觉得菠萝冰棍好吃,想卖给其他人吃,遭遇卖不出去的处境时,妈妈鼓励她去菜市场观察别人怎么卖东西,从而积累经验,总结经验,制定计划,让她在不要放弃的同时,教会她从生活中寻找解决方法,最后这位女儿获得

了 Sarnrak 奖学金。

这个故事,说明了家庭教育对孩子的重要性,重要到可以受用一生。同时也说明了家庭教育对孩子的影响,影响她整个人生观,价值观。

家庭生活作文,就是在家庭教育中的感悟与体会。有很多学生会写《我的爸爸》《我的妈妈》《我的家庭生活》等文章,都是通过刻画家庭中人物的形象,来表达自己的真实情感。一般来说,家庭生活作文情感表达是最真挚、最真实的,因为没有人会选择在亲人面前说谎,没有人会用虚假来掩饰对亲人的感情。如《我读懂了父亲》。

那一夜,我无法入睡。那一夜的父子情深,那一晚父亲的形象,成为我一生的感动。父亲,在你威严的背后,竟藏着温柔;在你坚韧的背后,竟藏着体贴;在你冷峻的背后,竟藏着深情。你就像那浩瀚的海洋,朴实而广博。父亲,也许我只读懂了你的一幅剪影,而你可贵的品质,我终究难以读懂。但在未来的岁月里,我将努力研读你,从你的身上汲取精神的营养。

这篇文章刻画的是一个家庭中简单的父亲形象,但是所表达出来的情感,却是复杂的,耐人寻味的。

③社会生活作文。社会生活作为社会学研究的范畴,有广义和狭义之分。广义指人类的社会活动和社会精神。狭义的则指除去公共活动的社会日常生活。而在这里,我们简单的定义为脱离学校以外的生活。

社会生活作文包括两个方面:社会生活实践作文和社会生活观察作文;社会生活实践作文需要学生将自己置身于活动当中,从活动的准备、进行、完成中得出感悟,从而做到有感而发。作者将自己参加社会实践活动,从活动中学会知识,在获得知识的过程中,体会、感悟生活。如:

来到基地,我们首先开始做陶瓷壶。刚开始,同学们一个个眉目紧锁,害怕自己做不好,但是慢慢自信起来。先用模具分别做上下壶身,再用加水做成的紫砂泥浆涂在边缘,将它们合起来,用竹刀沿着磨具削一个等大的圆,然后用模具将壶嘴、壶把、壶钮做好,最后用泥浆组合成一个完整的陶瓷壶。

社会观察作文,大部分来自学生对外界事物的观察与发现。作者对见到的人进行观察、描写,在文章中融入自己的想象与感受,这就是一篇真实的社会生活观察作文。如:

> 迎面走来的,是三个也就 20 来岁的女孩。衣着朴素却很干净,头发细心地束成一个马尾,脸上完全没有那种有钱人家女儿的精致。类似的女孩在老爸公司见过很多,都是高中毕业,在基层做工人。

(2)按写作内容真实性分

①真实生活作文。真实,在词典中的意思有三个:①跟客观事实相符合,不假;②真心实意;③确切清楚。

近年来,批评中学生文风不实的声浪激烈,在文学界一直备受争议的学者韩寒则第一个指出"中国人第一次被教会说谎是在作文中",然后各大报纸、媒体、网络几乎都把矛头指向了中学生在作文中说谎的问题,以及人们关注的青年一代"心口不一"的问题等。这已经上升到影响和决定个体人格的高度。但是,究竟怎么样才算是真实的写作?有学者提出,真实的创作必须从生活中入手,要写实实在在的东西。在日本就有一个关于"生活作文"的小故事,一位小学老师给学生布置了一篇作文,要求学生用自己的言语记录日常生活,来帮助学生督促、正视、提高自我。而在这过程中,学生的父母发现这是一个很不错的方法,他们意识到,不仅仅只有小孩子需要整理、思考自己,大人们同样需要。母亲需要思考每天的家庭生活琐事,父亲则需要整理工作上的事宜,就因为这些不经意的整理和思考,形成了著名的、风靡整个日本的"生活作文运动"。日本的这次作文运动,呈现给大家的观点就是,作文就应该来源于生活,来源于生活的作文能够帮助自己,审视自己,提高自己,这里的情感就是真实的。而中国所提出的"第一次说谎是在作文中",在这个故事中就能得到答案,原因就在于:学生没有联系实际生活进行写作,写作的内容不是生活中的内容。那么就要思考与正视这一问题,从学生角度,鼓励学生去发现、感悟鲜活的生活,从而将生活感悟真实、真挚、有自我特色的呈现出来;从教师角度,引导学生解开那些生活中的困惑,运用自己的实际生活经验来启发、诱导,从而让学生的作文摆脱谎言。

②虚拟生活作文。虚拟,在词典中的意思有两个:一是不符合或不一定符合事实的;二是凭借想象编造的,引证解释设想,虚构。如《红楼梦》第九十四回:"独有那些无赖之徒,听得贾府发出二十四个女孩子来,哪个不想?究竟哪些人能够回家不能,未知着落,亦难虚拟。"叶圣陶《病夫》:"随后就没有什么可说了,不应心的话原是很难虚拟的。"

虚拟生活作文很显然是相对于真实生活作文而言的,但是,虚拟和真实并不是反义词,真实的反义词是虚假,人们认为虚假地写作会影响一个正常人的人格,导致说谎成瘾。于是便有人提出"以我手写我心,真实地写、写真实"的口号,这一口号简直成了人们的经典口头禅。但是,真的只要反复强调这一口号,就能够比较理想的解决作文中虚假的问题吗? 就能写出一篇好的文章吗? 其实,很多学者,研究者,甚至在一线的老师们,也不敢这样保证。于是,就有人提出,虚拟生活作文,即真实,未必就一定非得实。如:

> 真实世界里,尤其是现在,这样的现象更少见了,武侠世界里有句话叫为朋友两肋插刀,现在叫为目的插兄弟两刀;还有句话这么说,害人之心不可有,对,防人之心不可无,处处提防着别人,怎么建立友情啊! 哪来的朋友啊! 真想到武侠世界里,体验一下被友情包围的感觉。

3. 生活作文的特征

(1)基于生活

生活作文,很显然是与生活有关的,所以它最基本的特点就是生活性。舒志定认为,我们要理解教育,这需要站在生活的立场,从生活维度理解教育,主要是因为人是生活在现实中,在生活中,获得成长;作文作为语文的一个重要部分,要在生活的基础之上,理解作文,让作文成为学生的日常生活。

叶圣陶在《源头》中直接提出:"我们要记着,作文这件事离不开生活,生活充实到什么程度,才会做成什么文字。所以,论到根本,除了不间断地向着求充实的路走去,更没有可靠地预备方法。"①因此,有总结作文写作方法写到"必须寻到源头,方有清甘的水喝",这里的源头很显然就是生活;生活是积累素材的基本途径。当下的教育,许多教学者也已经意识到这点,于是在课堂上,教师会开展丰富多彩的综合实践探究课程,让学生在实践中领悟知识真谛;在课堂外,教师会引导学生去关注不断发展的社会,观察亲密无间的家庭,为学生积累源源不断的生活素材指明方向。当然,生活是写作的基础,是我们共同认可的,但是我们不能将生活这一概念狭隘化,认为它只是积累素材的途径,没有别的用途,其实写作最重要的还是情感和认知。所以,要从生活维度理解教育,从生活日常感知语文,从生活源头寻找作文。

(2)面向社会

生活作文与传统封闭的作文课堂最大的差别就在于它是面向生活的,面向社会的,于是这就要求生活作文课堂应该坚持开放性原则。这里的开放就是指作文要与社会、自然、生活相结合,让学生通过这些途径来表达自己的感悟,而这些感悟可以是对社会的,对自然的。王鹏伟老师提出:"感悟自然不仅可以培养学生的观察能力,而且可以陶冶学生的灵性。感悟社会是开阔学生的生活视野的重要途径。"②王老师的这句话就告诉我们需要一双发现美的眼睛,将眼睛置放于社会中,可以是旅游时对名胜古迹,对自然风光的赞叹之情,也可以是对新科技、新电子设备的惊叹之情,同时,也可以是穿梭在人群中,观看、欣赏人群的感叹之情。所以,生活作文要面向社会,做到开放写作方式,开放作文评价,开放情感表达……抛开一切作文的约束,面向社会,构建开放式的作文形态。

---

① 乔晓娟.叶圣陶写作教学观与当今小学作文教学[D].苏州:苏州大学,2008.
② 王鹏伟.中学语文作文教学研究[M].长春:东北师范大学出版社,2000.

(3)贴近时代

每一个时代,都会有自己时代的特点,如今的作文属于生活作文的时代,所以创作者要顺应这个时代的特点,开发自己,认识生活,开掘生活,从生活中寻找写作的话题。语文课程标准实验稿也明确提出要促进学生全面发展,提高学生素质教育。就拿现在的高考作文来说,20世纪80年代人们注重于写英雄事迹,如雷锋、焦裕禄、张海迪、孔繁森等,这些会成为我们写作的对象,敬重他们,向他们学习,但是,离我们很远。到了21世纪,人们的认知和立意有了一定的转变,引导学生写生活中的小事,来抒发自己的大感情,而出现的问题就是作文假、大、空。2009年11月2日,国家总督学顾问、教育家陶西平在武汉抨击了中小学作文教学中的弊端:每个人作文中的母亲都是一样的,善良,贤惠,没有一点缺点,这就出现了问题,母亲是来源于生活中的,可被学生虚拟化了。于是,陶西平就提出:"学校应该在各种活动包括日常教学中引导学生明辨是非,培养正确的价值观。"①综上,体现生活作文顺应时代,贴近时代,同时也告诉我们要在生活中写真实。

(4)重在实用

张志公先生说:"学生毕业出来,应用文写不了。医案、广告、产品说明、新闻报道写不了,公文写不了,设计说明写不了,实验报告写不了,企业盈亏情况写不了,请示写不了,市场需求的调查报告写不了,合作营销的协议书写不了,请示写不了,合同写不了,如此等等,能适应市场经济的需要吗?"②这句话表明,社会所需要的人才是有能力的,什么才是有能力呢? 就是对社会有用,因此,我们无论做什么都应该以"注重实用"为标准。生活作文最基本的就是贴近生活,在生活中体验、感知,这一系列的过程都需要学生自己从实践中体会,成长的每一个环节、每一步,都是非常实在的、具体的,从而也能经过思辨表达出来。生活作文的实用性就是来源于生活,又适用于生活。

---

① 陶西平.为什么作文中的母亲都是一个模式? 别让孩子从作文开始"第一次撒谎"[N].长江日报,2009(11).

② 唐修亮.当前作文文体教学的困局与突围[J].中学生优秀作文(教学),2010:24-25.

（5）学生主体

学生的主体主要体现在学生自主接收知识的能力。对于自主学习，著名教育家夸美纽斯则用了一个生动的比喻来说明这个道理：学习犹如人们吃饭，在有食欲时即自己想吃饭，就会主动的寻求事物，便将它吃进胃里，积极的消化掉；但是如果在没有食欲时，勉强将事物送进嘴里，就算用意志把事物吞进胃里，也会因消化不良，导致恶心和呕吐，甚至会引起对此食物的恐惧。因此，在作文教学中教师要重视学生的主体作用，让学生成为课堂的主人，在写作中不再以应付教师、应付考试为主，真正放下对作文的恐惧心理，自己愿意写作，快乐写作。教师则要展现自己的主导作用，要引导学生体会作文的美妙，激发他们想写作的欲望，诱发其表露最深的情感。真正做到，作文内容、情感不是挤牙膏似的"挤"出来，而应该让它像水一样"溢"出来。

（四）生活作文的写作

1. 关注生活，强化写作意识

叶圣陶先生说："写作的根源是发表的欲望，正同说话一样，胸中有所积蓄，不吐不快。同时写作是一种技术，有所积蓄，是一回事；怎样用文字表达所积蓄的，使它恰到好处，让自己有如量倾吐的快感，人家有情感心通的妙趣，又是一回事。依理说，心中有所积蓄，自然要说话；感到说话不足以行远传久，自然要作文。"对于叶老的这句话，简单来说，就是强化写作意识，让学生做到自然说话，自然作文。而写作，所写东西全都有所为，如你要通知远方的人一件事情，需要写书信，这样别人才能知道；你要就某件事情表达自己的立场，可能是写文章，可能是出书，也需要写下来，这样别人才能明白。这些有所为的事情，也需要我们从生活中获得。关注生活，能做到强化写作意识，让学生无时无刻不在写作中生活。学生们可以从三个方面关注生活，即学校生活，家庭生活，社会生活。当然，处处是生活，关注的方面肯定不止这三个点。

学校生活,包括课堂生活和课间生活。把课上得生动活泼,特别是在上写作课时,能让学生体验作文过程是快乐的,这需要教师将这小小的课堂延伸到课外去,将学生的生活引入到课堂中来,使作文与学生生活相融合。看过一个教学案例,是黄瑞夷老师的,他将课间生活和课堂生活结合起来,为学生上了一堂生动有趣的课。而启发就在于,下课期间看见学生在教室门口玩各种各样的游戏,快乐、幸福全部洋溢在脸上,因此她就想,为什么这些活动内容都没有出现在她批改的作文中呢?因此,她便将游戏引入到课堂上,然后有技巧的引导学生将生活中的情节、话语、感受写进作文中。

家庭生活,俗话说"父母是孩子最好的老师",孩子除了在学校,大部分的时间就是和父母在一起,引导学生关注家庭生活,将与父母之间发生的趣事,在家里遇到的生活问题等写入作文中,这样,作文的内容就会充实起来,当然,这也需要老师和家长互相配合。如:第一次洗自己的袜子,妈妈是怎么教的,我又是怎样学会的;与爸爸正式沟通吸烟的危害性,是怎样对话的,爸爸的反应等。

社会生活,社会是开拓学生生活视野的重要途径,无论是现如今的雾霾环境问题,还是发展迅速的科技问题,这些都是作文的现实题材,可是由于学生接触面窄,也没有时间去关注这些,这就需要老师在这方面下功夫了,如吉林毓文中学特级教师赵谦翔从 1996 年起,就在他所教的高中一年级实验班开设了"东方时空"课,每天看完电视后,写一篇感悟,学生借助电视节目,走出了封闭的课堂,走进了多样化、开放化的社会。

生活就在学生身边,生活作文教学就是要培养学生有发现生活、认识生活的敏感度,时刻关注生活,提炼作文写作素材,强化写作意识。

2. 观察生活,积累写作素材

观察一般分为两种:直接观察和间接观察。直接观察包括现场观察和调查。现场观察不只是让学生在现场看,老师也要引导学生正确观察;调查则包括采访和访谈,这就需要教师指导学生提前做好相关资料的搜集,画表格拟定调查提纲,确定调查对象和线索。直接观察是学生获得生活实感的最基本方法,也是最有效的方法。间接观察包括通过影视图像、图片资料观察生活,从中体悟人生,寻找灵感,获取写作素材。

我们观察生活的目的就是积累生活,筛选写作材料。积累写作素材可以从两个方面入手:生活语言积累和生活素材积累。

(1)生活语言积累

文章,说简单点,就是语言的组合,一篇文章写得好与坏,大多数情况下不是由它的内容所体现,而是由文中语言来决定的。当然,语言用得好不好,在于得到的语言知识确切不确切。语言就如文章的材料,在写文章之前如果没有一定的语言作为基础,即使感情再充沛,也是无法让读者有所感悟的,所以在进入写作之前一定要适当的积累语言材料。在教学过程中,许多教学者也发现了,有的学生在写作时,内容写得很丰富,情感的表达也很真挚,但是语言却会出现"不通顺""言不达意""词语乱用"等情况。因此,积累语言使语言生活化。当然这里的生活化不是指语言"随意化""网络化",而是指语言能做到随用随拿这样的效果。而这些除了学生从字到词再到句慢慢积累外,还需要教师在语言上的积极指导,能将语言错误用法扼杀在"摇篮"里,这也是一种有效的积累方式。所谓"'书到用时方恨少',平时积累及时用。腹中积累了一定数量的语言材料,尤其是组块的语言材料,学生的写作就不会出现词不达意、言不尽意的'语言痛苦了'"。[①]

(2)生活素材积累

《叶圣陶语文教育论集》中特别指出:"指导写作的着眼点应放在扩大学生的生活积累上,我们最当自戒的就是生活沦陷在空虚之中,内心与外界很少发生联系,或者染着不正当的习惯,却要强不知以为知,不能说、不该说的偏要说。这譬如一个干涸的源头,哪里会流出真实的水来?"叶老的这句话不但找出了现在学生作文"病痛"的原因:假话、空话、大话连篇,也为教师们挽救学生作文开了"一剂良方":学生要有丰富的生活,积累丰富的经验,才能丰富他们的写作。可从四个方面指导学生从生活中积累。

---

① 韦志成.作文教学论[M].南宁:广西教育出版社,1998:11.

①典型事例积累。所谓"国事家事天下事，事事关心"，关注社会热点，留意自己身边发生的印象深的事情以及一些自己不懂的科学实践等。②人间真情积累。许多事情都发生在自己的身边，只是自己没有发现，用心去体验生活中的亲情、友情、爱情等，这样在充实自己的精神时，也能丰富自己的积累。③人类文化积累。人的思想是慢慢提升的，许多自己不能体悟的情感，在其他学者的文章中，一些著名的影视文化中，就能获得更加深刻的文化底蕴的理解。④辩证思想积累。辩证的思维，能帮助学生积累一些辩证的理论观点，如理论与实践相统一，科学的发展观，对立统一与矛盾的观点等，这些观点能帮助学生辨别事物的本质，这样就能抓住事件、材料的重点，从而写出有内涵、有思想的文章。

许多学生会发现在写作时根本用不上积累的材料。不过，知识的迁移作用会帮助学生在此知识上获得别的知识，所以千万不要觉得现在用不到，就选择忘掉，正所谓"滴水可以穿石""聚沙成塔"，积累的多了，文章就出来了。

3. 体验生活，激发写作情感

学生的生活体验来源于两个方面：体验成长和体验阅读。

（1）体验成长

有相关专家研究表明，当学生还处于青春期或者启蒙期时，他们对事物的感知、体验最为丰富与深刻，而这时的他们急于将自己心中的困惑和期望借助相关媒介吐露出来。当他们觉得有地方分享他们的快乐，有人愿意倾听他们的痛苦，有人能帮他们分析焦虑、烦躁、尴尬时，只要这个"地方""人"能守住他们所认为的"秘密"，那这些就是他们最真实的写作素材。所以教师应解放学生的思想，给学生一个可以宣泄心灵的"纯净的地方"，充分地相信他们，给他们足够的空间，鼓励他们写感悟日记，在这片"安全、纯净的地方"尽情地表达他们的成长体验：孤独的，快乐的，困惑的，忏悔的等。

（2）体验阅读

阅读就是在体验作者对生活的体验，这是一种最直接、最能丰富自己体验的方式。因为人的生命是有限的,我们并没有那么多时间和经验去经历所有的事情,所以阅读不仅可以帮助学生汲取文章作者的生活、人生体验来丰富自己的体验,同时多样化的情感使自身的情感充沛起来,达到一种精神的提升。如曹雪芹的《红楼梦》,里面有许多描写丫鬟、小姐的言语细节,每个人都不同,每个人都有自己鲜明的特征,我们通过阅读文字,能够感悟当时作者创作人物时的专心与细致,同时文字的呈现,也让读者想成为里面某个人物。这就是阅读体验,它不能让你行动上真实的感受到,却能在精神上给予洗礼。

体验生活就是积累写作情感、材料的最佳途径,当这些情感、材料都具有的时候,就解决了写什么的问题,写作材料主要是靠生活积累,生活积累则需要生活体验;体验生活,做到有感而发,激发写作情感。

4. 思考生活,提炼写作主题

古代有学者说,写作"袖手于前,始能疾书于后"。这句话的意思是下笔之前,要认真思考,体会其深层的意思,知道如何写以后,才能做到下笔如有神。这句话表明了思考能力在写作中的重要性,它占据着写作的中心地位。思考能力要求学生学会想象、联想和主题创造。

(1)生活中感悟联想的突出点

在创作文章时,要结合自己手中的现有的材料,联想以前所积累的材料,表达想象情感,深化主题中心,这样一篇完整的文章就呈现在大家眼前了。这也说明了生活作文的创作必须要有一定的联想和想象作为支撑,这样文章才会更丰满。例如,萧红的文章是由"回忆"连接起来的,读整个文章时,就能让人联想起自己的事情,江菲的写作则是抓住一个"释放点"迅速地散发开来,林含英则让文章犹如一首没有唱完的歌曲,给人留下无尽的想象……这些作家的真实写作经历也证实了联想和想象在写作中的重要性。新课标中要求培养学生的创新、创造能力,而联想和想象能力的发掘,是培养学生创新能力的基础。在生活中,学生只有看到更多,经历更多,积累更多,才能感悟到联想的突出点,从而做到发散性思考更多。

（2）生活中提炼主题的触发点

在写作过程中,敏捷的思维能力能迅速地整理、分析、归类一些素材,在创作文章的内容时,则能准确地表达文章的中心思想,提炼出文章的主题,立意清晰等。然而,"思维能力是隐性的,它需要借助于语言进行外在表现。学生在创作作文的过程,正是将隐性的内在的语言转化为外在的语言表现形式的过程"①。这句话就表明,每个学生都有一定的思维创作能力,但不是每个学生都能很好地通过语言转换出来,这就需要教师在教学过程中慢慢发掘与培养,特别是在作文训练中,如果教师能正确引导学生回归生活,就能很好的提高学生的思维能力。

生活,很多时候就是需要认真的思考才能体悟到它的本质,充分发挥学生的思考能力,不仅能让学生的文章不再仅存于表面,而且能抓住写作的中心主题,让文章生动、深刻。

5. 记录生活,落实写作意图

作文教学应该就是与生活结合在一起的动态过程,将生活中的事情记录下来,可以帮助我们落实写作意图。例如,老师要求把日常生活的感受以日记的形式记录下来;学校组织撰写消息或者通讯稿;父母利用节假日,选择孩子们感兴趣的题目进行实地考察,并记录考察过程。这些都是为了使学生扩大视野,学会捕捉信息,养成写作的习惯。

叶圣陶老师说过:"写东西,全都有所为。如果无所为,就不会有写东西这回事。譬如,写文艺作品,诗歌也好,小说故事也好,戏剧曲艺也好,都是有所为,为的是通过想象把一些值得表现的人和事表现出来,不仅使人家知道而已,还能使人家受到感染,不知不觉中增添了前进的活力。"叶老的这句话,就是有些文章家号召的"文非有益于世不作",以前则理解为写东西是有益于社会主义之"世",现在则可以简单的指写作要有"意图"。而落实写作意图,首先就要坚持选材的原则:选择真实、准确、可靠的材料,选择能支撑

---

① 魏伟.生活化作文教学研究[D].苏州:苏州大学,2013.

主题的材料,选择符合文体要求的材料,选择有魅力的材料;当材料都经过思考选择出来后,便能准确的知道自己的写作意图了。1998年《语文学习》举办了"我来当家"主题大赛,要求就是:让小作者先拟一份"当家"计划(观察妈妈在家的活动);再写"当家"日记(记录生活点滴,积累素材);最后写一篇"当家"文章(经过思考,落实写作意图)。最终学生们从这次作文中,有的体会到了爸妈当家的辛苦,有的反思了自己的"无能",有的则感悟了现在美好的生活。

6. 表现生活,表达写作理想

《义务教育语文课程标准》指出:"习作指导要有利于学生开阔思路,自由表达。"这就指出,教师在作文教学中要给予学生一个开放的活动空间,这样才能使他们思路开阔,见得多,想得自然也多。在表达时,教师不能限制学生的表达方式、内容、情感,应该让他们用最舒服的方法将语言、情感寄托出去,可以是日记本上的随笔,也可以是微博、空间、微信里的一条心情,如果他们愿意也可以是作文的方式,使其表达处于自由化。这样学生就会展现生活中最真实的自我,展示生活中最真挚的情感。

传统的作文教学过于重视写作知识和写作理论的传授,如写作模式的传授,怎么样写作才是老师最喜欢的作文,从而忽视了学生的生活体验和体验后的生活表达,以至于出现学生不知道怎样写作文,老师不知道学生想表达什么的局面。生活作文教学,使学生集中于表达生活,表达起来也就不会那么不知所措。

表达写作理想无非就是启迪学生的悟性,将自己感受到的生活表现出来,并且能达到自己想表达的高度。感悟大自然,秋天到了,你感受到秋天的气息了吗?我们只有走进大自然,才能感受大自然。家人带你去旅游融入大自然的感觉肯定比坐在电影院欣赏名山大川的感悟深。白居易《赠江客》中"江柳影寒新雨地,塞鸿声急欲霜天",在家里估计不能体会,到大自然中就能深刻感受到了。感悟人生与社会,我相信很多学生在小的时候都有问过爸妈,"我是谁?""我从哪里来?"课堂上,老师这样的简单一问,就会产生"这就是我""我的家庭"这样的题目,让学生认识自己、认识别人。感悟文学,当我们学到陶渊明的《桃花源记》时,就对他描写的"桃花源"特别的向往,桃花林中"夹岸数百步,中无杂树,芳草鲜美,落英缤纷",这是陶渊明幻想的乌托邦,却寄托着人们的美好憧憬。在写作中,学生就可以联系实际生活,表达自己的理想家园。感悟艺术,随着综艺节目"我是歌手""快乐男声"的热播,相信大家已经将对音乐的欣赏融入到了生活中,倾听音乐是心灵的感受。音乐本身并不是告诉我们听到了什么,也没有要求我们听出什么,只是当音乐响起时,通过联想、想象,使音乐与我们的生活结合起来,表达自己心中最真实的感受。

(五)生活作文的教学

前面阐述的是生活作文的含义、分类、特点与写作策略,本节阐述生活作文的教学。主要论述生活作文教学的教学理念、教学原则、教学过程、教学策略和教学意义。

1. 生活作文教学的理念

(1)作文与生活合一:写作即生活

学习知识找老师,但是我们却没发现身边有一个更好的"老师"——生活,生活教会我们真诚,坚强,自信,所以除了教师能传授给我们知识外,生活也是一位很好的知识传授者。因此,在作文写作中,学生一定不能忽略生活与作文之间的关系。在课堂外,学生应该做一个热爱生活,富有情感,善于思考,努力上进的人,积累生活素材与生活体悟;在课堂里,学生要与教师相互合作,相互学习;教师要利用学生的生活积累,激发学生的写作兴趣,学生要配合教师表达生活感悟,做到积极创作。把写作看作是生活的一部分,学生不是在作文,而是去"生活"作文,是把自己的生活向教师述说。① 这句话表明,作文教学只有贴近生活,才能让作文内容不枯燥,富有生活活力,作

---

① 张冬玲.关注生活感悟生活——作文教学心得[J].龙岩师范专科学校学报,2004(7):40.

文过程不浮躁,体现生活本真。写作,就是对生活的一种表达,一场沟通和一次分享。在生活中,即使脱离教学情境,学生也会乐于表达和沟通,让一切成为习惯,让写作成为生活的习惯。

（2）作文与读书一体:读写结合

在我国古代,蒙学的读物都很注重实用,如《三字经》《千字文》、"四书""五经"等应用性都很强,无不反映了语文对社会、对人生、对工作等的实用功能。这样的教材,形成了我国作文教学的基本规律——读写结合。

杜甫写道:"读书破万卷,下笔如有神。"阐述了读与写紧密相连的关系。朱熹又说:"古人作文做诗,多是模仿前人而作之,盖学问既久,自然纯熟。"道出了习作模仿范文是读与写结合的手段,而模仿可以是模仿范文的优美语言,新颖题材,特殊表达方法,奇妙章法等。宋代苏轼以"发愤识辨天下字,立志读尽人间书"来要求自己,告诉众人只有多看多读多写,才能使读写结合的价值发展到极致。

（3）作文与做人融合:文如其人

叶圣陶先生提出"文如其人"的写作理念和做人观。即学生所写的文章要同其人一样,做到"文人统一"。通过学习作文,使学生明白做人的本质意义,这样在作文教学取得成功的同时,也顺应了素质教育的潮流,为社会培育了"完整""全面"的人。

叶圣陶先生将"文如其人"这一观点,建立在作文"求诚"的基础上,他认为一个人怎么样,从他写的文章,他表达的思想中便能得出。所以,如果一个人想写出真诚、感人的文章,那么他这个人首先就要真诚,这就是叶圣陶的"立诚"说。他说:"'要写出诚实的、自己的话',空口念着是没用的,应该去寻到它的源头,有了源头才会不息地倾注出真实的水来。"[①]这里的"源头"包含两个方面:一方面是每个人都有的不同生活,另一方面则是指对生活中真实的感悟,以及纯粹的人格品质。

同时,叶圣陶先生还指出,教师在训练学生写作能力时,要着眼于学生

---

① 叶圣陶.叶圣陶教育文集(第3卷)[M].北京:人民教育出版社,1994:300.

的整体发展，不能只为训练而训练。学生人格的全面发展，学生情感的整体感知，学生精神的深化体悟，都是教师在作文训练时要着重把握的。因此，在教学写作时，将学生作为整体的"人"来训练，不将"写作"与"做人"做形式的割裂，这样学生在写作时，所表达的就是他完整的思想情感，不会再出现"文不对人""人文分裂"的现象了。

(4)作文与应用统一：学以致用

作文干什么？作文是为了实用，不为实用作文也就没有意义了。王充在诗中曾道："为世用者，百篇无害；不为用者，一章无补。"顾炎武在其文中也提出："文之不可绝于天地间者，曰明道也，纪政事也，察民隐也，乐道人之善也。"这些都是强调为文之用"尚实用"，即文章的实用价值。元明以后，科举考试兴起，为了应考，作文成了应试教育的工具，这一现状必须改革，为适应素质教育的需要，其出路就是弘扬传统的为文之道——应用。

学生学习语文的目的就是为了"实用"，包括升学之用，谋生之用、应世之用、实业之用、为官之用等"学为用"的基本目标。当今应试教育的风行，背离了当今素质教育的要求。因此，注重应用，形成学生听、说、读、写的语文能力，让学生一辈子受用无穷。教学的价值就在于，在个人方面：①满足现实生活的需要；②发展精神生活的需要。在社会方面：①社会生活巩固的需要；②社会生活永久的需要。在国家方面：①国家组织的需要；②国家存在的需要。可见，作文的关键就是联系生活、服务生活。

对于作文，叶圣陶说："学生为什么要练习作文，对这个问题，老师必须有正确的认识。练习作文是为了一辈子学习的需要，工作的需要，生活的需要，并不是为了应付升学考试，也不是为了当专业作家。"写作与生活结合，进行"实用文""应用文"写作训练，这才是真正的"生活作文"，做到学以致用。

2. 生活作文教学的原则

(1)主体性原则：以生为本

主体性原则，也可以称作民主性原则，即在作文教学中做到以学生为本,以学生为主体,从学生的角度来学习作文。教师在作文中只是起主导作用,引导他们独立思考,积极探索,生动活泼的学习作文。生活作文教学贯彻主体性原则的基本要求是:①调动学生学习的主动性;②启发学生独立思考;③发扬教学民主,不写强制性作文。

(2)动力性原则:兴趣为先

动力性原则,也可称为兴趣性原则,即在作文教学中以调动学生的兴趣为主,激发学生的内在写作需求,达到"我要写"而不是"要我写"这种状态。生活作文教学贯彻动力性原则的基本要求是:①调动学生内在对作文的需求;②适度的强化各种内外因素,让学生的动力处于最佳水平;③发挥教师的主导性,自己写"下水文"。

(3)体验性原则:积累生活

体验性原则,是指教师要引导学生参与生活,使其发挥主动性融入生活,运用独立思考的能力,总结生活体悟;同时,要培养学生体验生活的意识,在体验中积累生活。生活作文教学贯彻体验性原则的基本要求是:①以生为本,用体验生活来发掘个性;②引导学生对生活发出感悟。

(4)个性化原则:因材施教

个性化原则,是指在作文教学中教师应该了解每个学生的实际写作情况,进行差别性教学,不埋没任何一个学生的优点,不忽略任何一个写作错误,做到因材施教。生活作文教学贯彻个性化原则的基本要求是:①针对学生的特点进行有区别的作文教学;②从生活中汲取有效措施使有才能的学生得到充分的发展。"求也退,故进之,由也兼人,故退之。"孔子的这一经验,就被宋代的朱熹概括为"因材施教"。

(5)发展性原则:促进发展

发展性原则,是指作文教学内容、方法和进度要适合学生身心发展的现状和特点,既是学生可以接受的,但又要有一定的难度,需要他们自己去探究学习并获取,以促进学生的身心发展。生活作文教学贯彻发展性原则的基本要求是:①了解学生作文的掌握情况,从实际出发进行教学;②考虑学生对作文认知发展的时代特点。

3. 生活作文教学的过程

(1)作文命题生活化

命题作文这一传统的写作训练方式,从古代一直沿用至今,这一命题形式的主要优点就在于,可以让作文统一化,教师训练方便化。但是,产生的问题也是不可小觑的,教师长期限制性、刻板性的作文训练,使学生把作文看成是"奉命作文",为教师而文。或者无病呻吟,或者硬着头皮写,或者胡编乱造,或者敷衍塞责,导致作文持续地处于消极状态。

叶圣陶说:"凡是贤明的国文教师,他的题目应当不超出学生的经验范围,他应当站在学生的立脚点上替学生设想,什么材料是学生经验范围内的,是学生所能写的、所要写的,经过选择才定下题目来。"[①]叶圣陶的这句话是指,只要是有贤德的教师,在给学生出作文题目的时候,就会站在学生的角度来想,从学生实际生活中积累的素材来决定一篇作文的题目。这样,学生就做了作文的主人贴近生活的作文题目,会让学生有话可说,有情可表,也就直接解决了作文胡编乱造、浮夸虚伪的现象了。总的来说,老师不能一手把控学生对作文题目的选择,应该与学生商讨,结合学生情况来决定。

前面简述了作文命题必须生活化的原因及理论依据,现在就如何让作文题目贴近学生生活提出解决方法。一是直接体验、积累,让学生当场感悟,自拟题目。看过张化万教师的一堂教学实录《我发现……》,张老师直接将一堂作文课上成了科学课,两个装满水的瓶子,一盆水,一个气球,就让学生懂了空气是有重量的,有动力的等,随即就让学生根据自己所看见的自拟题目《调皮的空气》《奇怪的老师》《一堂有意思的课》《作文课上的科学课》等,许多学生自己感兴趣的题目就呈现出来了。二是启发想象,打开记忆之门,许多时候我们并没有那么多时间带着学生去一一体验,许多时候想体验

---

① 叶圣陶.叶圣陶语文教育论集[M].北京:教育科学出版社,1980:413.

的事情也因为条件限制无法实现,因此我们就要充分调动学生的联系和想象能力,结合自己的实际情况发出相应感悟,如《如果我也会武功》。观看过武侠剧的学生,可能都会有这种想法,希望自己变成大侠,拯救世界。于是在妈妈的鼓舞下,我开始锻炼身体,虽然最后没有成为像电视里一样的大英雄,但是强身壮体后的我,对自己更加有信心了,在自己心中,自己就是大英雄。

(2)作文指导生活化

说起作文的指导,我想许多教学者在这方面的实战经验都比较匮乏。写作,大多还是靠学生自己摸索、领悟,写作本应该在教师的指导下做到有法可循,最后却成了"题海战术""熟能生巧"后的一种感悟、体会。但是,有教师就提出个人观点:作文的写作理念就是要多写,写的多了自然就知道如何写了,根本无需指导。这一观点,很多教师说出来都会心虚,原因就在于会写的孩子,当然是多写多好,对于那些不会写的孩子,是越写越错,永远在死胡同里出不来。所以,我觉得作文教学还是要适当的进行指导。那么,作文教学要指导什么呢?实际上,一篇作文训练的指导无非就是完成三个方面的问题:写作原因、写作目标内容和写作方法。这三个方面指导好了,学生写作大致就明朗化了。

写作原因,即为什么要写。叶圣陶先生曾说过:"作文的自然顺序应该是我在认识事物中有感,感情的波澜冲击着我,我有说话的愿望,便想倾吐,于是文章就诞生了。"叶老的这句话清楚的表明,只有你有想表达的欲望,才能写出文章,这是写作的自然顺序,就如人的自然生长一样不可逆。因此,教师在指导的时候就要遵循这一规律,激发学生的写作欲望,结合生活与思想的碰撞,使学生表达自然满溢。

写作内容,即写什么。"写作材料来源于生活"这一观点已得到众人认可。即使我们经常说要去观察生活、体验生活,但是真正到写作的时候,是不能现场体验的。所以,在创作时,学生到底写的是什么呢?大部分写的是沉淀在记忆深处的"生活回忆",而教师的作用就是引导学生对这部分"生活回忆"进行挖掘与开采,只有适当运用联系与想象能力将这些尘封的回忆都打开来,学生的思路才能变得开阔,写作内容就会因为有目标而变得丰满充实。

写作方法,即怎么写。古人说,写文章不是一个句子,一段话的机械组合训练,而是对前人整个文章的模仿学习,加上教师的点拨,文章自然而然成形。因此,最好的写作方法,就是要给学生提供较好的写作例文,而所提供的写作例文,不要是那些相离很远的优秀作家,也不要是一本本的高考优秀作文集,最好是老师与学生同题作文,这就是我们称的"教师下水"。叶圣陶说:"这无非是希望老师深知作文的甘苦,无论取材布局,遣词造句,知其然又知其所以然,而且非常熟练,具有敏感,几乎不假思索。自然也就能左右逢源。"①只有学生知道教师是如何完成相同的作文时,学生才能从中进行效仿、学习。

(3)作文过程生活化

一篇作文的写作过程大概可以分为三个阶段。首先,是立意。"写给谁看? 为什么要写给他或他们看? 即使并不真给他或他们看,心里可不能不明确地认定。"②叶老这句话告诉我们,写作者只有先明确了写作方向,写作才会有目标。其次,是围绕中心选材。写作最怕的就是,读者不知道你在说什么?"一忽儿谈这个,一忽儿谈那个,全体没有中心。"③没有想表达的中心,就会失去对读者的吸引力。对于怎样围绕中心选材,叶圣陶先生说就是要将所有你认为要用来表达的材料,在心里围成一个圆形,因为"圆球有一个中心,各部分都向中心环拱着。而各部分又必密合无间,不容更动,方得成为圆球。一篇文字的各部分也应环拱于中心,为中心而存在。而且各部分应有最适当的定位列次"④。这句话告诉创作者,只有围绕着中心编排、

---

① 叶圣陶.叶圣陶语文教育论集[M].北京:教育科学出版社,1980:488.

② 叶圣陶.叶圣陶集(第15卷)[M].南京:江苏教育出版社,1993:223-224.

③ 叶圣陶.叶圣陶集(第15卷)[M].南京:江苏教育出版社,1993:29.

④ 叶圣陶.叶圣陶集(第9卷)[M].南京:江苏教育出版社,1993:218.

布局才能成为一个圆球即完成的文章,而簇拥成圆球的这些材料找到最合适的位置,才能算是一篇好文章。最后,思路的开展。一篇作文写出来,要确定它是否连贯,是否周到,当别人向你提问时,都要回答出个所以然来。因此,写作需要有一个清晰明了的思路。叶圣陶认为:"思路,是个比喻的说法,把一番话一篇文章比作思想走的一条路。思想从什么地方出发,怎样一步一步往前走,最后达到这条路的终点,都要踏踏实实摸清楚,这就是思路的开展。"①他用最通俗的比喻向我们解释了他对思路的理解,他清楚了解作文的创作过程,教师就要围绕这个过程对学生展开引导,做到作文过程生活化,从生活中创作作文。

如何做到作文指导过程生活化呢?

第一,随时启发。立意,是一篇作文的灵魂,如果你的立意新颖,便能瞬间抓住读者的眼球,让读者看下去;但是,很多学生并不能很好地寻找自己的立意点,这就需要老师加强这方面的训练,做到从生活中寻找立意点,让立意生活化。而这些指导不能局限于语文课堂的写作课上,平时就要指导学生善于观察生活、懂得认识生活、随时充实生活,启发学生从生活中寻找灵感,创新立意。

第二,加强指导。"写作材料的来源普遍于整个生活里,整个生活时时在那里向上发展,写作材料自会滔滔汩汩地无穷无尽地流注出来,而且常是澄清的。"②材料太多,就会面临一个问题,不知道哪个材料作为作文的支撑材料最好,于是,教师进行指导,培养学生围绕中心选材,成了教师急需完备的工作。因此,在平时生活中要让学生养成筛选材料的习惯,让材料用在有用的地方,使作文更有立体感。

第三,注重表达。叶圣陶先生提倡集体讨论,自由表达。他表示,教师引导学生写作时,可以用全体讨论的方法,这样所有的思想都聚集在一起,相互摩擦,相互碰撞,相互启发。"某一个材料值不值得写,该怎么写,就可

---

① 叶圣陶.叶圣陶集(第15卷)[M].南京:江苏教育出版社,1993:337.
② 叶圣陶.叶圣陶集(第15卷)[M].南京:江苏教育出版社,1993:45.

以一起讨论……这样与人家讨论一番，那本来朦胧的意象渐渐具体化了，甚至血肉充盈了，这正是动笔以前最需要的准备。"[1]这种方法不但可以激发学生的自主思考，也可以避免老师空洞的讲授，让学生表达更加丰富。当然，自由表达并不是没有逻辑的，叶圣陶要求学生"想清楚后写"，这样文章的整个"布局"会显得层次分明，重点突出。对于，这一写作能力的训练，叶老从生活习惯方面着手，要求学生养成列提纲的习惯，具体的方法是"先把生活中积累的材料各部分列举出来，加以剪裁，更为之排次，制定一个全篇的纲要"。[2]

综上所述，文章的创作需要从生活方面入手，教师随时启发与指导学生养成缜密思考的习惯，最终达到自由表达的效果。

(4)作文修改生活化

俗话说：好文章是改出来的。看见这句话第一反应就是"好作文是教师改出来的"，这说明，作文修改的重任仍然在教师身上这一传统观点深入人心。然而《中学语文教学大纲》明确提出："要有计划的培养学生自己修改作文的习惯和能力，并指导学生自己修改，或组织他们互相修改。"[3]这一纲要的提出，就是在对传统作文修改方式说"不"。作文修改的目的是培养有作文能力的"人"，叶圣陶在《语文教育书简》里，有句很精辟的话："凡为教，目的在达到不需要教。"学生不可能一辈子依附于教师，在学校，教师能帮助其修改，出了学校进入社会，没有修改文章的能力，他们该怎么办呢？因此，在作文修改这一问题上，我认为教师应该遵循大纲要求，做到适度放手，让学生逐渐适应自己修改作文，不放手的学习自行车，是永远学不会的，因此把主动权交给学生，这样才能做到作文修改全面化、能力化，从而达到作文修改生活化。我认为，如果要做到放手作文修改使其生活化，需要从以下几个方面入手。①学生细读自改。叶圣陶先生也曾说过："改的优先权应属于作

---

①　叶圣陶.叶圣陶集(第9卷)[M].南京：江苏教育出版社，1990：144.

②　叶圣陶.叶圣陶集(第9卷)[M].南京：江苏教育出版社，1990：219.

③　丁向红.基于生生合作的高中作文评改研究[D].上海：华东师范大学，2005.

者本人。"现在许多教师拿着学生的作文就按照自己的思路一番修改,当学生再次拿回自己的作文时,可以说已经是融入教师思维的"自己的作文"了,所以只有让学生自己修改自己的作文,才能知道自己的问题在哪里。下次写也就会避之。当然,学生自改,不能是没有依据、原则、方法的随心修改,教师要引导学生修改文章的方法,做到有依据可循,有理可依。一是引导学生修改思想,二是修改语言,三是修改文字。具体怎么改,首先从题目入手,所表达的内容是否能与题目对得上;其次就是看文章的结构,有没有上下文不相连的段落,所要表达的主旨能否在描述中凸显;最后就是仔细阅读,查找文中的病句、错字、标点符号等,使文章通顺。同时,教师在指导学生自改的过程中,要培养学生一个习惯:无笔不阅读,无笔不修改,文章的好与坏都要尽量指出来,并在旁边批注上自己的观点。②生生互看修改。学生之间互相修改的好处在于:写作水平相当,对写作思想能有一定的共鸣;同学之间很容易互相欣赏佳作,从中学习优点来提升自己的写作水平;改完后给予的一些建议与意见,同学之间也比较能吸收和理解,对下一次的写作构思会有很大的帮助。同时,小组间如果发现具有代表性的问题,也可以一同商讨、修改,这样思想间的碰撞,能擦出更美的"火花"。③教师定时面改。学生写作的时候,经常会受到生活阅历、知识储备的限制,即便同学之间有交流,有些问题仍然需要教师来引导,所以教师经常当面批改学生的作文,能让学生的思想豁然开朗,教师与学生之间当面沟通也能让教师第一时间掌握学生写作时的想法,从而给予其文章中肯地评价,而不是就作文内容而打"分数"。因此作文修改中,教师除了引导学生自改,倡导生生互改,还要监测自己定时面改。因为教师当面直接给予学生写作指导,学生会记忆较深,从中所受的启发也会较深刻,对提高学生写作水平大有裨益。

总之,作文修改不能"唯教师"论,"唯分数"论,"唯课后"论,我们要运用好学生这根"主导线",引导他们参与到作文修改中,让修改方式多样化、修改手段全面化、修改过程宽松化,只有这样学生才会有激情,有热情,改的多,改的好,写作热情自然上去,这样才能达到作文修改的作用。

(5)作文评价生活化

传统的作文教学,其实是将作文修改和作文评价放在一起的,作文修改是教师浏览全文,在有问题的地方做出修改,在写得好的地方给予赞美,而作文评价估计是教师最喜欢也是最不喜欢的一项"活"了。喜欢的原因是,只需写两、三行字即可,如:语言通顺,内容充实,但是情感还有待升华,这样一句话,就可以打发好几篇文章;不喜欢则在于,总是那么几句话,不能总是来回用,不仅老师会腻,而且学生没有拿到作文就知道写的是什么了。这一现象,充分说明教师评价只是在应付任务,应付学生,没有真正走进学生作文里,没有真正走进学生的情感世界里,缺少生活味,缺乏真实性,这也就导致学生觉得写作文累,教师觉得评价作文累。因此,我觉得作文评价应该通俗化、生活化、真实化,否则作文评价就如同虚设,不如一个"阅"字来得实在,起码减轻教师重任。对于如何改变传统观念,使作文评价生活化,我们认为应该从以下几个方面有效实施。①评语生活化。评语对一个学生的重要性,可能许多教育者们并没有意识到,拿到作文本大多数学生真正在意的不是多少分,而是教师在作文下的那几行字,因为作文的评语就是一种教师与学生私密的对话,学生将自己真实的情感毫无保留地展现给老师,就是希望教师能成为一位共鸣的"读者",能给学生一些建议或意见,但是现实操作中,教师更多地扮演着一个冷眼评论家的角色,给学生的评语往往是一些类似"写得欠具体""层次不清楚"的套话——教师完全把自己置于评语之外,很少谈切身体会和感受,更不会融入个人的思想、情感,这严重挫伤了学生的写作积极性。因此,我觉得应该用生活化评语来评价学生的作文,教师仍然可以只写两、三行字,但是只要是融入学生文章里的,真正感受学生思想情感的,我相信对学生都会有很大的鼓舞性。如,学生在文中表述了他旅游的快乐心情,教师就应该以一种向往的态度,鼓励他写详细一点,语言写优美一点,有了教师的认可与向往,我相信这位学生更愿意将自己的所见、所闻、所感都诉说给教师听。②讲评生活化。记得当年,笔者的一篇作文被老师拿到班上讲评的时候,虽然仅仅只是在全班读了一下我的文章,但是那种自豪,那种满足,现在都能一丝不落地涌上心头,可见作文的讲评对一个学生的影响是多么的深远。其实,真正的讲评,不是让学生觉得这篇文章就到此结束了,而是让学生能在讲评后,有修改、总结、续写地冲动,让他们觉得这堂讲评课,对他们有帮助,能激发、培养他们的写作热情,而不是坐在课堂里听美文。讲评生活化,能拉近教师与学生,学生与学生之间的距离,如《我的同桌》这篇作文,如果教师讲评得好,可以激起全班所有学生对自己同桌的感悟,如果讲评得不好,只是从传统的选材角度、语言运用、情感表达等这几方面夸赞,不融入学生生活、学生情感,就很容易挫伤学生的积极性,让他们觉得只要有清晰的结构、华丽的辞藻、浮夸的情感体悟,就能得到教师的认可与夸赞。这样便真正将讲评"引入歧途"了。

5. 生活作文教学的策略

洪宗礼先生在其"导学说"中指出,通过教师艺术的"导",会"使学生在学习中逐步摆脱对教师的依赖,不仅在学习上能够自立,而且在个性上、意志上、人格上都成为独立自主的人,从而在学力、能力、智力上都得到同步发展"①。这句话告诉我们,在教学中对学生的引导非常重要,而这也体现教师在教学中的主导地位。因此,对于生活作文教学的实施,我认为也应该主要放在"引导"这个方面,以下是我从"导"着手,设计的生活作文教学策略。

(1)引导学生乐于读书,积累素材

生活作文教学的根本途径是作文与生活相融合,其次是作文与阅读相结合。虽然写作和阅读在教学中被划分为两个门类,但是二者却是相辅相成的。从阅读对写作的作用方面看,阅读是写作的借鉴,从某种意义上说,阅读教材中的课文应该是作文的范例。从提高写作能力方面看,必须要有一定的阅读能力,才能凸显写作能力。虽然阅读能力强,写作未必强;但阅读能力不强,写作能力肯定不强。耳边经常能回响起我们导师的一句话:"要读书,读理论书,读理论整本书,这是积累理论知识的主要途径,这样才

---

① 洪宗礼.洪宗礼文集(第1卷)[M].南京:江苏教育出版社,2008:27

能写好文章。"可见,读书对写作的重要性是大多数教育者们一直不变的教育理念。读书最大的作用,就是能帮助学生积累写作素材。如何引导学生读书,并且乐于读书,把书读好,有效积累写作素材,是当下教师最主要的任务。一般积累素材的途径有两条:一是亲身实践,获取直接经验;二是借助书本获得间接知识,所谓"秀才不出屋,能知天下事"就是这个意思。

学生阅读分为两种:课内阅读和课外阅读。课内阅读大多是阅读教材,老师在这个时候发挥主导地位比较多,主要是解决好学生会读的问题,教会学生模仿性阅读和创造性阅读。模仿性阅读是教师在课堂中,引导学生掌握阅读的规律,如文章优美的语言,清晰的结构,有目的的主体升华等,掌握了这些基本规律,自然也就能理解别人的文章,理解所读文章的内容和手法,也就基本能做到"会看的看门道"了;创造性阅读则要求老师在引导学生阅读时,充分激发学生的联想、想象能力。主要的形式有对感兴趣的文章进行续写、扩写、改写,对感悟较深的文章尝试写读后感、文章评论等。阅读积淀是潜移默化的,当你在一次作文立意上借鉴了某篇课文,在表现手法上借鉴了另外一篇课文,就说明你在慢慢积累了。

课外阅读大多是学生自己阅读感兴趣的材料,与课内阅读不同就在于,课外阅读没有老师引导,并且多是泛读,侧重内容的浏览。教师在这时,则要引导学生坚持课外阅读,解决好怎么读的问题,董旭午老师认为,要让学生持之以恒地用心阅读,并且享受阅读的过程要做到以下三点:一是教师要针对学生的实际情况推荐适量的经典名著;二是开足开好选修课,充分利用经典课外读物指导学生多读书、读好书;三是必须建构科学的管理机制,对学生的课外阅读进行适度、合理的督促和管理。经常能听到这样一句话"要多读书,读好书,好读书",这句话对于现在的中学生来说,就是正确的废话,道理谁都懂,关键是怎么去务实,老师要怎么去引导学生实现。为此,我们站在生活作文教学的角度去引导学生有效的阅读:课内扎实教学生会读,从中积累写作方法;课外制定合理读书规划,积累写作内容。

（2）引导学生融入生活，表达真情

近年来，生活语文，生活作文，生活阅读等研究的流行，学生们对生活的关注已经有了一定的意识，但是这不意味着语文、作文教学要被动地依赖生活，要引导学生体验生活并且培养学生积极参与生活的意识，真正做到融入生活，对生活有感悟的真情表达。

在课堂上我们要融入作者的生活，如：

相信未来

当蜘蛛网无情地查封了我的炉台
当灰烬的余烟叹息着贫困的悲哀
用美丽的雪花写下：相信未来

这是食指的一首诗，在应试教育的大背景下，我们为了考试，不会花太多时间让学生慢慢体会，都是直接把"蜘蛛网""炉台""灰烬的余烟""美丽的雪花"之类的意象讲给学生，还要求学生标记在课本上，以备考试之用。这样的课堂在现在的教学中很常见，对于应试也起到了一些作用，但是，这还是以学生为主体的体验生活的课堂吗？显然，回答是否定的，道理就在于，老师缺少引导，没有引导学生走入时代背景，没有走进作者的心灵。所以，要让学生在心灵上真正有所收益，教师必须要引导学生深入体验。

我们要融入文本的生活，鲁迅的《祝福》中有这样一个故事情节：

> 冬至的祭祖时节，她做得更出力，看四婶装好祭品，和阿牛将桌子抬到堂屋中央，她便坦然的去拿酒杯和筷子。
>
> "你放着罢，祥林嫂！"四婶慌忙大声说。
>
> 她像是受了炮烙似的缩手，脸色顿时变作灰黑，也不再去取烛台，只是失神的站着。

每次教到这篇文章，便会听到："同学们，大家感受到祥林嫂被封建礼教毒害得麻木可怜了吧？""大家看，这里的细节描写的到位传神，深刻揭露了封建礼教吃人的本质。"就算老师在课堂上再深情地传达，学生们也还是不能理解,不能消化,不能感受。因为,我们不仅要融入鲁迅先生的生活,还要融入文本中祥林嫂的生活。

小说中,祥林嫂是一个深受"一女不嫁二夫"封建思想毒害的劳动妇女,再嫁后,便觉得自己不守妇道,不干净。当她赎回干净之身后,她认为自己解放了,自己可以重新开始啦。于是便"坦然地"去拿祭品,可是当四婶慌忙阻止后,她彻底绝望了,内心也受到了惊吓,就出现了"受了炮烙似的缩手"这个动作,这句话也已经烙在她心里。而这些描写,只有融入文本的生活中,才能体会出作者想要表达的思想,老师的引导才能使学生感受语言的张力,在作文表达中,也会因为有感悟而真实表达现实语言的张力。

在课堂外,我们要融入自己的生活,如《春望》这篇课文中的"感时花溅泪,恨别鸟惊心"这句话,老师主要是引导学生学习它的表现手法,运用了反衬。反衬的好处就是会使痛苦、伤感、怨恨的心情更加强烈,但是,诗中毕竟是作者的感受,如何能让学生联系自己的生活体会到作者的感受呢?这就需要引导学生回归到自己的生活中,运用自己的生活积累和生活感悟来体会这诗中作者的情感。教师可以引导学生联想自己平时心情低落时,如:考试没有考好,心里难过;自己最喜爱的东西遗失,心情烦躁;自己一直努力想要争取的事情,没有达到预想的结果,心情失落等。与繁荣的街市、欢声笑语的人群、灿烂的阳光等一切美好的事情形成对比,这样便更能凸显当时失落的心情了。当老师做出这样的引导,这一表现手法就显得真实可用,写作时,也能熟练运用这一表现手法进行写作表达。

(3)引导学生善于实践,学以致用

作文来源于生活,也适用于生活,做到学以致用,才是作文的最终目标。

在当代作文教学中,教师更加注重应付考试,从而培养学生写作的文学性。优美的语句,华丽的辞藻,大气的排比,整篇文章下来全是写作手法和修辞手法的堆砌,没有生活的真实感悟,没有明确的写作目标,只是为了考试而写作。叶圣陶认为:"中学生要应付生活,阅读与写作的训练就不能不在文学之外,同时应以这种普通文为对象。"这里"普通文"包括书信、宣言、评论、报告书、说明文等应用文,还包括记叙文和论说文。而这句话则指出学生为了应付考试不能丢掉写作的文学性,但同时也要注重文章的实用性。将所学知识,用到实处。

叶圣陶先生推崇应需之文,即顺应生活之需而完成的无意识作文,认为老师应该引导学生从生活的需要入手写,如可以让学生写信、报告、做记录等。随着科学技术的发展,许多消息已经不需要用写信的方式告知友人,短信、微信、微博、博客都是简便而实用的方式,将其当作平台,既是增加交流,又可练笔。

朱自清老师提出,学生写作文应从小处着手,选取与生活相关的题材,拣那些与实际生活有密切关系的问题和亲切熟悉的事物来写,这样才容易做到言之有物。他也亲自写"下水作文",给学生提供写作训练的样本,他的著名作品《背影》《匆匆》《伦敦杂记》等,都是来源于生活的。除了自己写"下水作文"外,朱自清还推荐学生广泛阅读报纸和杂志,关注社会问题,让学生接触这些与实际生活直接相关的文章,并且引导他们去模拟写作,从而达到有效地学习写作实用文章。朱自清认为:"给些小题目,让他们在日常生活里找点自己的话。"在生活实践中,反映生活。如"关于学校中的伙食问题""住校学生的寝室问题"或者"书的自述"等,这些都与生活紧密相关,来源于生活,又体现生活。真正做到从实践中感知生活,从生活中学习体会。

写作与学生今后的工作、学习、交际等生存活动紧密相关,只有让学生从生活中实践,从实践中感悟,写出来的文章才会反映生活,有助于生活,做到真正意义上的学以致用。

(4)引导学生敢于创新,张扬个性

2010年,成都商报一篇《两篇作文九成雷同》报道了:第十届全国新概念作文大赛一等奖获得者,素有泸州"才女"之称的19岁刘禹婷在网上发出公开信,试图说明2008年一位重庆考生抄袭自己的文章竟然被阅卷老师评为优秀作文。

刘禹婷《心有花树,满城风景》开篇说:

花树,或留于画,或长于山野与城市,或生于心,生于美好生活与美丽风景交错之时;此余不能释怀。

而那位重庆考生《在自然中生活》开篇说:

自然,或留于画,或存于山野丛林,或生于心,生于美好生活和美丽风景交错之时;此余之不能释怀也。

经过比对,这篇优秀作文百分之九十以上为抄袭。于是,我们便开始思考这个问题:不同地方的孩子,写出来的文章如出一辙,刘禹婷在文章中描述了自己家乡泸州整个的新旧变化,并阐发了身为一名泸州人的欢欣喜悦之情,带有自己的亲身体验和感悟。而重庆考生《在自然中生活》一文,从行文结构到文章中的骈文骈句,甚至诗歌的引用几乎全部雷同,整篇文章没有作者的任何情感体现,只有对别人文章的稍作增加和减少。

这样的作文,不仅在历届高考考场上,在作文竞赛,全国比赛中都会出现。因此,有老师总结,在学生们的笔下,他们的母亲永远都是慈祥的在补衣服,"烛光下,看着妈妈头顶的几缕白发闪闪发亮,布满老茧的手灵巧地帮我缝补衣服,我的泪水再也忍不住流了出来……";他们心目中的好老师永远在灯下批改作业;见到五星红旗就热血沸腾,"望着缓缓升起的红旗,我的崇敬之情油然而生";看到黄河就是"母亲";写到爱国就是"抗日";拿到"人生中的挫折"作文题目,那家人就都去世了……他们没有自己的创新,没有自己写作的个性,只是一味地借鉴和抄袭。

当今学生创作的文章,大多表述着与自己内心不相符合的话语。这些都不怪学生,是我们的语文教学导向和老师出了问题。其实,对于学生张扬个性的作文,有些老师也比较欣赏,然而,在高考这样的大型选拔考试中,"求稳"还是老师最终的导向。

义务教育语文课程课标准提出:"在语文学习过程中,培养爱国主义、集体主义、社会主义思想道德和健康的审美情趣,发展个性,培养创新精神和合作精神,逐步形成积极的人生态度和正确的世界观、价值观。"这一标准的提出,使语文教育界逐渐开始重视创造精神和个性精神,尤其是语文教师开始引导学生留心观察生活,广泛阅读文学作品和科普作品,充分发挥学生的想象力,激发学生的灵感,有计划地进行作文训练,这些都是在训练学生的创新意识,张扬学生的写作个性,这样,就不会出现作文风格和内容都差不多的雷同或抄袭现象了。

当然,我们主张学生在写作中敢于创新,张扬个性,并不是主张学生随便写,如有的学生在作文中主张早恋,抨击中国共产党,以打架为荣,价值观取向不对等,这些在高考作文中肯定是"雷区",过分的消极,也不是我们教育的宗旨,所以,我们不能束缚学生的思想,但是也不能太放纵,要有度。

(六)生活作文教学的意义

1. 有利于激发学生的写作兴趣

生活作文教学,从生活实践中认识作文教学,遵循了写作教学的基本规律,遵循了学生生理、心理的特点,以调动学生知识储备为基础的,有意识的创造性教学活动,同时它的教学以学生为主体,教学为主导,充分调动了学生写作的积极性,激发了学生的写作兴趣;生活作文教学,让学生从生活中取材,从生活中感悟,用生活中的话语表达,从而获得写作成功的品尝。正如苏霍姆林斯基所说的:"成功的欢乐是一种巨大的情绪力量,它可以促进儿童好好学习的愿望。"因此,如果想帮助学生树立写好作文的信心,使其在作文中体验"成功"是最好的方法。因为有心理专家研究表示,不论是儿童还是成人,内心深处都渴望被赞美,当自己的劳动成果被认可时,那是一种极大的鼓舞。所以,如果能让学生更容易体验到写作的成功,写作兴趣也就更容易激发。

2. 有利于积累学生的写作素材

生活作文教学要求教育要开放,要走入生活。教师要带领学生走入生活,拥抱生活,感悟生活。这样的生活体验,能开阔学生的视野,增加学生的见识,从而有利于积累写作素材,而写作就是对长期生活积累的表达。俗话说,厚积才能薄发。只有充分积累了素材才能薄发成文,正如诗人里尔克所说的"我们应该终生期待和采集……然后或许可以写出十行好诗来"。[①] 因此,在生活作文教学中,教师引导学生走入生活,从生活中积累素材,便于写作的完成。

3. 有利于建构教师的写作教学模式

生活作文教学,是以学生为主体,教师为主导的教学过程,在整个教学过程中,教师的"导"占着重要地位。同时,生活作文教学,又是从关注学生主体精神出发,让作文回归本真的真实生活创作,从而使学生乐写、爱写作文的一种教学活动,这些都需要教师去探索、研究。俗话说,"教无定法",每个老师在各自的教学实践探索中,都能建构出不同的、适合于学生的教学方法,形成自己独特的教学风格。

4. 有利于提高教师的写作教学水平

经常听别人说:"要教给学生一滴水,你就得有一桶水,甚至是源源不断的流水。"确实,如果教师没有渊博的学识,怎能教育学生,又如何去学习,搞研究? 面向 21 世纪,中国的教育在大刀阔斧地走素质教育路线,可是还是会有部分地区,部分老师坚持以老师为中心的教学理念,作文课也总是出一个题目,学生写就可以,为的就是完成教学任务,导致很多老师自己的写作水平也很低下,"教师写下水作文"的提出,已经引起很多学校的共鸣。生活作文教学,则需要教师在教学过程中,对生活进行观察、体验、思考、感悟,对不同作文题材进行选择,不断优化,继而实施。在这个过程中,教师是开发者、建设者,同时也是生活作文教学的实施者、执行者、反思者。这样,不仅能体会学生写作的难处,也有利于提高教师的写作教学水平。俗话说:"知己知彼,百战百胜。"只有从选题、构思、写作、修改等各个方面全面参与,深入了解,才能更好的改进自己的教学,与学生共同进步。

---

① 王一川.意义的瞬间生成:西方体验美学的超越性结构[M].济南:山东文艺出版社,1997:112.

三、生态作文教学模式

作文是语文学科的重头戏,作文教学自然也就成了语文教学的重中之重,然而当我们如火如荼地热衷于作文教学理论研究和作文教学实践改革的时候,却忽略了作文以及作文教学的最本真和最自然的状态——生态。什么是作文,我们为什么要让学生写作文,作文应该怎么写,作文又要写些什么呢? 作文作为一种客观存在,就一定有它客观存在的原因。

写作源自我们的生活。生活实际需求,情感需求,人际交往,认识社会,改造自然,创新文化,这些让作文自主地回归到它原有的本真与自然,即我们所说的生态。当作文写作主体的人为自我需求而写作时,他的写作欲望和写作的内在驱动力就会被全部调动起来。此时,作文并非一种任务或负担,而是写作主体(即人)生活中的一个重要内容,久而久之作文已变成生活的一种习惯。因此在整个作文活动中,写作主体所要表达的思想内容和他的内在需要才是作文的源泉和本质,这也是写作主体进行作文真正的内在驱动力。

义务教育语文课程标准指出:"写作要感情真挚,力求表达自己对自然、社会、人生的感受、体验和思考;多角度地观察生活,发现生活的丰富多彩,能捕捉事物的特征,有自己的感受和认识,表达力求有创意。""在写作教学中,应注重培养观察、思考、表达和创造的能力。要求学生说真话、实话、心里话,不说假话、空话、套话。"①由此,教师应该意识到每个学生都是一个独立完整的个体,而每一个生命个体都是独一无二的,他们有自己独特的生活经历和情感体验,有着不同的生命体悟和内在的写作驱动力。所以,在作文教学活动中,教师理应充分理解和尊重作为写作主体的学生的写作情绪和写作需求,切实关注他们独特的生命感受和体悟,让学生自由地、自主的选

---

① 教育部.义务教育语文课程标准[S].北京:人民教育出版社,2011.

择自己独有的方式去表达情感、书写生活;让学生切实能够通过语文作文表达自我,展现个性,从而培养生态的人格和品质,促进自我的全面、协调、可持续发展。

(一)生态作文提出的背景

"文明若是自发地发展,而不是在自觉地发展,则留给自己的是荒漠。"这是马克思在 100 多年前对人类突飞猛进的工业文明发出的忠告。工业革命以来,特别是 20 世纪中叶至今,整个地球的生态环境遭到空前的污染和破坏,相继出现"温室效应"、酸雨污染、人口爆炸、土壤侵蚀、陆地荒漠化扩大、水资源污染和短缺、森林锐减、生物多样性锐减等十大全球性环境问题,这些问题已直接威胁到整个人类的生存与发展,因此,整个时代都在呼唤"生态"的理念。

1. 时代呼唤"生态"理念

自改革开放以来,特别是进入 21 世纪以来,中国的经济迅速的发展,一跃成为经济总量排名世界第二的超级经济大国,但与此同时,越来越多的人惊恐地发现,中国的原有的自然生态变差了,很多地方出现了雾霾、水土流失、荒漠化、水污染等严重的生态危机,中国政府对此高度重视,并适时地提出了"生态文明建设"的国家级战略。

(1)时代背景:国家"生态文明建设"的战略

文明是人类文化发展的成果,是人类改造世界的物质成果与精神成果的总和,是人类社会进步的标志。《周易》有云:"见龙在田,天下文明。"唐代孔颖达注疏《尚书》时将"文明"解释为:"经天纬地曰文,照临四方曰明。""经天纬地"指的是开发、利用和改造自然,属于物质文明;"照临四方"指摆脱无知、恐惧和愚昧,属于精神文明。在西方语言体系中,"文明"一词来源于古希腊"城邦"的代称。人类社会先后经历了原始文明、农业文明、工业文明,而生态文明是对以前三种文明的反思与超越,是一种新的人与人、人与社会、人与自然和谐共生的社会发展理念。所谓生态文明,是指人类遵循人、自然、社会和谐发展这一客观规律而取得的物质与精神成果的总和；是指以人与自然、人与人、人与社会和谐共生、良性循环、全面发展、持续共同繁荣为基本宗旨的文化伦理形态。

2007 年 10 月 15 日至 21 日,中国共产党第十七次全国代表大会在北京隆重召开。胡锦涛同志在党的十七大报告中,多次强调"生态文明"和"人与自然和谐发展",并把建设生态文明作为我国全面建设小康社会的新要求。党的十七大首次把生态文明写入党的报告,标志着我国生态文明建设战略的确立。2012 年 11 月 8 日至 14 日,中国共产党第十八次全国代表大会在北京隆重召开,大会同意将生态文明建设写入党章,同时作出阐述,使中国特色社会主义事业总体布局更加完善,使生态文明建设的战略地位更加明确,这也标志着生态文明与经济、政治、文化、社会一并成为五大建设主题,生态文明建设正式成为国家级战略部署,此为生态作文教学研究的时代背景。

(2)教育背景:"生态教育"和"教育生态"的兴起

人类文明的进步与人类教育是相辅相成的,随着生态文明日益深入人心,生态教育也随之兴起。随着 20 世纪 60 年代出现的全球性生态危机,"教育危机"的风暴也随之席卷全球。1968 年,国际教育计划研究所(IIEP)第一任所长菲利普·库姆斯(Philip Coombs)在其代表作《世界教育危机——系统分析》(*The World Crisis in Education：Systematic Analysis*)中指出:教育体制与周边环境间的种种形式的不均衡是本次世界性教育生态危机的实质所在。教育存在的不均衡主要表现是:"一是日渐淘汰、过时的陈腐课程内容与时代发展、学生现实的学习需求之间的不协调;二是教育体制和内容与社会发展需求之间的严重不相适应。"因此,对于生态危机和教育危机的关注迫使人类重新审视自身与自然之间的关系,重新审视人类自身原有的思维方式、发展模式、道德观及发展观。当生态问题逐渐成为一个敏感而重要的、并与教育密切相关的生态伦理道德问题时,生态教育随之产生。

生态教育有着一个丰富而全面的体系。有学者认为：目前，生态教育可以分为社会化教育、专业性环境教育、在职环境教育、基础性教育四类。有学者曾指出：从横向上来看，生态教育应以日常学科教育教学为基本载体，贯穿于整个课程体系始终，使之成为一个重要的课程领域；从纵向上来看，生态教育应贯穿于人类个体的整个生命过程和成长过程之中，并逐步使之成为终身教育学习和全程学习，并使这个理念深入人心。还有学者提出，生态教育的内涵体系主要包括生态文明观念教育、生态道德教育、生态法制教育、生态审美教育、合理利用科学技术力量的教育。

随着生态教育的日益发展，越来越多的有识之士开始意识到我们不仅要有生态教育而且更要讲教育生态。"教育生态"以教育的内涵发展与自然的和谐发展相呼应，以人的全面发展与社会的和谐发展相适应，以人文生态的丰满与自然生态的绿色相辅佐，强调教育实践遵循教育规律的基色，强调以人发展为本创造幸福的绿色，强调人与教育和谐奠基未来的春色。"教育生态"源于自然生态，同时又超越自然生态，它立足于"生命观"，终极目标是为了人，为了人持续的发展、全面发展。它既是一种教育理念，也是一种教育实施策略。它符合教育规律，符合科学发展观的要求。"教育生态"指向全面、均衡、开放、可持续等教育理念。

(3)学科背景："绿色语文"和"生态语文"的实践

从20世纪80年代至今，整个社会对于语文教学、改革的关注和质疑从未停止过，尽管各界人士都在为语文教学建言献策并作出了很大的努力，但课改的成果仍难遂人愿。总结起来，语文的工具性特点过分突出，而人文性稍显不足，这带来的直接后果是原本包含文化和生命内涵的语文教学丧失了它应有的生机和活力，进而演化成了沉闷、僵化、陈腐、机械、了无生趣的"灰色语文"。针对"灰色语文"种种弊端，"绿色语文"和"生态语文"等理念应运而生，并得到广泛的推广和实践。

"绿色语文"首倡者是清华附中的赵谦翔老师，他在《用"绿色语文"救治"文字恐惧症"》这篇论文中明确地提出了要进行"绿色语文"教学的主张，他认为"绿色语文"非"传教士"的语文,而是"一种师生共建、师生共享的语文",绿色语文课堂"充满灵动、充满情趣、充满个性。"①赵谦翔老师指出:"绿色是个环保概念,其要点有二:一是纯天然的;二是可持续发展的。所谓纯天然是指语文工具性和人文性相互统一的天然属性,所谓可持续发展是指不仅是为高考而学语文,而是为人生而学语文。"②

"生态语文"的首倡者是江苏省语文特级教师蔡明,他认为:"生态语文是一个由多种因素共同作用、相互联系、相互影响的具有生态功能的系统","生态语文追求民主、和谐,其重要体现之一就是对话交流","生态语文应该基于良好的师生互动、和谐的对话氛围,从而形成课堂生态系统"。③崔恒山在《试谈新课程生态语文课堂教学》中指出:"在生态语文教学中,知识、情感态度、道德、技能等的传递和发展过程可以认为是一种信息流动的过程,它等同于生态系统中的物质、能量的流动和转化过程,在此过程中学生是具有发展潜能、独特发展需求的个体,生态语文课堂追求的就是关注学生个性、突出学生发展、充满活力、动态生长的生态课堂。"生态语文是一种以生命关怀为目的,符合语文教育规律的语文教学行为,同时它也是一切语文教学美好追求的集合。

"绿色语文"和"生态语文"的理念得到了广大一线教师的认可,并已在教学实践中得到广泛的应用。

2. 传统作文教学缺乏"生态"意识

随着新课程改革的深入实践和研究,越来越多的有识之士发现传统教学中存在种种弊端,当然语文作文教学也不例外,诸多的传统语文作文教学方法和教学策略,越来越备受质疑和批判。这些痼症一言以蔽之,即缺乏"生态"意识。

---

① 赵谦翔.用"绿色语文"救治"文字恐惧症"[N].中国教育报,2004(5).
② 赵谦翔.赵谦翔与绿色语文[M].北京:北京师范大学出版社,2005:10.
③ 蔡明,闵振宇,韩建萍,等.语文人心中的伊甸园——关于生态语文课堂的交流[J].中学语文教学,2009(3):71.

以"写作知识"传授为目标,忽视学生写作能力的发展。传统的作文教学一般是以写作知识为纲。在传统的作文教学中,教师、家长都很重视学生知识的学习,轻视能力的培养。写作公式化的僵化训练,导致学生作文"假、大、空",言之无物。显然,教师写作教学还只是停留在知识传授的层次,没有把它升华到能力层次。只重视写作知识传授,却忽视了学生写作能力、写作思维的培养和发展,学生在写作中就会形成套用公式、模板的坏习惯,没有自己的创新。

以"虚假生活"为写作内容,忽视学生个人的真实感受。传统作文教学脱离学生的生活实际,割裂生活与作文的和谐统一关系,片面强调学生写作选材要典型、要积极向上或有"代表性",与此同时却忽视学生个人的真实感受,这样带来的直接后果是学生作文语言"假、大、空"。在公式化的叙事套路下,学生习作走上了"新八股"的歧路,这些虚假的"典型"作文内容,不是学生的真实生活体验和感悟,而是编造出来的一个又一个的谎言。"我手写我心"极具个性化的表达,让位给了虚构的离奇情景;合理的联想与想象,也被僵化的"照葫芦画瓢"所取代。阉割了真情,失去了写作主体独特生命感受的学生作文,失去了作文本身的纯真与自然,也失去了它本来所具有的生态美感。

以"共性话语"方式为标准,忽视学生个性化语言表达。长期以来,在传统应试教育的大背景下,应试作文大行其道,传统作文教学中,教师习惯于以专断话语方式为标准,压制学生个性化、创造性表达。在作文教学和作文评价中,有时甚至完全无视作为写作主体的学生的个人生命价值与意义,根本无视学生作为一个独立个体的情感抒发和个性表达的需求,无视学生独特的生活体验和生命感悟,而是片面地以所谓的"共性话语"标准来衡量学生作文,限制学生创意表达,这样的要求和"标准",只会让学生逐渐失去个体生命的独特性以及学生作为独特个体所具有的潜在的或外显的创新能力与意识。

以"高尚道德"为主题,忽视作为写作主体的学生的多元价值认知。作文活动理应是让学生真实表达的一个快乐的体验过程,但是传统的作文教学却片面要求学生的写作要"立意高远",要以"高尚道德"为思想主题,严重割裂了作文内容与形式相统一的准则,这种忽视学生主体多元价值认知,割裂作文内容与形式的做法,只会导致学生作文机械化、模式化、八股化等现象的出现,学生作文不是胡编乱造,假话连篇,就是浓墨重彩,矫揉造作,毫无自然、真挚可言,这也割裂了学生作文与做人的关系。

以"应试升学"为任务,忽视学生个体综合素养的发展。传统作文教学以应付中高考作文为主要任务,盲目地将中高考作文评价标准当作平时作文教学的指挥棒,却"买椟还珠",忽略了学生个体综合素质的培养。在应试教育的影响下,升学考试竞争激烈,应试成为作文教学的最重要目的和内容,学生写作完全变成了一种被迫行为,学生不再是写作的主体,反而沦为了写作的奴隶,这造成的直接后果就是学生作文是为应付家长、老师而写,为应付各类考试而写,而非为快乐而写,为自身需要和发展而写,结果造成了老师累、学生更累的恶性循环的局面。

这些都是传统写作教学中存在的"非生态"现象,这些传统作文教学方式都严重缺乏生态意识,严重违背学生作文学习的规律,严重违反写作教学的规律,同时,更是与新课程理念背道而驰,造成学生作文有"文"无"人"。作文教学在呼唤,呼唤着自然、本真,呼唤着生态的方法和理念。因此,进行生态作文教学,是作文有效教学的必然诉求,且迫在眉睫。

3. 新课标提倡"生态"的作文教学理念

鉴于传统作文教学中出现的种种弊端,充分表明学生的写作动机缺乏需要性和自发性、写作主体缺乏自主性、写作理念缺乏自然性、写作生态缺乏自由性等问题已经严重影响了写作学习和写作教学的效果,当前的作文教学应当进行改革。《义务教育语文课程标准》和《普通高中语文课程标准(实验)》中都有对于写作的新的理解和阐释,这对于我们研究"生态作文"有很大的启发和帮助。

《义务教育语文课程标准》中,明确要求学生在写作时:"写作要有实情实感，力求表达自己对自然、社会、人生的感受、体验和思考。"①这种"真"的感情是最自然、最本真的表现。同时，新课标还强调学生要"多角度地观察生活，发现生活的丰富多彩，能抓住事物特征，有自己的感受和认识，表达力求有创意。"②新课标中提到的"生活""特征""创意"这三个词，就是我们"生态作文"的三个关键词，让学生回归自然、回归生活，发现世界万物的独特，开启自己尘封已久的想象，用富有创造力的语言写下具有诗意的、自然的文字。对于教师，此标准同样提出要求，认为教师要："为学生的自主写作提供有利条件和广阔空间，减少对学生写作的束缚，鼓励自由表达和有创意的表达。提倡学生自主拟题，少写命题作文。"③这些都是对传统作文教学模式的有力抨击，同时也对写作教学提出了新的要求，那就是要倡导生态作文教学理念，构建生态作文教学理论与实践模式。

《普通高中语文课程标准（实验）》对作文教学是这样阐释的："在写作教学过程中，教师应鼓励学生体验人生，关注社会热点，引导学生表达真情实感，不说假话、空话、套话，避免为文造情。"④由此可见，生活的、真实的、有个性的、创新的、自然的作文成为中小学作文改革的方向和目标，也为我们"生态作文"的写作指出了方向。

4."绿色作文"和"生态写作"的教学实践

随着新课改的逐步深入，生态作文的理念越来越受到语文教育工作者的关注和重视，同时有很多专家、学者也对生态作文教学的实践进行了不懈的探索，并取得了良好的教学效果，如赵谦翔老师的"绿色作文"教学实践、陈友中老师的"生态作文"的探索等。

（1）赵谦翔的"绿色作文"教学实践

传统作文教学唯考是从，压制学生情感抒发和个性张扬，学生作文多是

---

① 教育部.义务教育语文课程标准[S].北京：人民教育出版社,2011.
② 教育部.义务教育语文课程标准[S].北京：人民教育出版社,2011.
③ 教育部.义务教育语文课程标准[S].北京：人民教育出版社,2011.
④ 教育部.普通高中语文课程标准（实验）[S].北京：人民教育出版社,2003.

为了应付作业或考试,所写作文缺乏个性与创新,这些不良现象都被赵谦翔老师称为"灰色污染"或"灰色作文",这严重制约和影响学生作文能力的培养和作文水平的提高,更不利于学生的成长和发展。赵谦翔指出:"所谓灰色作文,即一凑、二抄、三套的作文诀窍和千人一面、千篇一律的写作套路,这就使得学生的作文基本是一个模子,没有新意,更谈不上真情实感。"[①]

针对传统灰色作文的种种弊端,赵谦翔老师提出了"绿色作文"的全新理念,绿色作文教学倡导以人为本、张扬个性,注重引导学生走入社会,观察生活,体悟人生,同时赵谦翔还借助于诸如"东方时空感悟课""班会感悟课"等多种他自己所独创的特色鲜明的辅助课程来实践其"绿色作文"思想和理念。

赵谦翔绿色作文教学的主要策略是:①大量阅读是写作的基础。他认为"阅读时吸收,写作时倾吐",正所谓"读书破万卷,下笔如有神",他要求学生重视阅读,并将阅读作为一种良好的习惯一以贯之,为此,他设计了阅读的"长计划""短安排"和随机应变"活对策",让学生积累素材,形成语感。②借助特色课程,沟通读与写。在赵老师的作文课上,你可以听到最新的社会新闻,最扣人心扉的名师演讲,最熟悉的同学的真知灼见,最精华的诗词歌赋等。赵谦翔老师借助于"东方时空感悟课""班会感悟课""文学专题讲座课""古典诗文课""当代文学精品课"等五种辅助课型促进学生的听说读写的能力。③写作的同时,引导学生进行感悟。赵谦翔老师的绿色作文教学注重培养学生的个性和创新精神,他认为"悟"是思考和创造的统一,这是作文教学的灵魂,也是绿色作文教学的最精彩之处。赵谦翔老师的绿色作文教学具有三种境界:一是历练悟性,使学生心动;二是历练文采,使学生笔动;三是引导落实,使学生行动。④师生交流,激励评价。这是赵谦翔老师绿色作文教学的关键环节,赵谦翔老师在教学过程中,无时无刻不在和学生进行着交流,同时更不会吝啬溢美之词,赵老师和学生频频唱和,屡屡呼应,

---

① 赵谦翔.掌握完善人生的"健身器":"绿色作文"概说[J].河南教育,2004(1):27-28.

使学生的写作能力不断提升,也使得自己的教学和研究实现了跨越。[①]

(2)陈友中的"生态写作"教学实践

陈友中,浙江乐清虹桥中学高级教师,"生态写作"的倡导者和实践者,从事语文教学40余年,撰有写作教材《生态写作》和《小学生态写作教与学》,其座右铭为:人不失本色,文但求自然。

陈友中老师在生态作文教学中,注重让学生认识到写作是一种自觉的、自主的行为,而非一种被迫行为,他能够通过有效的教学方法使学生善于写作,乐于写作。陈友中在生态作文教学实践中总结出了自己的"66作文教学法",即:①一个目标:又好又快。②两条主线:把培养学生的观察力与想象力作为作文活动的两条主线。③三项原则:反对胡编乱造、死搬硬套;倡导叙真事、抒真情、说真话;体现实践性,提倡自主性。④四个结合:观察与想象、生活与写作、分项与整体、理论与实例四结合。⑤五种能力:提高观察力、想象力、发现力、表现力和谋篇布局能力。⑥六个环节:训练目标、理论指导、范例借鉴、写作实践、修改讲评、展示与后记。[②]

(二)生态作文的研究综述

当前,"生态作文教学"是一个热点课题,它反映了语文教育研究者和在校师生对作文减去应试束缚、返璞归真的强烈愿望。但是关于生态作文教学的研究却相对较少,这些零散的研究有一个共同特点,就是强调生态作文实施的必要性和迫切性,而且比较浅显、零碎,缺乏系统性和理论性。

1. 关于生态作文概念的研究文献综述

目前语文教育界还没有专门的著作来研究生态作文,有关生态作文的概念及其论述散见于一些学术论文或教学论坛之中。

苏州大学陈玉驹有关生态作文的论述和"绿色作文"的创始人赵谦翔老

---

① 申明英.赵谦翔"绿色作文"教学探索[D].济南:山东师范大学,2009.

② 范全越,彭小明.陈友中生态作文教学初探[J].现代语文,2012(5):10.

师的观点类似。他认为传统作文教学中,有关"凤头""猪肚""豹尾"的教学模式,就是应试教育"唯考是图"表现,这种作文教学把作文和做人割裂开来,把内容和形式对立起来,造成的结果就是"千人一面,千篇一律,金玉其外,败絮其中"。他在《生态课堂是作文有效教学的必然诉求》一文中指出:生态作文务必要把学生作文与做人结合起来,把作文的内容和形式结合起来,生态作文不是为了应试和升学,而是为了完善人生和促进生命发展,从而使写作成为一种生存的习惯和方式。

杭州市拱宸桥小学的张祖庆老师指出:"生态作文要切实关注孩子们的生命轨迹和主体地位,让他们自由地、自主地、自发地写,用自己的心灵写,让作文展现他们的生命活动,表现出一个生态的自我。"①张继芳老师也指出:生态作文就是指还原学生们习作的本来面目,尊重儿童的自然天性,让他们的作文活动回归到儿童的真实生活世界,自由地抒发对于自然、社会的真切感受。也有研究者谈道:"生态作文是倡导学生能用自己的语言、自己的表达方式,写出自己的真情实感,而非生搬硬套、死记硬背某些所谓的套路。生态作文对学生来说少了很多束缚,多了更多的发挥空间,能体现学生的综合语文素质。"②

2. 关于生态作文写作的研究文献综述

散见于某些学术论文或教学论文的有关生态作文的研究大多是关于生态作文的主题选择或者教学侧重点等某个方面的简单阐述,有关生态作文写作的论述并不多。

西南大学刘金玉在其毕业论文中提到:写作要为自己的需要而写,为生活而写。作文本来是极富个性化色彩的自主行为,但在应试教育的压力下,学生作文成了"规范动作",无论是文体、结构,还是语言,甚至是思想都必须在既定的"合理"的范围之内,写作从此不再是"我笔写我心",不再是个体真情的流露和独具个性的话语方式,而是变成了一种任务,一种俗套,一种极

---

① 张祖庆.原生态作文:小学习作教学的新实践[J].浙江教育科学,2005(2):10.
② 王双东.浅谈原生态作文教学理念[J].学周刊,2013(4):177.

为虚假的行为。

何捷老师则认为:生态作文的写作应该做适、实、真、趣。"适"是指生态写作要做到表达真实、真挚,"有话则长,无话则短",崇尚自由表达,而非以文章篇幅长短作为评判作文优劣的标准。"实"是指生态作文崇尚真实、自然,以随心而发、自然而然的朴实文字为基础,而非以辞藻华丽、喧宾夺主的漂亮文字为评判学生习作的准绳。生态作文的"真"是相对于传统习作的"伪"而言的,圣人撰文务求立意高远,然而孩子的习作则力求真纯。"趣"是指生态作文写作务求清新自然、富有童趣。

陈玉驹指出:生态作文的写作要以"说真话,抒真情"为基本追求。"非生态作文"是假话、空话、大话、废话连篇,"生态作文"则相反,它积极倡导写真话,抒真情,因而生态作文必然是可触可感的美文。①

江苏省赣榆区门河中学王维老师在《作文教学呼吁生态课堂》一文中谈到生态作文的写作时,除了肯定陈玉驹老师提出的生态作文的写作要以"说真话,抒真情"为基本追求,以"悟和思"为基本方式的观点之外,又提出了生态作文写作要以合作交流为基本途径的观点,他认为,学生是生态作文写作的主体,也是写作生态中的重要的生态因子,每一个生态因子之间应该以合作和交流为前提。②

3. 关于生态作文教学的研究文献综述

关于生态作文教学的有关论述大多都局限于一线教师的经验和感受层面,具有一定的价值,但尚缺乏理论性和系统性。

江苏宝应县实验初中的袁爱国老师从学案设计和学案导学的角度提出了自己关于生态作文教学策略的观点,他认为:生态作文教学应该凸显学生全程学习的自主性、合作交流的有机性和多维对话的网络性。生态作文教

① 陈玉驹.生态课堂是作文有效教学的必然诉求——对当前中学作文课堂教学的反思[J].中小学教学研究,2008(12):55.
② 王维.作文教学呼吁生态课堂[J].读与写(教育教学刊),2012(8):94.

学要将个体学习和群体学习进行有效结合,充分体现出生态的"群聚效应"。[①] 此外他还指出,生态作文教学不仅是一个多维对话过程,更是一个倾听的过程,也是师生双方欣赏美、创造美的过程。张梅枝在谈到生态作文教学的有效策略时指出:生态作文教学应该要"向自然回归、向真情回归、回归写作的本真"。很明显,张老师提出的有效策略也是针对传统作文教学脱离学生的实际生活,作文语言假、大、空等问题提出的,有其合理性。张红宇老师则另辟蹊径指出:生态作文教学要借"花鸟草虫"的纯美唤起学生对于真、善、美的追求;借"人与自然"的关系引起学生对生存环境的思考;借"天下大势"激起学生对于世界和平的向往;借"关注民生"的责任启发学生对改善百姓生活的思路。这样学生写出的作文就会具有时代性和民生性,无病呻吟的诟病荡然无存,从而达到让学生做生态作文,关注生态社会的目的。吴智敏则认为:生态作文教学要采取"漂流日记"的方法。把学生分成若干小组,每天轮流写日记,同小组的同学将日记写在同一个日记本上,各小组的组长每周对本组的日记进行总结、交流、评比,每个组推选一篇在班级进行学习和展示,这种漂流日记的方法,让学生感悟生活,大胆交流;彼此学习,合作提升;积淀情感,情动辞发;自我评价反馈,竞争激励。[②] 山东师范大学王敏在其毕业论文《高中作文教学与生态化写作》中也提出了生态作文的基本实施策略:改造作文教学的生态空间,营造积极的生态作文教学的氛围,适时地改变学生生态位,构建师生两忘的教学生态系统,等等。

通过研究笔者发现前人的论述有一个共同特点就是都指出了生态作文教学的重要性、紧迫性,但是,不论是关于生态作文概念的阐释,还是关于生态写作和生态作文教学的研究,都是浮于表层经验和感受,缺乏必要的理论性、系统性,一些宏观的描述更是缺乏可操作性。正是基于以上的种种不足,笔者才试想从理论与实践相结合的角度,从生态作文写作与教学调查研

---

① 袁爱国.新课程理念下生态作文的教学策略[J].教育理论与实践,2010(6):51.
② 吴智敏.生命呼喊,心灵欢歌——以"漂流日记"促原生态作文教学初探[J].语文学刊,2013(4):70.

究入手,对于生态作文的概念、写作及其教学等几个方面进行研究,以期能够给广大的语文教育工作者和生态作文教学的发展带来了一些帮助。

(三)生态作文的界定

在研究生态作文教学之前,我们应该对何为生态作文进行必要的阐释,厘清生态作文的相关概念与类型,明确生态作文的特征,掌握生态作文写作的方法。

1. 相关概念的含义

谈到生态作文,我们首先想到:何为生态?说到生态,多数人首先会想到绿色、健康,因此,我们在阐释生态作文的概念之前,有必要先厘清生态的概念。

(1)生态

"生态"(ecology)一词源于古希腊"οικος",原意指"住所""栖息地"。若简单地从字面意思理解,"生"指的是"活着的","态"则是指形状、样子,生态就是指生物在特定的自然生态环境下生存与发展的状态,以及它们之间和它与环境之间环环相扣的关系,亦可指生物的生活习性或生理特性。中国作家秦牧在《艺海拾贝・虾趣》中写道:"我曾经把一只虾养活了一个多月,观察过虾的生态。"这里的"生态"意为"生物的生活习性与生理特性"。生态在中国古代亦有"生动的、美好的姿态"之意,如,南朝梁简文帝《筝赋》:"丹荑成叶,翠阴如黛。佳人采掇,动容生态。"《东周列国志》第十七回:"〔息妫〕目如秋水,脸似桃花,长短适中,举动生态,目中未见其二。"唐朝杜甫《晓发公安》诗:"邻鸡野哭如昨日,物色生态能几时。"明代刘伯温《解语花・咏柳》词:"依依旎旎、袅袅娟娟,生态真无比。"这四处的"生态"皆为"生动的、美好的姿态"之意。"生态"一词最早是从研究自然科学开始的,但随着时代的发展和社会的变迁,"生态"一词的含义也日益丰富,人们常常用"生态"来定义许多美好的事物,如健康的、美的、和谐的等亦可冠以"生态"进行修饰和形容。这种多元的含义和认知,也正是自然"生态"所体现的"多样性"和"平衡性"的完美诠释。

（2）生态语文

"生态"一词原本是生物学的概念，有学者将语文的教与学也看作是一个生态系统，教师、学生、课本、听、说、读、写等都是这一生态系统中的生态因子，各因子相互作用，共同促进语文学习者语文综合素养的提高，他们将这种语文教学称之为生态语文。也有学者指出：生态语文是指用教育生态学的理论和思想去研究语文教学和实践，探讨和追寻语文教学的本质规律和语文教学对于个体生命意义的影响。[①] 也有学者指出：生态语文一方面指要注重系统观、生态观，促使课堂与自然、社会的关系发生转变，强化关联，避免割裂，注重学生的实践与体验；另一方面，生态语文要促使教学生态发生改变，通过转移教师或者学生的行为来平衡课堂群体生态，避免"花盆效应"，建设和谐的语文教学生态，简言之就是生态语文是自然、和谐、开放、创新的一种语文学习过程，即师与生、人与文、情与理、导与放、思与悟等方面平衡、统一、融洽。[②]

我们认为生态语文是指以教育生态学的理论为指导，以促进学生语文素养和综合素质全面发展为目的，尊重学生的情感和需求，遵循他们的成长规律和语文教学规律，努力使语文回归于自然、质朴、本真状态的一种全新的语文教学模式。

（3）生态作文

有关生态作文的概念目前学术界还没有统一的、标准的阐释和说明，学术界也没有专门的著作来研究生态作文，有关生态作文的论述散见于一些论文或论坛之中。江苏宝应的袁爱国老师在其《新课程理念下生态作文的教学策略》一文中谈到："生态作文"是指在开放的自然环境下，参照生态"平衡""系统"等特性，着眼于学生写作技能的可持续发展，研究该生态系统中学生、教师、文本、生活世界等生态因子的相应效能，让学生作文展现他们的

---

① 赵福楼.论生态语文建设[J].山东教育科研,2001(12):42.

② 徐凌云.叙说生态语文[J].新课程研究,2007(1):38.

生命活力。江苏金坛教研中心陈文老师和金坛朱林中心小学的孔婧老师认为:"生态作文就是让学生通过采撷他们日常生活中的素材,记述他们真实的生活经历或者某种真实的生活状态","表达出真实的情感,让作文成为他们日常生活的一部分,这种生态作文呈现多样性、深刻性、个性化、生活化的特点"。浙江永康市人民小学沈慧静老师在其论文《采集生活资源,巧扣柴扉总会开——原生态作文题材选择策略初探》中指出:"生态作文就是指倡导学生真诚地坦露心迹,热忱地拥抱生命,探究以自然真实生活世界作为写作对象,生命活动是作文的不竭源泉,写真实的生活和话语,展现生命的自然轨迹。"

著名语文教育研究专家刘国正曾指出:"作文需要生态化生成的过程,这时的作文需要同生活提供的作文原料水乳交融,情由事发,理在事中,情理交融。理、事、情都渗透着学生对生活的体验。因此,环境所提供的生态资源和学生的体验在写作中相辅相成,互利互生,通过生态系统的综合效应实现对学生人格建构和能力形成的影响。"①

我们认为,生态作文的概念至少包括狭义和广义两方面的含义:从狭义上理解,我们可以把生态作文单纯的理解为以"生态"为内容和表达"生态"主旨的作文;从广义上理解,生态作文则是一种以"生态"为理念和符合"生态"思想的作文。针对传统作文教学中的种种"非生态"现象,本书阐述的生态作文主要是指广义上的生态作文,即以"生态"为理念和符合"生态"思想的作文。何种作文属于符合生态理念和思想的作文呢? 笔者认为生态理念至少包含两方面的基本理念:一是纯天然;二是可持续发展的。综上所述,我们可以基本厘清生态作文的概念:生态作文是指作为写作主体的学生在和谐、开放、自由的写作生态下,用充满个性化的语言,真实地、自觉地、自主地、自发地、自然地书写、表达自己的生活体验和生命感悟的纯天然作文。相应的,生态作文教学是指教师在教学过程中积极汲取生态智慧,以学生为本,减少对学生的束缚,让他们自由地回归到自我真实的生活中,书写和表

---

① 曹明海,潘庆玉.语文教育思想论[M].青岛:中国海洋大学出版社,2002:165.

达自己的生命体悟和生活感受,从而培养和建构学生的生态观的一种教学模式。

2. 生态作文的类型

我们在前文谈到对于生态作文的理解至少应该包括广义和狭义两个方面的内涵,从狭义上理解,我们可以把生态作文单纯的理解为以"生态"为内容和表达"生态"主旨的作文;从广义上理解,生态作文则是一种以"生态"为理念和符合"生态"思想的作文,据此理解,我们就可以将生态作文分成两种类型。

(1)以"生态"为内容和表达"生态"主旨的作文

这类作文主要是针对当前日益严重的生态问题和全球性生态危机而产生的以"生态环保"为内容或主旨的作文。该类作文的写作侧重于写作主体对于生态问题、生态危机、生态保护等方面的看法与感受,写作主体的作文和社会实践活动被赋予了浓重的保护自然生态的气息,作文内容通篇都体现出浓厚的生态环境道德意识,如:热爱自然、节约资源、植绿护绿、抵制污染、保护生态,改善环境,等等。例如《地球生病了》:

> 宇宙中心医院来了一位不速之客,那就是地球。地球满脸忧愁,挂着拐杖,一瘸一拐地进了挂号室。挂号室的医生急忙走上前去,奇怪地问:"地球老哥,50万年前,你还是那么地健壮,现在人类更发达了,你应该更加健康啊!可你现在怎么啦?""唉,一言难尽哪!地球苦笑道:"人类是发达了,可我却一天一天的衰弱了。真痛苦,医生告辞了,我得去检查了。"
>
> 地球首先来到了皮肤科。刚一进门,天王星医生便热情地招呼他。当看到满身伤痕的地球时,天王星目瞪口呆,连忙拿出生命证书:"地球,生于太阳系,周身除海洋外⋯⋯大部分都为绿色。"天王星医生伤心地叹了口气,开始了工作。最后,天王星给地球开了诊断书:地球主诉,周身痛苦,绿色皮肤渐被黄皮肤取代。医生诊断:地球大陆肤色渐渐变为黄色,海洋由蓝色局部变为灰色,有的已经不适宜生物生存。病因:

人类乱砍滥伐;人类科学日益发达,大批工厂不注意保护水资源,向河水、海洋大量排放污水、废渣……

地球接着又来到了眼科,不一会,他便迈着沉重的步子走出来,痛苦地想着刚才彗星医生的话:"……人类大量开办工厂……废气污染……'保护伞'被破坏……地球被蒙上一层近几公里厚的'灰纱'……难怪我现在戴上了厚厚的近视镜——足有三千七百度。"

最后,地球来到了内科,哭丧着脸说:"北斗医生啊,我觉得北纬36度西经52度隐隐作痛,不知是何原因。"北斗医生检查后说:"人类在自相残杀啊,他们在你身上狂轰滥炸。"地球连忙向医生们哀求:"请你们救救我吧!"可医生们却说:"我们谁也救不了你,只有人类才可以救你!"

善良的人类啊,请记住:地球只有一个,保护地球的生态环境吧!珍爱地球吧! 否则,人类将会后悔莫及![1]

(2)以"生态"为理念和符合"生态"教育思想的作文

生态作文的类型除了以生态为内容和表达生态主旨的类型之外,还有一种更为深层的生态作文类型,即以"生态"为理念和符合"生态"思想的作文。我们认为以"生态"为理念和符合"生态"思想的作文不一定是以生态环保等为内容和主题,而是着重于通过绿色自然的语言文字去表达个体的真情实感,这类作文传达的是一种符合"生态"的理念和"生态"的思想的讯号,这种生态理念旨在关注学生个体生命多样性和包括作文能力在内的各项综合能力的可持续发展。就生态写作而言,生态的思想应该包含自然、真情、个性、创新、健康、绿色、极具生命力和生活化等特点。具体而言,以"生态"为理念和符合"生态"思想的作文类型的显著特点还表现在学生写作的自主性、学生习作的自然性、学生个性发展的和谐性、学生作文能力发展的规律

---

① 地球生病了[EB/OL]. (2020-6-28)[2022-4-28]. http://zhidao. baidu. com/link? url＝3yHWmuZhOKta8CTPQZ3chFBvwXlEQEzxQciXPiQG3LOgqwxBTjW ＿ V1W ＿ ZTdotmRhYxZy EIMn5SZVsouzW-CQq.

性以及学生思维发展的创新性等方面。譬如,以或纯真,或自然,或个性,或创新,或积极健康,或贴近生活,或饱含真情等为主题的作文,我们都可以称之为生态作文。综上我们可知:只要是符合纯真自然、个性创新、积极健康、饱含真情实感等理念的作文均属于生态作文。

3. 生态作文的特征

生态作文不同于以往人们所提及的生命作文、文化作文、生活作文等作文模式,它在作文写作和作文教学方面都有着自己独有的特征。

(1)写作主体的自主性

生态作文最重要的特征就是作为写作主体的学生具有充分的自主性。作为教师一方面要充分认识到学生在写作及写作教学活动中的主体地位,另一方面还要努力让学生意识到自己是写作的主体、写作的主人,并让学生在作文活动中掌握写作的自主权。传统的作文活动中,学生习作大多是为了应付家长和老师、应付各类考试和任务,写作的题材和内容也是被提前指定的,学生只有被迫执行之义务,却无自主决定之权利。正是因为教师或者家长在学生作文活动之前给作为写作主体的学生强加了某种规定,才使得学生由写作的主人沦为了写作的奴隶,陷入一种无形的恶性循环之中。

而在生态作文的过程中,不论是写作的选题、文体、结构还是写作的时间、过程和评价,都充分体现了学生的写作主体地位,可以说这种写作的自主性贯穿于学生整个作文活动的始终。如作文评价,传统的作文评价的权利只属于教师一人,而生态作文教学的作文评价则是主张建构包括多元性评价、过程性评价、发展性评价在内的综合评价体系。

生态作文的这种自主性特点不仅有利于提高学生的写作热情,更有利于学生健康人格和正确价值观的培养和建立。"我是写作活动的主人,我要对我的写作和评价等言行负责。"

特别要指出的是,生态作文写作的自主性特点并不意味着教师在作文教学以及学生写作过程中彻底"撒手"不管,而是在作文教学中凸显了教师辅导、指导的作用,由过去的作文活动的命令者转变成了现在的学生作文活动有意义的建设者和合作者。

(2)写作动机的自发性

在传统的作文活动中,学生的写作动机大多是为了应付家长、应付老师、应付考试,带有更多完成任务的成分,写作活动对于学生而言更是苦不堪言,而生态作文活动中,学生的写作动机完全是自发性的,这也是生态作文的重要特征之一。这种自发性体现在学生的写作是为自己而写,为发展而写,为兴趣而写,为需要而写。

"需要"是一切生物、一切行为的共同特征。在心理学家的眼中,"需要"是一切行为的内在驱动力。美国著名心理学家、人本主义心理学代表人物马斯洛曾提出著名的需要层次理论,他认为人的一切行为活动都具有自发性,这种自发性源于人类的内在需要,正是因为这种内在的"需要—满足—更高层次的需要"的驱动,人类才会在自然界中自然有序、从容不迫、永无止境的探索和实践,这种探索和实践实际上也体现出了实践主体——人在动机上的一种自发性。写作活动亦是如此。人类在复杂的社会生产、生活中会产生认识、困惑、喜悦、痛苦等各种体验,需要与自我或者与他人进行交流,当口头语言不能满足人们的表达需求时,人类便会自发地诉诸文字,这便是写作。由此看来,写作的最初的目的和动机只是用书面文字这个载体来表达人们的情感或体验。因此,写作是一种自发的满足需要的行为,而强烈的、自发的表达欲望正是这种需要最基本的动力和动机。

著名作家、教育家叶圣陶先生曾说过:"写作之所以同衣食一样,成为生活中不可缺少的一个项目,原因在于表白内心,与他人相沟通。写文章不是生活上的一种点缀,一种装饰,而就是生活的本身。"①张志公先生也谈道:"为什么写?答案很简单:因为要用。生活里需要书;念书做学问,需要写;做任何工作都需要写;抒发点思想感情影响别人,需要写;搞科学研究,建设物质文明和精神文明,都需要写。所以,只要不是文盲,人人都得有一支

---

① 叶圣陶.叶圣陶语文教育论集[M].北京:教育科学出版社,1980:295.

笔。"①要让学生"为需而写,凸现习作的原生态",让学生认识到"习作是自己生命的重要部分","是人与人交流的需要"。② 这些都决定了生态作文具有写作动机上的自发性。从写作心理的角度来看,生态作文的写作心理和写作动机就是:我想写,我要写。完全是一种自发的行为。

(3)写作理念的自然性

生态作文在写作理念上有自然性的特点,其中自然性就是本能的,顺乎儿童天性的,符合学生身心发展规律和学生写作学习规律的。生态作文教学强调的就是学生作文务必情真意切,率性而出,自然而然,正所谓"清水出芙蓉,天然去雕饰"。然而当前学生作文活动恰恰相反,不是胡编乱套、假话连篇,就是浓墨重彩、刻意雕琢。一些学生情真意切的作文往往却因为所谓的"立意不高,内容单薄,缺乏文采"等"标准"而得不到老师的青睐和认可。蔡成老师一次回乡下拜谒启蒙老师的时候看到一篇小学三年级学生的习作《我的理想》,作文中写道:

> 阿爹还没走(当地人称人死为"走")的时候就告诉我要好好学习天天向上,长大做个科学家;阿妈却要我长大后做个公安(警察的意思),说这样啥都不怕。我不想当科学家,也不想当公安。我的理想是当一只狗,天天夜里守在家门口。因为阿妈胆小,怕鬼。我也怕。听阿妈说,狗不怕鬼,所以我要做一只狗,这样阿妈和我就都不怕了……

这篇作文很短,字歪歪斜斜的,老师没打分,只是在上面打了个大红叉,大概是不合格的意思。从所谓的"作文评分标准"来看这篇"作文"似乎不值一提,但是这篇作文却能够深深打动我们的心灵,这就是生态作文的魅力所在,用纯真、自然、质朴,却饱含真情的语言抒发出作者内心真实的体验与渴望,这正是生态作文所倡导的生态理念——自然性。

---

① 张志公.张志公论语文教学改革[M].南京:江苏教育出版社,1987:176.
② 张祖庆.原生态:作文教学的迷人境界[J].语文教学通讯,2004(28):33.

（4）写作生态的自由性

生态作文的另一个重要特征就是写作生态的自由性。然而在传统的作文教学中，教师往往强行让学生写什么或不能写什么，强迫学生操练记叙文或议论文等各类体裁，这种作文教学"齐步走"或"一刀切"的现象在各级各类学校中都或多或少的存在，这种"非生态"作文教学模式导致的直接后果是学生的作文所表现的题材和内容逐渐狭窄，学生写作自由发挥和发展的空间逐渐缩小，学生的写作个性和积极性得不到充分的发挥，"写作生态"毫无"自由性"可言。与之相反，生态作文写作则强调写作生态的自由性和开放性，提倡教师减少对于学生写作的干预，给学生创设一个轻松、自由、开放的写作生态，鼓励学生充分发挥个性和创造性，同时也拓宽了学生作文的内容以及情感的空间。有研究者甚至指出，生态作文，就是指写作个体（写作者本身）不受命题（或者命题人）、时间、空间等的限制，完全处于一种自由、宽松、开放的环境之中，怀着一种平和、快乐的心境，将自己生活的体验、感受、情感等诉诸文字，自由袒露自己的思想感情的作文。这种对于生态作文的描述从客观上强调了，写作生态的自由性，认为生态作文本身跟自由有着密切的关系，写作生态的自由性就是要尊重写作者本身的个性和创造性，写作生态的这种"自由性"也正契合了写作个体（写作者本身）在自然状态下的生命存在、发展和自由生成的需求。

生态作文既然强调写作生态的自由性，那么不论是写作环境、写作时间，还是写作内容、写作篇幅等都应该是自由的、开放的。具体而言：从写作的环境上看，生态作文的环境应该是轻松、开放、自由的；从写作心理上看，生态作文的心理是"我想写，我要写"；从写作动力上看，学生生活中遇到的人或事，触动了心灵，他们必定有情要抒，有事要叙，有理要论；从写作的内容上看，也是学生自由选择，大至宇宙、人生，小至花鸟、虫鱼，生活中的真善美或是假恶丑都可以作为学生的写作对象；从作文的篇幅上看，生态作文也无限制，有话则长，无话则短；从写作时间看，亦无严格限制，学生自由选择，"写作灵感""写作欲望"来了，就可以动笔了。生态作文写作生态的自由性拓宽了写作主体(学生)的写作空间,同时也给写作主体注入了新的写作思维因子和强烈的写作意识。

(四)生态作文的写作

生态作文教学研究的终极目的是让写作主体(学生)学会写生态作文,笔者认为生态作文的写作必须遵循以下几个原则:以生态理念为指导;以生态材料为内容;以生态思想为主题;以生态语言为载体。

1. 以生态的理念为指导

生态作文的写作应该以生态的理念为指导。这种理念应该包括学生写作的自主性,学生习作的自然性,学生个性发展的和谐性,学生作文能力发展的规律性以及学生思维发展的创新性。

生态作文的写作应该是一种在自主理念下指导的写作行为。学生写作能力的发展、写作水平的提高归根到底还是靠学生亲自动手写作,只有在习作中才能真正理解和领会写作的奥秘,离开了写作自主性的理念,仅靠教师的写作理论知识的传授,对于学生写作能力的发展是于事无补的。

生态写作还应该以学生习作的自然性理念为指导,传统作文要么胡编乱造,假话连篇,要么浓墨重彩,矫揉造作,生态作文的重要理念就是要求学生的作文要达到"清水出芙蓉,天然去雕饰"的要求,首先情感要真实,其次语言要质朴,给人一种真实自然的感觉,而非矫揉造作。

生态作文的写作还应该遵循学生个性发展和谐性的原则和理念。教育的出发点是人,让学生学会生活、学会生存;教育的终极关怀还是人,让每一个生命个体和谐的发展。学生作文能力的发展和作文水平的提高,归根到底还是人的综合能力的发展。因此,生态作文的写作务必要以学生的个性发展和谐性的理念为指导,方能实现其既定的教学目的。

此外,生态作文的写作还应该遵循学生作文能力发展的规律性以及学生思维发展的创新性的理念。万事万物的发展都有其一定的规律性,学生作文能力的发展也不例外,有其既定的规律,因此我们在生态作文的写作中应该遵循学生写作能力发展的规律,顺势而行,以期达到最好的教学效果。学生思维的创新性理念是新课改以来写作教学改革中涌现的一个全新理念,它要求在学生习作过程中,应着重引导和关注学生创新性思维的发展,创新性语言的提高,当然这种创新性还可以表现在学生习作的格式、主题等方面,总之要力求创新,不落俗套。

2. 以生态的材料为内容

作文活动的基本元素就是材料。生态作文的写作应该以生态的材料为内容。古人云:"问渠那得清如许?为有源头活水来",生态材料和内容的选择,首先应该面向生活,因为生活才是写作的源泉,离开了生活,写作就变成了"无本之木,无源之水"。当然除了丰富多彩的生活之外,变幻莫测的自然之美以及源远流长的社会文化之美也是生态作文写作中重要的生态材料和内容,也是学生取之不尽、用之不竭的写作源泉。

自然之美是学生取之不尽的生态素材库,神奇而又神秘的大自然是学生生态写作重要的内容和素材。生态作文写作应尽可能地向自然界开放,甚至与自然融为一体,教师应该尽量创造机会让学生探索自然、感受自然、亲近自然,在确定生态素材、完成生态习作、表达生态理念的同时,培养学生对于自然的热爱及责任。教师可以组织各式各样的亲近自然的活动,如春季踏青、夏日戏水、清秋赏叶、冬日玩雪等,借此让学生领略花鸟鱼虫、山川河流、蓝天碧海、春华秋实等自然之交响曲,通过大自然之美激发孩子们心中的灵感与渴望,点燃创作激情。

著名的语文教育家叶圣陶先生曾说:"生活如泉水,文章如溪水,泉源丰盈亦不枯竭,溪水自然也就流个不停歇。写作文并不是生活的一种点缀,一种装饰,而就是生活本身。"学生丰富多彩的学习生活也是生态写作重要生态材料的来源之一,"我们要记着,作文这件事离不开生活,生活充实到什么程度,才会写出什么样的文字,所以论到根本,除了不间断地向着求充实的道路走去,没有更可靠的预备方法""必须寻找到源头,方有清甘的水喝"。①
生态作文写作的首要任务就是有计划地去丰富学生的生活及其对于生活的
体验,从而从生活的体验中选择自己写作的生态素材,进而写出个性鲜明、
生机盎然的生态作文。

除了自然万物之美和生活之美,生态作文写作的重要的生态写作素材
就是历久弥新、源远流长的传统社会文化。中国的传统文化博大精深、浩如
烟海,这为学生生态作文写作素材的选择提供了广阔的空间。了解文化历
史的渊源,把握传统文化的发展走向,关注其成长、曲折和断裂,欣赏文化波
涛中美丽的浪花、动人的情节,这些都可以是生态作文的重要写作材料。实
际上,生态作文写作的过程,就是传递文化、传承文明、陶冶性情、促进发展
的过程。

3. 以生态的思想为主题

生态作文的写作要以生态思想为主题。狭义上,生态的思想仅仅是指
生态环保主题,广义上的生态思想意义则更为广泛,它是指一种和谐的、可
持续发展的理念。这种理念旨在关注学生个体生命多样性和包括作文能力
在内的各项综合能力的可持续发展。就生态作文而言,生态的思想应该包
含自然、真情、个性、创新、健康、绿色、极具生命力和生活化等特点。

以生态的思想为主题,可以分为两类:一类是以生态环保为主题的生态
作文类型;一类是符合广义"生态"思想的作文类型,如表现童真童趣的纯真
儿童主题作文,反映自然之美的自然主题作文,表现自我张扬个性的个性主
题作文,推陈出新、创意无限的创新主题作文,思想积极、内容健康的健康主
题作文,体验生活、贴近生活的生活化主题作文,语言质朴、饱含真情的真情
作文等均是以生态思想为主题的作文。这两类主题作文我们都可以称之为
生态作文。除此之外,以生态的思想为主题的生态作文还有一些显著的特
点,如学生写作的自主性、学生习作的自然性、学生个性发展的和谐性、学生

---

① 张定远.作文教学论集[M].天津:新蕾出版社,1982:12.

作文能力发展的规律性以及学生思维发展的创新性等。

4. 以生态的语言为载体

生态作文的写作要以生态的理念为指导,以生态的材料为内容,以生态的思想为主题,除此之外,还应该以生态的语言为载体。什么语言为生态的语言呢?现当代著名作家孙犁在《好的语言和坏的语言》中诙谐地将作文语言比作是迎亲接新娘的交通工具,他将"好的语言"比作是最受新娘欢迎的"花轿",将"坏的语言"比作是"拉粪的牛车",我们表达感情书写生活,需要用语言文字将之"送出来","用花轿送出来肯定是好看亦最受新娘的欢迎",但我们不可以一直用拉粪草的牛车接送姑娘,否则送的就不是"姑娘"了,而变成了真正的"粪草"了。

可以说,在一定程度上语言的"好""坏"正是一篇作文的品位和格调高低的标志。学生要学会将自己要讲的故事、要表达的情感用生态的语言表达出来。生态作文是自然的、和谐的、健康的、个性的、吐露真情的文章,生态作文的语言是简洁的、质朴的、生动的、自然的、朴素的,这样的语言和文字亦是最能感染读者的,因为这种"生态"的语言表现出来的是一种深情的、自由的、真实的、质朴的情感本质,远远胜过刻意雕琢的"华丽"文字。生态的语言,针对一篇学生作文来说,指或含蓄隽永,或质朴自然,或具体形象,或简洁明了,或幽默风趣,或理性思辨的语言。这样的"生态"语言具有无可比拟的感召力、吸引力和震撼力,同时也能够打动读者的心。

(五)生态作文的教学

任何实践行动都需要有科学的理论作为指导和实践的依据,当然作文也不例外,生态作文教学也有其理论依据作为实践的指导,除此之外,生态作文教学还有其独特教学理念、教学目标、教学策略、教学方法、教学评价方式、实践意义等。

1. 生态作文教学的理论依据

生态作文教学是指教师在教学过程中积极汲取生态智慧,以学生为本,减少对学生的束缚,让他们回归到自己的真实的生活世界,自由抒发对自然、社会、人生的切身感受,从而培养和建构学生的生态观。它以当代生态学、中国的道家学说以及西方的自然主义教育观为基本理论依据。

(1)当代生态学

生态学是研究生物与环境相互关系的一门科学,它从萌芽到发展经历了一个曲折漫长的过程,直到 1869 年,德国生物学家海克尔(Haeckel)第一次将"研究有机体和环境相互关系的科学"命名为"生态学",才真正建立了生态学这一研究领域。但作为一门新兴学科,生态学一直没有得到学术领域应有的重视,而只是把它当作生物学的一个分支。直到 20 世纪中叶以后,由于人类对大自然的过分掠夺,加之工业化造成的大范围生态破坏,导致了世界性的五大社会问题:人口激增、能源短缺、资源破坏、粮食不足、环境污染,使得人类开始处于危险之中,这时生态学才得到了人们的广泛重视。生态学在广泛吸收了当代科学成就的基础上得到了长足的发展,与此同时,以人类的"生态实践"为纽带,当代生态学对于当代教育科学的整体布局和发展方向产生了非常重大的影响,甚至出现了包括教育科学在内的当代科学发展的生态化方向,这种生态化的"意义"包含两个方面:一方面是生态学与其他学科的交叉融合,而产生了一系列的交叉学科,如生态经济学、微生物生态学,等等;另一方面,生态学变得越来越宏观、综合,已经成为一种"生态理念",甚至是一种"生态世界观"。教育生态学就是教育学和生态学交叉融合而产生的一门交叉学科,进而又产生了语文教育生态学,这些理论思想和实践都为生态作文教学奠定了良好的理论基础。生态作文教学正是借用的当代生态学的基本理论和思想,结合语文作文教学实践规律而构建的一个全新的语文作文教学模式。

(2)中国的道家学说

以老庄为代表的道家学说是中国古代最主要的思想流派之一。道家以道、无、自然、天性为核心理念,认为天道无为、道法自然,并据此提出了无为而治、以雌守雄、以柔克刚等思想和理论。道家学派对于自然规律有着较为充分的认识,尤其是在汉代,道家对于自然规律已经有了较为系统的了解和研究。道家学说的创始人老子曾说:"物莫能人使之然,亦莫能使之不然,谓之自然。"认为"自然"之本义即为"自然而然""本然",亦指"自然法则",即自然规律。"道法自然"即指"道"只能以"自然"为法则,"道"只能在自然中存在发展,道要效法自然,既然是自然规律就不能人为地干涉、阻止、破坏,而是必须遵循这样的规律,"是故天下之事,不可为也,因其自然而推之。"这些规律都是不可违背的,如果不然,就会招致恶果:"天道不因自然,则不可成也。故万物皆因自然乃成,非自然悉难成。""天地之性,独贵自然,各顺其事,毋敢逆焉。"(《淮南子·时则训》)这体现了我国古代朴素的生态理念,也警示我们做任何事都要遵循客观规律。这实际上就是一种朴素的生态理念,即要减少人为干涉,尊重自然,遵循规律。这也为我们的生态教育和生态作文教学提供了借鉴和依据。道家学说的集大成者庄周是我国思想史上第一个提出"天人合一"生态理念的哲学家,也对"天人合一"思想的研究产生了重要的影响。庄子的"天人合一"思想包含着极为丰富而深刻的生态哲学的内容,也可以说庄子的哲学有着一套较为完整的生态理念。

道家学说主张的"道法自然"的玄旨,并以"自然无为而治"作为行事原则,顺应自然规律,力求"天人合一",这都渗透着朴素的生态教育思想和理念,对中国乃至世界的思想和文化都产生了极大的影响,同时也为我们实施以尊重学生学习和成长规律为基础、倡导学生建立和表达生态理念为目标的生态作文教学提供了重要的理论依据并指明了方向。

(3)西方的自然主义教育观

西方自然主义教育观源于西方传统的自然主义哲学。在西方,"自然"一词源于拉丁文"natura",在拉丁语中,它本来的意义是"天地万物之道"(the course of things,natural character),原意为动物或植物及其他世界面貌自身发展出来的内在特色。古希腊伟大的哲学家亚里士多德认为"自然"最重要的一层含义是"本性"。据此,亚里士多德首次提出了自然主义教育观,即教育必须适应人的发展的原则。他认为合理的教育应该遵循人的自然发展规律,"教育的目的和作用,就如同艺术,就是应该要效法自然,教育只是要根据需要针对自然的不足进行查漏补缺而已"。亚里士多德根据其提出的自然主义教育观和人本来的身心发展规律科学地提出了循序渐进的教育理念。他也成了西方自然主义教育的鼻祖,并对于整个西方自然主义教育的发展起到奠基作用。夸美纽斯(Comenius)在其著作《大教学论》中系统阐述了其教育思想,并提出了"自然适应性原则",这也是夸美纽斯整个教育思想理论的基础,其含义主要有两点:一是教育要适应自然世界及其普遍法则。他利用机械力学原理提出其教育"秩序"(自然规律)原理。他将自然界比作是一架机器,认为世界上的一切(包括教育)都是按照既有秩序运行的。他说:"秩序是将一切事物交给一切人们的教学艺术的主导原则,这应当并且只能以自然的作用作为借鉴。"二是教育应该适应儿童与生俱来的天性,根据他们的天性、年龄和能力教育之。他说:"教师是自然的仆人,不是自然的主人;他们的使命和责任不是培植培养,更不是改变,所以如若发现了某些学习内容与某个学生的天性不符,教师绝不应该强迫学生去学习。""如若没有孩子违背其本人的意志,被迫学习某些科目,就不会发生学生厌恶或者学生智力受到压抑的情形了。"夸美纽斯提出的"自然适应性原则"进一步推动了西方自然主义教育思潮的发展。卢梭(Jean-Jacques Rousseau,1712—1778)是法国伟大的启蒙思想家、哲学家、教育家。他提出了"自然教育"的思想,其著作《爱弥尔》是自然主义教育思想最杰出的代表作,它的成书也标志着西方自然主义思想的正式形成。他认为,自然主义教育必须依据儿童的天性,顺应自然,按照孩子的成长和自然本性的发展而进行教育,他曾指出:"在孩童教育阶段,应该遵循自然的永恒法则,尊重自然赋予他们的本性,考虑他们的年龄和性格特征,听任他们身心的自由发展。"因此,卢梭提出的自然主义教育思想也被后人称之为"新旧教育的分水岭",他也被后人誉为"教育史上的哥白尼"。此外西方自然主义教育的倡导者,还包括裴斯泰洛齐、福禄贝尔、第斯多惠、蒙台梭利、杜威等西方著名的教育家,他们都曾指出:教育要尊重儿童的天性,要顺应自然,归于自然,让孩子自然地、自由地成长和发展。西方自然主义教育的这些理论和思想与生态教育和生态作文教学所主张的减少对学生的干扰和干涉,让孩子自由地、自发地、自然地学习和作文的理念不谋而合,这也为生态作文教学理论和实践研究提供了必要且充分的理论依据。

2. 生态作文教学的理念

正确的理念是实践的先导,在正确的思想理念指导下我们的行为实践才是有意义的。作文教学行为亦是如此,生态作文教学作为一种全新的教学模式,也有其独特的基本理念作为行动先导。

(1)生态化:作文对于生态的诉求

随着现代经济的高速发展,生态环境也日益遭到破坏,在这样的时代背景下,整个社会都在呼唤生态,中国政府也适时地将生态文明建设提升为国家建设,与经济、政治、文化、社会一并成为五大建设主题,生态文明建设的重要基础就是进行生态教育,作文教学作为语文教育的重要内容之一,也表现出对于生态的呼唤与诉求,因为在当今的作文教学中确实普遍存在种种非生态现象。

在应试教育的大背景下,这种非生态现象主要表现在:作文教学已经失去了它应有的本真、自然之状态。教师之作文教学唯各种应试写作技巧、章法、套路、模式是瞻,什么样的文章必须是"凤头、猪肚、豹尾"之结构,什么样的文章必须是"题记当头",什么样的文章必须"引经据典,铺陈渲染",不一而足。这种作文教学造成的直接结果就是学生作文变成一种程式化思维和公共化语言表达。有学生甚至将学到的某些所谓的"作文方法"熟烂于心:一凑、二抄、三套,即凑材料,抄范文、套格式。这种作文"非生态"的教学不仅对学生的写作水平的提高和写作能力的发展没有丝毫帮助,反而将学生"作文"与"做人"割裂开来,将作文"内容"与"形式"对立起来,造成的必然结果就是:扭曲了学生的人格,泯灭了写作个性,学生作文或是千人一面、千篇一律,或是金玉其外,败絮其中。因此,呼唤作文教学生态化,实属当务之急!

我国当代著名语文教育家朱绍禹先生曾说:"真实,是作文的生命,表达真情实感是作文的本意,放着真话不讲讲假话,丢开真事不写写假事,为作文不顾做人,文辞再好,也是不足取的。"生态作文教学倡导学生作文"说真话,抒真情,直抒胸臆,率性自然"。生态作文应该是纯真的、自然的、个性的、创新的、健康的、和谐的、贴近学生生活的、饱含真情实感的、符合学生成长规律和写作学习规律的。生态作文教学倡导将学生"做人"和"作文"结合起来,将作文的"形式"和"内容"联系起来,将作文教学的"当前考量"和"长远发展"贯通起来,从而引导学生意识到作文不仅是为了升学和考试,更是一种认识世界、完善自我、促进生命发展的基点,从而也将生态作文写作变成一种生存发展的习惯和方式。

(2)生命化:作文对于生命的体悟

生态作文教学的重要理念之一就是生命化,它首先体现在教师和学生在作文教学活动中对于生命的体验和感悟。对于生命的体悟,指在生态作文教学过程中,教师从情感态度价值观的角度,引导学生认识生命,呵护生命,感悟生命,体验人生,书写人生,通过作文抒发自己对于生命的感悟,从而丰富自己的精神世界,培养正确的价值观、生命观,健全自己的人格,学会做人,学会做事。

一方面,作为教育工作者,教师在教育教学过程也应该有敬畏生命的意识,敬畏学生的个性生命、言语生命和精神生命。正如现代教育家叶圣陶先生所言:"教育是农业,不是工业。"意思就是教师对学生进行教育应该怀有一颗呵护生命、敬畏生命的心,就像栽培植物那样,让他们自然地、自由的生长,绝不能像工业生产一样,用模具或流水线的方式去铸造机械零件或工业产品。

我们所倡导的生态作文不仅仅是用生态的语言和生态的材料去表达生态的理念,它更是一种生命化教育,它一方面是顺乎个体生命发展规律的教育,一方面又引导学生认识生命,珍爱生命,敬畏生命。作文活动实际上也是一种生命个体表达生命体验和生命感悟的高层次生命活动,在作文教学活动中,教师应该积极引导学生认识生命的价值,反思生命,从而对生命进行感悟。此时的作文教学已经不仅仅局限于作文的范畴,它更是一种涉及人生价值和人生信仰的教育,通过生态作文教学引导学生在作文过程中明白世间万物皆有生命,都是万般美好的,值得我们去感悟、珍惜与呵护。

另一方面,作为教师,我们在教育教学过程中,应该认识到学生是一个独立的生命个体,他们每个人都有着世界上独一无二的思想和个性,对于他们的教育我们也应该时刻有一颗呵护生命、敬畏生命的心。然而我国的作文教育长期以来一直存在着漠视生命的现象。几千年来的科举制,批量复制了数以万计的"孔乙己"和"范进",这种科举应考,八股取士的制度将对于个体"个性生命"的漠视发展到了极致。而如今虽早已废科举、禁八股,但由于大部分学校仍是"以素质教育之名,搞应试教育之实",扼杀和漠视学生个性的情况依然大量存在。

叶澜教授曾指出:"教育要有鲜明的生命性,在一定意义上,教育即生命,在起点上,直面人的生命;在过程中,通过人的生命,遵循生命的本性;在结果上促进生命的成长,追寻生命的意义和价值,提高生命的质量。直面生命是前提,循于生命是保证,达于生命是目的。"①人的生命本应该作为我们教育的立足点和价值归宿,作文教育也不例外,作文教学和作文活动都应始终关注人的生命并致力于人的生命发展。作文教学生命化体现在对于学生个体言语生命和个性生命的尊重、呵护和敬畏,鼓励学生发展个性,自由写作。只有尊重、呵护、敬畏每一个学生个体的个性与主体性才能够唤醒他们的言语生命的潜能,才能使他们始终处于不断"发现""发展"的状态,才不至于使学生无新意或人云亦云。

我们的作文教育应该回归到生命真我的自由表达的自然状态,去陶铸学生正直的言语人格,呵护学生的言语生命。

---

① 叶澜.让课堂焕发生命的活力[J].教育研究,2005(9):2.

（3）生活化：作文对于生活的回归

生态作文的另一个重要理念就是生活化，它主要体现在学生作文对于生活的回归。以马克思主义为代表的文艺理论认为："现实生活才是文学创作的唯一源泉。"据此，毛泽东同志曾对我国文学艺术家提出一条要求："文学作品一定要源于生活，服务于生活。"文学家车尔尼雪夫斯基认为："文章是反映现实生活的，是反映应当如此的生活。"有学者提出："写作是一种创造性的精神劳动，它不是简单地、机械地摹写生活，而是积极地、能动地反映生活。"著名教育家叶圣陶先生也曾说："作文这件事离不开生活，生活充实到什么程度，才会作出什么样的文字，否则就会陷入不切实际的唯技巧论，这对认真习作是有妨碍的。"语文教育家刘国正先生也曾指出："我国的传统作文教学，大多是注意指导学生怎么写，不太注意指导学生向生活去探究写作的源泉。"

实际上，作文的原生状态就是从生活中来，同样也应该回归到生活中去。作文源自人类对于生活表达和交际、交流的需要，作文要表达生动的、多彩的生活、对生活的理解和对于生命的体悟。生态作文教学除了生态化、生命化理念之外，最重要的理念就是生活化——作文要向生活回归，生活才是作文以及作文教学的"源头活水"，也是作文以及作文教学的根本之所在。生态作文教学过程中，教师应该让孩子回归到他们自己的生活世界，自由、自主、自在地表达对于生活的理解以及对于生命的体悟，离开了生活的根本，作文必然立即变成了"无本之木"和"无源之水"。然而传统的作文教学却否定和忽视学生真实的生活经历和感悟，造成的恶果就是学生作文东拼西凑、胡编乱造、矫揉造作、毫无真情，说理抒情显得苍白无力，这样的作文活动会使学生的想象力和创造力逐渐地丧失和磨灭，不得不说这是教育的悲哀。这种传统作文教学只把生活作为一种"模拟"和"模仿"，作文往往只被认为是语言的形式或技巧的训练，对于学生的言语生命是一种损害，甚至是扼杀。

"作文对于生活的回归"，就是要使得作文活动回归到学生的生活世界，让学生用自己的生活的语言自然地、自由地书写和表达生活;要让学生认识到作文并不是为作文而作文,为考试而作文,而是为了生活而作文,为需要而作文,作文是生活的一种方式,是生活的组成部分;要让学生主动关注生活、观察生活、感悟生活,通过写作的形式让学生适应生活、学会生活,不断地提升写作能力、塑造生态人格,这是生态作文教学的重要理念,同时更是生态作文教学的目标和导向。

3. 生态作文教学的目标

教学目标是指教学活动实施的方向和预期取得的学习结果,是一切教学活动的出发点和最终归宿,它既与教育目的、培养目标相联系,又不同于教育目的和培养目标。生态作文教学的目标要达到作文与做人协调发展、作文与生活和谐统一、作文与阅读均衡共赢的愿景。

(1)作文与做人协调发展

苏东坡曾说:"其为人深不愿人知之,其文如其人。"这也是我们常说的"文如其人"一词的出处,"文如其人"说明作文和做人之间天生就有着密不可分的关系。一般而言,通过文章我们确实能够看出一个人的品性。如岳飞的赤胆忠心,文天祥的铮铮铁骨,苏东坡的一腔豪情,在他们个人的诗文中都表现得淋漓尽致。著名教育家陶行知曾说:"千教万教,教人求知;千学万学,学做真人。"学习作文的过程就是学会做人的过程,学会做一个真正的人、高尚的人、纯粹的人,这也是写出真切动人的好文章的重要前提之一。然而让人忧虑的是不少学生作文时"为赋新词强说愁",甚至不惜堆砌文字,编造故事。倘若学生看透了生活,习惯于说谎编故事,麻木了作文与做人的情感,能写出优秀的文章吗?

从新课标提出的目标内容中我们不难看出,其基本导向是把作文教学作为全面育人的手段,作文教学的最根本任务是育人,教学过程就是"育人"的过程。新课标在"实施建议"部分再次强调:"引导学生表达真情实感,不说假话、空话、套话,避免为文造情。对于写作的评价,应关注学生的写作态度和写作水平。"①这些也都说明作文不仅仅是语言和技巧的训练,更是一个学会做人、学会表达真情实感的过程,作文评价也不再是单纯的关注语文作文水平,更重要的是关注学生的情感、态度、价值观的培养。

笔者认为,只要教育者及时抓住目标和机会,正确引导,就一定能够使学生在作文活动过程中接受一次思想与灵魂的教育和洗礼,逐步地净化内心世界,在作文活动中,通过不断地习作训练,他们提高的肯定不仅仅是作文能力,更重要的是做人的品质也得到相应提高。我们的作文教学就是要让学生学会做到和弘扬真善美,学会揭露和鞭挞假恶丑,因此我们应尽我们教育者最大的能力引导学生正确认识事物,辨别是非,让学生敞开心扉,敢于说真话,敢于展示他们的个性,敢于抒发他们的真情实感,从而做到"我手写我心",让每一次习作的过程都成为学生表现自我、求善、求真、求美的过程。

可以说,教师教作文就是教做人。通过长期引导,作文活动也就自然而然的成了学生表达真情实感的自觉行为,成为学生生活和生命发展的一种需要,学生也真正地能够做到"人如其文,文如其人",在学生的作文过程和习作文本中体现出人、文合一。

(2)作文与生活和谐统一

《义务教育语文课程标准》指出:"写作教学应贴近生活实际,让学生易于动笔,乐于表达,应引导学生关注现实、热爱生活、表达真情实感。"②著名语文教育家叶圣陶先生也曾就"作文与生活"关系问题作出评论,他曾指出,生活犹如泉水,作文犹如溪流,泉水丰盈,溪流自然活泼,昼夜不息。所以作文教学应该让学生向生活靠拢。著名教育家陶行知先生的重要教育主张就是:生活即教育,在生活中找教育,为生活而教育,这也为我们的作文教学指明了目标和方向,即作文教学应该追求作文与生活的和谐统一。所谓生活即是作文的源泉,有了丰富的生活经历和生命体验,作文才能够拥有不竭的源泉。

---

① 教育部. 义务教育语文课程标准[S]. 北京:人民教育出版社,2011.
② 教育部. 义务教育语文课程标准[S]. 北京:人民教育出版社,2011.

作文与生活的关系应该是和谐统一的,"问渠那得清如许? 为有源头活水来",只有生活才是作文活动的源泉,丰富多彩的学习和生活是学生写出优秀作文的必要条件,离开了生活,脱离了实际,学生的作文就变成了无源之水,无本之木。鲁迅先生曾说:"要创作,第一须观察生活。"因此,在实际的教学活动中,教师应该注重引导学生关注生活、观察生活,同时可以将课堂作文教学更多的引向课外生活,以此来拓宽学生的视野,培养学生观察生活,思考生活,表达生活的意识,提升他们观察生活,探索自然的能力,这是作文与生活和谐统一的教学目标,同时也是实现这一目标的重要途径。陶行知曾说:"我们真正的指南针只是实际生活。实际生活向我们提供了无穷的问题,要求不断解决,我们朝着实际生活走,大致不至于迷路。"因此,我们的作文教学和作文活动都应与学生的实际生活相结合,引导学生关注生活、观察生活、书写生活、热爱生活,让学生在写作过程中,自由发挥、自由表达,在丰富的生活实践和写作实践中把握和引用写作规律,从而提高学生乐于思考、善于表达的能力,也为达到作文与生活和谐统一的生态教学目标奠定坚实的基础。

(3)作文与阅读均衡共赢

阅读和写作是语文教学中既相互独立又相互统一的两个部分,它们紧密相连,是文学第一要素语言来源的两个方面。生态作文教学的重要教学目标之一就是要达到语文作文与阅读均衡共赢。

中国著名语文教育家叶圣陶先生曾经明确指出:"阅读是吸收,写作是倾吐,倾吐能否合于法度,显然与吸收有着密切的联系。"《义务教育语文课程标准》中指出:"阅读是搜集处理信息、认识世界、发展思维、获得审美体验的重要途径。阅读教学是学生、教师、文本之间的对话过程。"[1]此外新课标也指出"写作是运用语言文字进行表达和交流的重要方式,是认识世界、认识自我、进行创造性表述的过程,写作能力是语文综合素养的体现。"[2]通过

---

① 教育部.义务教育语文课程标准[S].北京:人民教育出版社,2011.
② 教育部.义务教育语文课程标准[S].北京:人民教育出版社,2011.

《义务教育语文课程标准》中对于阅读和写作的定义和描述,我们可以知道,语文阅读和写作有着密切的联系,从阅读教学入手,可以提高学生的写作能力,相反写作能力的提高也有助于培养学生的阅读能力。而生态作文教学追求的就是写作与阅读之间的平衡和共赢。

在生态作文教学活动中,阅读写作互利共赢,阅读能够为写作活动奠定一定的言语基础。阅读过程是一个从外界获取信息的过程,而学生写作则是一个向外界输出信息的过程。叶圣陶曾说:"课文无非是个例子。阅读与写作,吸收与表达,一个是进,从外到内,一个是出,从内到外,当然与吸收有着密切的关系。"由此可见,阅读是写作非常重要的基础。

阅读是写作的基础,写作是阅读的深化。在生态作文教学中,阅读和写作的关系是和谐共赢的,丰富的阅读积累有利于为写作积累大量的素材,写作同时也能促进阅读能力和水平的提高。中国现代伟大的文学家鲁迅先生曾说,他的作品大都是仰仗于自己曾经读过的许多外国名篇作品而获得的灵感,叶圣陶老先生曾说,现在学生写的作文,大都是他以前生活、知识、语言等方面积累的综合体现。因此,无论是文学家还是小学生,一旦失去了生活的实践或阅读的积累,那么他们的文章就变成了无本之木和无源之水。总之,在生态作文教学中,阅读与写作是共同发展、互利共赢的。

在实际语文教学中,我们应该平衡阅读教学和写作教学之间的关系,努力实现阅读与写作之间均衡共赢的教学目标,让学生的写作能力和阅读能力能够相互促进,共同提高。

4. 生态作文的教学策略

影响作文学习的一个核心因素是教学策略的选择。好的教学策略有利于启迪学生智慧,挖掘学生潜能,培养学生创新意识。生态作文教学策略以促进学生的主动发展为根本目的,在提高语言文字的表达能力的同时,关注情感态度与价值观的教育,培养学生的创新精神;使作文教学走进生活,关注自然,重视自身独特的感受和体验,注重发挥学生的想象力和创造力,要求学生能自由地、自然地、自发地表达真情实感。

(1)培育生态的意识

在传统的观念中,培育学生的生态意识仅仅是生物学、环境学工作者的任务,其实不然,在西方发达国家,生态意识教育贯穿于人生教育的各个阶段,渗透于学生基础教育阶段的各个学科,同时生态意识也不单单是一种传统意义上的环境意识、环保意识,而是一种全新的、和谐的、可持续发展的理念,这种可持续发展的理念既包含生态环境的可持续发展,更重要的是它还涵盖学生写作能力、个性发展在内的世上一切事物和谐可持续发展的生态道德观和价值观。简言之,生态意识应该包括生态伦理观、生态发展观和生态道德观(生态良知)。

学校是培养人、教育人的重要场所,在学校中加强学生生态教育,把生态教育贯穿于学生教育的各个环节和阶段,培养学生生态意识,能够使学生树立起正确的生态道德价值观,培养健全的和谐的生态人格。学生作为我国未来发展的中坚力量,其生态意识的培养和增强,有利于我国生态文明建设的有效推进,为我国实现人、经济、社会、环境等各方面的可持续发展奠定坚实的基础。

语文作为一门兼顾培养学生言语能力和价值观的学科,在培养学生生态意识方面具有得天独厚的优势,尤其是作文教学,更是学生书写生态内容,培养生态意识和生态人格,表达生态思想最好的课程。生态意识培养不等同于生态知识的学习和灌输,它不仅包括生态环保理念,还包括生态伦理、生态人格、生态文化、生态文明、生态美学等,当然学生生态意识的培养,不是一蹴而就的事情,短期内很难立竿见影,它需要在长期的学习中渗透,这就需要从小培养学生的生态观。

生态作文教学自身积淀了丰厚的人文底蕴,从而更贴近学生的心灵世界,更关怀人的自由想象、精神体验和情感交流,所以,作文教学是"一种生命方式",从某种意义上说,作文教学实际是在"创造生命"。生态作文教学策略的第一步就是培养生态的意识,培养生态意识,即培养师生的尊重意识,期待意识,赏识意识,激励意识等。

（2）营造生态的环境

所谓"生态的环境"，其核心就是"开放、自主、自然、和谐、发展"，这种环境是诱发学生书写生命体验，唤起写作欲望，调动写作兴趣，使学生自主地、自然地进入写作状态的重要教学氛围。如果用这种"开放、自主、自然、和谐、发展"的"生态环境"的理念来审视我们当前的作文教学活动的话，不难发现，我们的作文教学活动大多是处于封闭的"温室"环境中。学生的作文活动在这样封闭的环境下进行，势必造成学生的作文与沸腾的、鲜活的、丰富的现实生活脱节。这与"开放、自主、自然、和谐、发展"的生态理念背道而驰。生态作文教学的重要策略就是营造生态的环境，给作文活动顺利进行提供一个环境的保证。

教师还应该努力营造和谐、宽松的教学氛围，创造开放、自然的教学环境，构建民主、平等的师生关系，让学生在一种生态的环境中自由地、自主地进行作文活动，表达自己真实的内心世界。教师应该首先学会尊重学生、信任学生、包容学生，构建一种师生平等、生生平等的和谐的人际关系。尊重学生，不仅是一种态度，同时也是一种能力和美德，作为教师，不仅要尊重学生的主体地位，还要遵循学生的内心发展规律。信任、包容学生是一种教学手段，更是一种教学境界。作为教师，我们应该对学生的习作抱以理解、尊重、信任、包容的态度，去鼓励他们，营造一种宽松、和谐的写作环境和教学环境。

在生态的教学环境中，教师与学生是两个平等的生态因子，那么构建和谐的师生关系和生生关系对于构建和谐的写作生态环境显得尤为重要。在生态作文教学中，师生间传统的不平等关系彻底被击碎，教师的权威、垄断地位彻底被瓦解，取而代之的则是一种和谐、民主、平等的师生关系。教师由一个课堂的主宰者变成了学生写作活动的"引导者""开发者""促进者"，教师的"导"与学生的"写"在和谐的写作教学环境下自由地、自然地生长。

在生态作文教学活动中，最重要的生态因子就是学生，作为该生态系统中的生态个体，也是写作活动的主体，每个学生都是极具个性且独一无二的,同时也都有巨大的发展潜力,没有所谓的"优等生",也没有所谓的"后进生"和"边缘生"。学生与学生之间崇尚平等,互相尊重,互相欣赏,人人都演绎着属于自己的生命的精彩,他们之间心灵与心灵相互碰撞,灵魂与灵魂相互交流,生命与生命之间互相对话,呈现出和谐、有序、自然、交互的师生互动、生生互动。

(3)确定生态的内容

生态作文教学的重要教学策略就是要确定生态的写作内容。古人云:"问渠那得清如许?为有源头活水来",要想确定生态的写作内容,首先应该面向生活,因为生活才是写作的源泉,离开了生活,写作就变成了"无本之木,无源之水"。教材是学生认识生活、了解生活的一个捷径,是学生生态写作重要素材来源,同时也是教师作文教学过程中重要的生态内容,教师应该在作文教学中让学生有话可说、有事可写、有感可发,让孩子们通过书写生态的内容,抒发心中的真情实感,反映孩子们的童真童趣,教师作文教学中,确定生态的内容应该向书本开放,有计划、有目的的带领学生亲近书本,深入书本,为孩子们提供一个广阔天地,帮助他们寻找并积累丰富的生态写作素材,从而进一步激发学生观察生活、亲近生活的热情,帮助学生多方面、多维度地观察、体验生活,从而确定丰富的生态写作内容和素材。除此之外,自然之美、生活之道、社会文化之流也是生态作文教学中重要的生态写作内容。

"客观的自然景物是学生最感瑰丽神奇的生活背景。诸如山石草木、花卉虫鱼、四季变化、星移斗转等,这些绚丽多彩的大千世界,应该是学生观察的重点和范围。"[①]自然之美是学生取之不尽的生态素材库,是学生生态写作和教师生态作文教学中重要的生态内容和素材。生态作文教学应该尽可能地向自然界开放,甚至与自然融为一体,教师在作文教学中,应该尽量创造机会让学生探索自然、感受自然、亲近自然,在确定生态素材,完成生态习作,表达生态理念的同时,培养学生自身对于自然的热爱及责任。教师可以

---

① 何永康.写作学[M].南京:江苏古籍出版社,2003:435.

组织各式各样的亲近自然的活动,如春季踏青、夏日戏水、清秋赏叶、冬日玩雪等,借此让学生领略花鸟鱼虫、山川河流、蓝天碧海、春华秋实等自然之交响曲,通过大自然之美激发孩子们心中的灵感与渴望,点燃创作激情。

晓喻生活之道也是教师确定生态写作内容的重要途径,生活是丰富多彩的,著名语文教育家叶圣陶先生曾说:"生活如泉水,文章如溪水,泉源丰盈亦不枯竭,溪水自然也就流个不停歇。写文章并非生活的一种点缀,一种装饰,而就是生活本身。作文这件事是离不开生活的,生活充实到什么程度,方成什么文字。把生活与作文结合起来,让习作成为生活的一部分,是一种发展,更是一种享受。"①叶圣陶一语道出了生活之道与作文教学之道的密切关系,强调了生活在生态作文教学中的重要作用,这与以往传统作文教学中教师教学与学生习作严重脱离生活实际迥然不同,生态作文教学使得传统应试作文教学的"一潭死水"变成了"源头活水"。

社会文化之流也是生态作文教学中的重要的生态写作内容。实际上包括作文教学在内的语文教育的过程是一个"以文化人"的过程,是传递文化、传承文明、陶冶性情、促进个体生命发展的过程。教师在作文教学过程中,应该为学生创建丰富多彩的社会文化生活,并将之转化为学生生态作文写作的重要生态素材和内容。教师应注重引导学生走进本土文化、社会文化、传统文化,并指导学生进行综合实践,丰富校园文化生活,开展读书交流会、举行辩论赛、演讲比赛等,让社会文化之流成为学生生态写作和教师生态作文教学的重要生态内容和素材。对于学生而言,课堂是学生习作的主要阵地,课堂的活动天地很小,他们的见闻和情感体验也很有限,因此教师在作文教学中,要着重营造一个开放的作文教学生态,建立起学生作文习作、教师作文教学与自然、社会、文化之间立体式的广泛互动与联系,从而打破"两耳不闻窗外事"的封闭的应试教学模式,引导学生关注社会、关注传统文化、关注生活细节,做到"家事、国事、天下事,事事关心",从而使学生习作变得丰富而充盈。

---

① 叶圣陶.叶圣陶语文教育论集[M].北京:教育科学出版社,1980:458.

（4）选择生态的方法

生态作文教学中最关键的教学策略就是选择生态的教学方法。传统作文教学中,教学方法杂乱无章,陈旧刻板,严重影响和束缚了学生的创造力和言语表达能力的发展。学生是活生生的、独一无二的个体,他们有着自己独特的生活经历、情感体验和表达需求,所以我们对于作文教学方法的选择应该基于对学生充分的了解和研究,符合生态和科学的要求,符合学生的身心发展规律,符合学生的作文学习规律。

①活用"耐受性定律和最适度原则",作文教学因材施教。耐受性定律也称"谢尔福德耐受性定律",是 1913 年由美国生态学家谢尔福德(Shelford)提出的。"生物对其生存环境的适应有一个生态学最小量和最大量的界限,生物只有处于这两个限度范围之间才能生存,这个最小到最大的限度称为生物的耐受性范围。生物对环境的适应存在耐性限度的法则称为耐受性定律。"①每一种生物都存在耐度的"低限"和"高限",在"高限"和"低限"的范围之内就是最适度,也被称为"最适度原则"。"耐受性定律和最适度原则"也是教育生态学中的基本原理之一,我们通常所说的"尽力而为,量力而行"就符合"耐受性定律和最适度原则",我们的教育不能"放任自流",当然也不能"揠苗助长",关键是要了解学情,了解学生的"耐度",用"最适度原则"选择最适合的教学方法进行教学,从而取得最佳的教学效果,这与中国古代孔子提出的"因材施教"的教学方法在本质上是一样的。

②善用"鲇鱼效应",激发学生的写作兴趣。鲇鱼效应实际上是刺激效应,一种负激励,是激活课堂氛围的重要手段之一,它是指采取一种手段或措施,刺激环境或氛围活跃起来,激发个体的兴趣和参与意识,从而取得预期效果的一种方式。所谓"流水不腐,户枢不蠹",从生态学角度看,某种生物长期处于静止状态,它就会失去生机和活力,甚至丧失斗志和基本的生存

---

① 科普中国网.谢尔福德耐性定律[EB/OL].(2022-6-29)[2023-05-09].http://baike.baidu.com/link? url＝MT3Iu0kA028J1GXiq7ZPzaqP9jrmPk9vP6JnYaHalIjvEu71H8NTrtcYeoVvPlFxvxkirbPMNAFAeNBoiKqIUK.

能力。课堂教学也是一种生态,客观上说,长期处于一种一成不变的环境之中,师生双方的思维都或多或少会变得僵化,特别是作文教学,往往是"一言堂",首先教师讲解写作技巧、方法、套路,布置写作任务,然后学生开始写作,课堂氛围比较沉闷,在这样的生态环境下,急需一种刺激,那就是"鲇鱼",这样可以使课堂作文教学恢复生机和活力。如在话题作文和命题作文的教学过程中,教师还可以以新颖的作文话题或题目作为"鲇鱼",激发学生的写作兴趣和欲望。比如学生学习了《愚公移山》,教师可以命题"愚公移山续""愚公移山传奇""新愚公移山"等,题目新颖见奇,充分激发了学生的探索意识和写作热情,让学生热烈探讨,自由想象,从而可以一改作文课堂犹如死水的现象。

③巧用"限制因子定律"合理安排作文训练。"限制因子定律"是生态学中的重要理论,生态意义上的"限制因子"是指"达到或者超过生物耐受限度的因子"。[①] 它最早是由尤斯图斯·冯·李比希(Justusvon Liebig)于1840年研究各种化学元素对于植物的影响时发现的。他发现农作物的产量通常不受其所需的营养元素的限制,反而受到那些微量化学元素的限制,这告诉我们,生物界中任何生物都有其限制自身发展的因子,这样才使得自然界中各种生物都有其固定的形态,自然状态下生物很难摆脱自身的限制因子,人类认识了这一规律后,研究出某些植物的限制因子,利用技术手段,让这些植物突破自身限制因子的限制,从而满足人类的需要,转基因技术就是其中一例。随着教育生态学研究的发展,限制因子定律已经发展到精神因素的层面了。正如吴鼎福教授所说:"在教育的生态环境下,几乎所有的生态因子都可能成为限制因子。"[②]传统的作文教学效果不佳,重要原因就是违背了"限制因子定律",例如,作文教学需不需要训练,答案是肯定的,但是训练是越多越好吗?美国加利福尼亚大学的斯蒂芬教授在他的作文教学著作《作文研究理论与应用》中指出:"增加作文训练次数只对低年级学生作文能

---

① 吴鼎福,诸文蔚.教育生态学[M].南京:江苏教育出版社,2000:158.
② 吴鼎福,诸文蔚.教育生态学[M].南京:江苏教育出版社,2000:159.

力的发展有益，但对高年级学生作文水平的提高帮助不大。"这对于我们作文教学的启发很大，我们应该在学生的作文训练中找到那些限制学生作文水平提高的因子，从而可以进行有针对性的合理的训练。总之，教师应该针对不同阶段的学情进行有目的、有计划的安排和推进，方法也应该恰当多样，否则生态因子也可能演变成"限制因子"，相反，如果训练得当，"限制性因子"则会转变为起促进作用的"有利因子"。

(5)使用生态的评价

长期以来，在应试教育的思想影响下，我们的作文评价是见"文"不见"人"，只重视短期的应试效益，而忽视学生的长远发展。生态作文教学中的重要教学策略就是使用生态的评价体系，这是一种全新的评价体系，它要求一切评价都要以学生为本，要充分尊重学生的创造性、差异性、独特性以及发展的不平衡性，教师要尊重、信任、包容每一个学生，要相信每一个学生都能够写好作文。生态作文教学评价首先是讲究多元性评价，如教师评价、学生自我评价、生生互评、家长评价、网络多元评价，等等。其次是重视过程性评价，如在观察、阅读、积累等写作准备活动的过程中进行评价，对学生观察过程的评价；对学生修改作文活动进行评价等。再次注重发展性评价，如评价用语等注重人性化；评价功能注重激励性、导向性；评价内容注重全面性等。

生态作文的教学评价系统是生态作文教学系统中重要的子系统之一。生态作文评价是检验生态作文教学情况的重要手段，它具有很强的导向、调控、激励及反馈的功能。然而长期以来，在应试教育背景和应试教育思想的影响下，我们的作文评价呈现出功利化倾向，作文评价可谓是"见文不见人"，仅重视短期应试效益和成果，完全忽视学生能力和素质的长远发展。此外，传统作文教学评价的误区和弊端还表现在：作文评价主体单一化、作文评价的方式程式化、作文评价相应边缘化等诸多方面。

生态作文教学评价体系的建立要求教师要革新传统落后的评价理念，真正地以学生为本，尊重学生的个性、创造性和差异性，重视和提倡多元性、过程性和发展性评价方法,进而提高作文教学评价的有效性。

我们提倡多元性评价、过程性评价和发展性评价等多种生态作文评价方式。

(六)生态作文教学的意义

生态作文教学要求教师在教学中汲取生态智慧,以学生为本,减少对学生的束缚,让学生回归真实生活世界,自由地抒发和表达情感,从而培养生态意识和生态人格,这不仅有利于激发学生的作文学习兴趣,培养学生的生态意识和生态人格,培养学生的写作能力,提高学生的写作水平,促进学生全面发展,同时也有利于构建新的写作教学模式,进一步丰富写作教学理论,发挥教师专业特长,促进教师专业素养的提升与发展。

1. 有利于激发学生的写作兴趣,强化学生的生态意识

20 世纪最伟大的科学家爱因斯坦曾说过:"兴趣是最好的老师。"即当我们一旦对某事物产生了浓厚兴趣,就会主动地去求知、探索、实践,并在整个活动过程中产生快乐的体验。传统作文教学之所以举步维艰,效率低下,就是因为学生缺乏兴趣,甚至对作文产生了厌恶情绪。与传统作文教学不同,生态作文教学倡导让学生在生态的教学环境下自然地、自主地、自觉地进行作文活动,使作文成为学生书写生活体验、抒发生命感悟、张扬自身个性的一种独特方式,使作文活动成为他们日常生活的重要组成部分,这就大大地激发了学生的写作兴趣,从而促使学生由排斥、讨厌写作文变成喜欢写作文、主动写作文。学生进行习作也不再是为了应付家长、老师、作业和考试,而是为了需要主动写。生态作文以及生态作文教学的指导思想和理论依据是生态思想理念和教育生态学原理,倡导学生书写生态内容,抒发生态理念,这有利于培养学生的生态意识,塑造生态人格,这对于整个社会以及学生个人的长远发展大有裨益。

2. 有利于培养写作能力,提高写作水平,促进全面发展

生态作文教学的重要意义之一就是有利于学生培养写作能力,提高写

作水平,促进全面发展。在传统作文教学中,教师对于学生习作有着过多的约束和限制,从而使学生习作的主题、内容和结构都被锁定,甚至是语言和思维都形成了程式化的模式,这在客观上制约了作为写作主体的学生在语言、思维等能力上的生成与发展。与传统作文教学不同,生态作文教学反对过多干涉和约束学生,主张让儿童回归生活世界,用自己独特的、熟悉的、擅长的言语和思维方式去表达生活、抒发情感,这有利于学生提高写作水平,培养写作能力,挖掘写作潜能。生态作文教学,让学生放开去写,充分激发了学生对于语文作文的热爱,从而促进学生写作能力和写作水平不断提高,这也有助于学生言语表达能力、思维创新能力的生成与发展。通过生态作文教学,学生学会了用自己最熟悉的个性化语言和思维去抒发和表达自我最真实的情感,从而使得学生将习作逐渐变成一种习惯、一种生活,这种写作习惯的养成,不但有助于激发学生最大的写作潜能,同时还有利于促进学生包括写作能力、言语能力、思维能力在内的综合能力全面、和谐、可持续发展。

3. 有利于构建写作的教学模式,丰富写作教学理论

长期以来,受应试作文教育的影响,学生的作文活动基本处于被动的、程式化的状态,学生和教师对于作文的印象和态度都源于考试,可以说教师教作文,学生写作文都仅仅是为了一个目标,应付考试,而非为了需要,为了生活,为了发展,为了提高。学生对于写作活动缺乏主动意识,甚至厌恶写作,这与新课标的理念和要求背道而驰。生态作文教学与传统应试作文不同,它倡导减少对学生作文活动的干预和限制,让学生回归他们自己的生活世界,在一个生态的、和谐的环境下,选择自己熟悉的、喜欢的、擅长的方式,自由地、自主地、自发的抒发自己的生活体验和生命感悟,这有利于学生能够建立全新的、个性的自我写作模式,同时也有利于教师在教学过程中建构一个全新的写作教学模式,继而通过理论研究和实践探索,建构和丰富写作理论。随着传统的应试作文教学模式越来越受到人们的诟病和批判,寻找和建构全新的作文教学模式已经迫在眉睫。新一轮的课程教学改革以来,

针对传统应试作文的种种弊端,快乐作文教学、文化作文教学等作文教学模式已经运用于语文课堂上。生态作文教学主张通过营造生态环境、培养生态意识、确定生态内容、选择生态方法、使用生态评价等教学策略,达到作文与做人、作文与生活、作文与阅读等和谐统一发展的生态作文教学目标,从而构建一个全新的写作教学模式,丰富现代写作教学理论。

4. 有利于发挥教师专长,促进教师专业素养提升与发展

生态作文教学另一重要意义是有利于发挥教师专长,促进教师专业素养的提升与发展。生态作文教学是自然的、开放的、自主的,这种自然、开放和自主不仅是对作为写作主体的学生个体而言的,而是针对包括教师在内的写作教学生态环境中的每一个生态因子而言的。学生在该生态环境下可以自由、自主、自然地进行作文活动,教师同样也有很强的自主性,教师可以依照自己的优势专长,选择适合自己的教学方法和策略,开展教学活动。学生自由写作并非意味着教师可以撒手不管了,而是对教师提出了新的要求和挑战;如何营造生态环境、选择生态内容、运用生态方法、使用生态评价,进而实施有效的生态作文教学策略和手段,培养和提高学生的写作能力。因此生态作文教学也从根本上成为教师发挥特长,促进自身专业发展的一个强劲动力,教师一方面要进行有效的生态作文教学,另一方面还要进行作文理论探索和研究,从而不断地促进自身专业素养的提升和发展。

第六章 "三生作文"教学模式的建构策略

"三生作文"教学是一种生态化的作文教学方式,它注重学生个体的生命成长,关注学生的现实生活,以生活为写作的出发点和归宿,构建了一个健康、绿色的作文生态系统。下面将从生活、生命、生态几个方面来探讨"三生作文"教学模式的建构策略。

一、情境与想象:基于生活,超越生活

作文源于生活,要有现实的依据;作文也要超越生活,要有想象的翅膀。爱因斯坦说过:"想象力比知识更重要,因为知识是有限的,而想象力概括着世界上的一切,推动着进步,并且是知识进化的源泉。"①写作更是需要想象,创造各类情境,把人带到更为广阔的空间。

(一)不同时空生活的想象

人是有感觉的动物,对时空的感知能力也是先天的。时空自身是没有任何感情色彩的一个抽象的存在,只是随着主客体意识的形成而呈现出变化的、有感情色彩的世界,被赋予情绪化,即所谓的"时空情绪"。但是在现

---

① 彭小明,刘亭玉.写作教学模式论[M].杭州:浙江大学出版社,2015:129.

代社会中,由于生活节奏的加快和信息时代的机械化,人们越来越忽视对生活的体验,也在慢慢淡化与时空的最初联系。因此,在"三生作文"中,借助想象,让个体回归生活并超越生活,建立与时空的想象联系。

①"这一瞬间,我的心中一片湿润。从花叶间望出去,天空蓝得像童话,阳光穿过繁花,在每个人身上投下斑驳的光影。"①

②"时光一天天地流走,篱下那些菊花的花蕾却探出嫩绿的头,有些还鼓胀开来,咧开惊喜的小嘴。母亲注视着菊花,眼中的笑意越发深了。"②

这两个句子都是典型的情景交融的句子,作者借助生活中常见景物的描写来表现时空,并赋予主观的情绪体验,建立了与不同时空的想象联系,保持了原初的感性特点。前一句先情后景,后一句先景后情,不管哪一种,都是个体与时空的想象联系,对事件发生时空的描绘。

(二)不同感官生活的想象

在日常生活中,我们的视觉体验是最直接的,因此投射到作文中,也总是倾向于视觉方面的描写。再者,传统的作文教学总是一再强调"观察"二字,学生自然而然会把视觉体验的描写放在主导地位。这样的写作是单薄的,难以充分表达作者的情感体验。另外,有些事物在现实生活中的体验是有限的,比如鸟语只能是听觉,花香只能是嗅觉。其实,我们的感官很丰富,在"三生作文"教学中,提倡引导学生充分调动各个感官,多角度感知事物,并且借助想象打破感官与体验对象之间的固定联系,让它与其他事物相联系,从而获得全新的体验。

①"层层的叶子中间,零星地点缀着些白花,有袅娜地开着的,有羞涩地打着朵儿的;正如一粒粒的明珠,又如碧天里的星星,又如刚出浴

---

① 张兴东.记叙文阅读系统训练[M].北京:中国经济出版社,2010:49.
② 张兴东.记叙文阅读系统训练[M].北京:中国经济出版社,2010:31.

的美人。微风过处,送来缕缕清香,仿佛远处高楼上渺茫的歌声似的。这时候叶子与花也有一丝的颤动,像闪电般,霎时传过荷塘的那边去了。叶子本是肩并肩密密地挨着,这便宛然有了一道凝碧的波痕。叶子底下是脉脉的流水,遮住了,不能见一些颜色;而叶子却更见风致了。"①

②"当我走进菊花园中,不禁眼花缭乱,目不暇接。瞧!菊花有红的、白的、黄的、紫的,还有白里透红的、白里掺黄的……色彩各异,五彩缤纷。菊花的姿态更美——有的彬彬有礼,有的盛气凌人,有的羞羞答答,有的昂首怒放,有的倒挂枝头,有的一枝独秀,有的千朵成群,有的孤芳自赏……真是千姿百态呵!"②

朱自清先生在描写荷塘的月色时,调动了视觉、嗅觉、听觉等多感官的体验,借助想象把生活中常见的荷花荷叶描绘的活色生香。而文字②的小作者虽然也把菊花写得十分地优美,但是仅限于视觉的描写,未能多感官的描绘,因此显得十分单调。

③"江南风暖瓦生烟。炎夏的阳光,火一般普照,屋瓦之间,思思然,飘飘然,升腾一缕青烟。如烟如梦,亦似花。烟,其实是光影的折射,却给瓦平添动感。日影飘然,烟瓦舞动,那是瓦在跳一支奇妙的日光舞。"③

这段文字,是在描绘瓦生烟的情景。在日常的思维方式中,瓦是不会跳舞的,但是,在"三生作文"中,个体能借助情感和想象的共同作用,打破日常思维的局限性,在回归生活场景的过程中超越生活,克服感官与对象的固定联系,让我们在想象中看到瓦的舞蹈,并以此来表达我们的某种情绪感受。

---

① 丁帆.语文必修二[M].南京:江苏凤凰教育出版社,2014:77.
② 宋一璋.新概念阅读与作文三年级[M].兰州:甘肃少年儿童出版社,2014:51.
③ 张兴东.记叙文阅读系统训练[M].北京:中国经济出版社,2010:91.

(三)不同情感生活的想象

很多优秀的文学作品,都是认知体验、情感体验和审美体验的有机统一体,缺少一者,作品就少了些许滋味。作者通过生动形象的描写来表达日常生活中的情感体验,通过一种语言形式来营造一种抒情氛围,借此表达某种认知体验。但是在实际的作文教学中,很多老师抱怨学生的作文总是流水账一般,索然无味,文字太过苍白无力。这种苍白无力感是当前学生作文的通病,归根到底就是写作时情感与内容的分离,不能把情感体验与认知体验统一起来,仅有不厌其烦的细节描写而没有情感的注入,这样的文章自然读来索然无味。"三生作文"强调情感与内容的想象联系,克服日常直觉的迟钝性。

①"终于有一天,母亲对我说:'替我拍张照吧。'我默默地拿起相机陪母亲走了出去。在秋天的阳光下,那些菊花明亮而安详,细长蜷曲的花瓣里涌动着一个个金黄的漩涡。母亲站在花前仿佛受到感染,浅浅的微笑先是在唇边,而后,眉角、眼梢都有了笑意,那些漩涡仿佛在母亲的心头旋转,将她这些日子来的忧伤、痛楚都带走了。我赶紧按下快门,留住了这永恒的瞬间。以后的日子里,母亲常常捧着这张照片端详,脸上也有了舒展的笑容。"①

②"母亲不仅有一颗善良的、纯朴的心,而且还有一双勤劳、能干的手。母亲的手不像'贵妇人'的手那样白净、柔嫩、富有光泽。母亲的手是黝黑、粗糙、干枯的。深深的裂纹,像晒干了的泥巴。她为了儿女,几十年如一日地操劳着。她的手从没有得到什么'护肤霜'的滋润。正是这种锻炼,才使她的手无论对什么棘手的东西都敢碰拿,从不畏缩。"②

这两段文字写的都是母亲,选择的素材虽然不同,但是都很有感染力。

---

① 张兴东.记叙文阅读系统训练[M].北京:中国经济出版社,2010:31.
② 宋一璋.新概念阅读与作文三年级[M].兰州:甘肃少年儿童出版社,2014:51.

文字①在描述的时候,把自己当下的情感(对母亲的怀念)在景物描写中表现了出来,呈现了一个情景交融的画面,认知体验、情感体验、审美体验三者有机地统一在一起。文字②是小学生的作文,写得非常不错,但是认知是认知,情感是情感,两者没有很好地统一起来。

(四)不同细节生活的想象

传统作文观认为记叙文是对现实生活的艺术再现,但是这里忽略了一个很重要的元素——心灵的参与度,如果个体生命的心灵参与度不够,很容易就出现我们常说的"凉白开""流水账"。因为再好的生活素材也需要细腻的笔调去描述,需要真情实感的投入,否则缺失心灵参与度的作文也是平白直叙的文字,流于形式。据此,"三生作文"追求真性情的心灵文字,讲究笔调的细润,刻画不同细节生活的想象。例如:

> 那天我们吃罢晚饭,妈妈把我和哥哥叫到她面前,端起放在案板上的一只碗说:伸手。我们把手伸了出去。妈妈在我和哥哥的手里放了几片苹果皮,笑盈盈地说:"吃吧,孩子。"我捏起一片苹果皮放到嘴里,慢慢嚼着,立刻,满嘴都是苹果的香、苹果的甜。正在细细品味的时候,哥哥叫了起来:"妈妈,苹果皮是苦的。"苹果皮苦?妈妈有些惊奇地看着哥哥。哥哥把苹果皮递到妈妈面前,妈妈忙捏起一片放到嘴里嚼了嚼,忽然笑了起来,轻轻拍拍哥哥脑门儿说:"你这小鬼头哟。"我也连忙捏起一片苹果皮放到妈妈嘴里。妈妈把我和哥哥搂在怀里,一边嚼,一边高兴地说:"真甜真香啊。"

细节的精巧。恰如其分的细节描写能让情节刻画更具真实性,一般记叙文中突出主题的关键环节都要用到细节描写。细节要尽量典型,富有表现力,能起到以一蕴万、以小见大的作用。细节要真实,真实是艺术的生命。离开了真实的细节描写,就会失去感人的艺术力量。这个片段中细节刻画十分真实细腻,好像将读者的心灵带回了原现场。文段中刻画了三次"捏起"这个动作,能切实让人感觉到那种小心翼翼,表现我们对苹果皮的珍惜,也为下文"我"和哥哥哄妈妈也吃苹果皮的这份善心和孝心埋下伏笔。其实还可以将妈妈看我们吃苹果皮的场景描述出来,妈妈难道不喜欢吃苹果吗?

联想的细巧。记叙文描写的都是生活的原型,其表达的感情比较单调,不妨在真实的细节刻画中加入细巧的联想,虚实结合,情感表达也将更为丰富。如"妈妈忽然笑了起来"后进行联想修辞,有学生说:"像一朵花一样灿烂,深深的皱纹都舒展开了。"这样的联想不是凭空捏造,而是细中见巧的,"深深的皱纹"符合妈妈农村妇女淳朴勤劳的形象,"像一朵花一样灿烂"看见妈妈当时的欣喜之情。当然,除了比喻的联想,还可以恰当地选择夸张、重复、借代,等等。另外,文段的思维空白处我们还可以进行猜想设置,比如我看到哥哥哄妈妈吃苹果后是怎么想的。多角度描述,更容易将读者带入当时的情境之中。

笔调的细腻。记叙文主要用记叙事件来表情达意,如果文笔生硬粗糙,就不能带给读者真实感,同时不流畅的语言也很难承载作者的情思,在达意这方面会大打折扣。上述片段语言质朴,多用短句,形式上流畅自然,运转自如。"笑盈盈地说""慢慢嚼""细细品味""轻轻拍"一系列叠词的修饰将人物的动作演绎得丝丝入扣,若是将其改成普通的概括性的陈述型语句,那么情感的投入、措辞的细腻度、思维的灵活度都会难以鲜活生动地出现。而且文段在结构呼应上也很细腻,前面提到"满嘴都是苹果的香、苹果的甜",中间讲到哥哥说的"苹果皮是苦的",最后母亲说"真甜真香啊",三处照应,凸显主题,行云流水般细腻灵动。

二、人格与精神:唤醒生命,尊重生命

写作风格都是因人而异的,思维方式不一样,言语的表达就会不一样,写出来的文字自然就各具特色。李白豪迈奔放,李清照细腻婉约,杜甫沉郁顿挫,都是主体意识在写作的投射。"三生作文"教学尊重生命个体的每一种写作风格,强调多元思维立意,让每个学生都有话可说,有话敢写,构建自

己的精神大厦。

（一）强调多元思维立意

思维与写作是分不开的，美国作家唐纳德·奎恩说："在整个写作中，写作和思维是同时产生的，写作的过程也就是思维的过程。"①马正平先生在《高等写作学引论》一书中专门论述了写作思维学，他指出："在（思维）创构阶段，主体希望把这种一维或者二维的认识创构成一座三维乃至多维的精神或者物质的'建筑物'……另一方面则是为了建立精神或物质的秩序，表征生命的痕迹，拓展、表达、物化自己的心灵、情感、思维空间，实现个体生命存在的自由和永恒。"②思维是生命存在的表征，投射到写作中，就是个体对现实世界和生命内在的认识和反映。不同生命体的思维是各异的，都需要被尊重。

这里所讲的思维主要是指立意思维。立意就是过去写作学中讲的主题提炼，即经过作者的写作思维对事物进行深化性认识而得出的深刻的主题。③思维立意是一种对事物规律的深刻认识。这种认识可通过写作来表现，则形成了写作思维立意。不同的生命体有着自己独特的思维立意方式，可通过同源式思维立意、剥笋式思维立意和蛋糕式思维立意方式来立意。

1. 同源式思维立意

所谓同源式思维，是指对两个或多个事物之间存在的某种同源的成分的感悟、分析的思维，这种同源的成分在某种程度上而言其源头是相同的，而在这个感悟、分析的过程，就是文章思维立意的过程。

由物推人。从某种客观的事物或景物上看到某种人类行为性质特征，从而引起联想和想象，产生文章的主题和立意，引起想象和联想的这种物质是物和人所折射出的同源性成分，比如陶渊明和菊花，周敦颐和莲花，屈原

---

① 马正平.高等写作学引论[M].北京:中国人民大学出版社,2002:222.
② 马正平.高等写作学引论[M].北京:中国人民大学出版社,2002:226.
③ 马正平.高等写作学引论[M].北京:中国人民大学出版社,2002:240.

和香草。

"篱下的菊花到底输给了时间,次第在枝头萎谢了。当最后一朵美丽也在时光中老去,我惊讶地发现那么多的黄花竟然没有一朵从枝头落下。'宁可枝头抱香死,何曾吹落北风中!'在我们的生命中总有一些东西是需要坚守的,正如母亲对父亲的深情。"[①]作者在菊花身上看到了母亲的影子,菊花和母亲之间是有同源成分存在的,即坚守的那份情。当作者发现这种同源成分时,经过分析和综合,文章的立意便产生了。

由人推己。在他人身上发现与自己相同的某种性质特征,比如性格、思想、价值观,等等,从而进行文章立意。比如"顿时,在一旁搅拌砂浆的我,想起了多年前的那个'仇家',那句'我的父亲在流汗'。今天想来,当时调查不详,他的父亲,大概与我同一职业吧?也只有这类职业,才能刻骨铭心地让小弟,让他早早懂得生活的艰辛,懂得在虚度时光之时,刻刻怀想那位正在天地间无怨无悔,默默流汗的老父亲。"在这篇文章中,"我""仇家"的父亲和小弟的父亲三个人都是同一个职业,正是这份职业,让作者看到了三人身上的同源成分,并进行文章的立意。

2. 剥笋式思维立意

剥笋式思维立意,就是对一个事物的产生、生长、结果等现象进行层层分析,"打破砂锅问到底",一层层剥开,追问事物的本质。这类思维立意在故事情节较强的写作中运用得比较广泛。例如人教版语文教科书收录的俄国作家契诃夫的作品《变色龙》,围绕着到底是谁家的狗这个问题,作者不厌其烦地描写奥楚蔑洛夫的五次态度变化,层层剥开人物的性格特征,一个统治阶级看家狗的丑恶面目形象便跃然眼前。

3. 蛋糕式思维立意

蛋糕式思维立意,是指文章的主题是一个完整的大蛋糕,而表现主题的各个部分则是被切开的一块块小蛋糕。吃蛋糕时需要把蛋糕切成一块块,

---

① 张兴东.记叙文阅读系统训练[M].北京:中国经济出版社,2010:31.

写作文同样也是如此,一个完整的主题是通过不同的内容进行渲染的,这个思维过程即是蛋糕式思维的立意过程。许多议论文就是运用这种思维操作模式来生成文章、作品的立意的。例如林家箴的一篇议论文《说"勤"》,就是采用这种手法写的。全文大致如下:

> 中国有句俗话,叫作"一勤天下无难事"。唐朝大文学家韩愈也曾经说过:"业精于勤。"这就是说,学业方面的精深造诣来源于勤奋好学。
> ……
> 勤出成果。马克思写《资本论》,辛勤劳动,艰苦奋斗了40年,阅读了数量惊人的书籍和刊物其中做过笔记的就有1500种以上……
> 勤出聪慧。传说古希腊有一个叫德摩斯梯尼的演说家,因幼年口吃,登台演讲时,声音浑浊,发音不准,常常被雄辩的对手压倒。可是,他气不馁,心不灰,为克服这个弱点,战胜雄辩的对手,便每天口含石子,面对大海朗诵,坚持五十年如一日。连爬山、跑步时也边运动边练习,终于成为全希腊最有名的演说家……①

整篇议论文紧紧围绕一个"勤"字,开篇便明确提出中心论点"学业方面的精深造诣来源于勤奋好学",这是一个完整的大蛋糕,但是整个一口气吞下难以消化,作者围绕这个中心论点把蛋糕分成好几份,其中一份是"勤出成果"、一份是"勤出聪慧",每一份都是这个蛋糕的组成部分,都在说明"学业方面的精深造诣来源于勤奋好学"这个论点。

4. 原因式思维立意

对导致事物的现象、结果形成的因素的追问叫作原因分析,把这种分析过程作为文章的思维立意,提出观点、主张,让人们把对生活中事物现象的认识转为对本质、规律的认识。当原因式思维立意应用到写议论文时,一般回答"为什么"的问题,也就是这种现象产生的原因;当原因式思维立意应用到写说明文时,一般分析事物的事理;当原因式思维立意应用到写抒情性散

---

① 朱行能.写作思维学[M].北京:人民出版社,2007:250.

文或者叙事性散文时,一般分析人物的命运、性格产生的原因。

例如人教版五年级的课文《鲸》,就是运用原因式思维立意来分析鲸的生活属性。下面是课文《鲸》的节选:

> 鲸生活在海洋里,因为体形像鱼,许多人管它叫鲸鱼。其实它不属于鱼类,而是哺乳动物。在很远的古代,鲸的祖先跟牛羊的祖先一样,都生活在陆地上。后来环境发生了变化,鲸的祖先生活在靠近陆地的浅海里。又经过了很长很长的时间,它们的前肢和尾巴渐渐变成了鳍,后肢完全退化了,整个身子成了鱼的样子,适应了海洋的生活。

> 鲸的种类很多,总的来说可以分为两大类:一类是须鲸,没有牙齿;一类是齿鲸,有锋利的牙齿。

> 鲸的身子这么大,它们吃什么呢?须鲸主要吃虾和小鱼。它们在海洋里游的时候,张着大嘴,把许多小鱼小虾连同海水一齐吸进嘴里,然后闭上嘴,把海水从须板中间滤出来,把小鱼小虾吞进肚子里,有的一顿就可以吃两千多公斤。齿鲸主要吃大鱼和海兽。它们遇到大鱼和海兽,就凶猛地扑上去,用锋利的牙齿撕咬,很快就吃掉了。有一种号称"海中之虎"的虎鲸,常常好几十头结成一群,围住一头三十多吨重的长须鲸,几个小时就能把它吃光。

> 鲸用肺呼吸,这也说明它不属于鱼类。鲸的鼻孔长在脑袋顶上,呼气的时候浮出海面,废气从鼻孔喷出来,形成一股水柱,就像花园里的喷泉一样;它在海面上吸足了气,再潜入水中。每隔一段时间呼吸一次,也就是"喷潮"一次。不同种类的鲸,"喷潮"的水柱也不一样。须鲸的水柱是垂直的,又细又高;齿鲸的水柱是倾斜的,又粗又矮。有经验的渔民根据水柱的形状就可以判断鲸的种类和大小。

5. 矛盾式思维立意

用哲学的观点解释,矛盾的即对立统一。世界上一切事物都具有既对立又统一的两个方面,这两个方面既相互依赖又相互排斥。失去了一方面,另一方面也将不复存在。对于自然界,巨大的食物链维持着整个生态系统的平衡。其中一个链条断裂,其他的链条也将随之断裂,整个生态系统就会面临失衡的危险。这看似矛盾的双方,却是相互联系,互为前提的。写作也是同样的道理,找出写作素材中的对立统一点,你会发现其中的本质,就会有话想说。

笔者在一线教学期间,曾批阅过以《那年,冬季》为题的学生作文,发现大多数同学都习惯性地写"雪花"——"那年,冬季,天空又开始飘起洁白却又纷乱的雪花。伸出手,接住一朵雪花,任它在手中融化,让它的冰凉浸透骨髓。一片一片,一簇一簇,纷纷扬扬地坠至地面。明明身在最高处,亦在刹那直坠低谷;明明是圣洁的代表,亦落与污水同流。抬头,仰望这漫天的白雪,这让人迷失的白雪,飘飞盘旋而融化不见踪影的白雪。"这样的题目对立统一之处比较明显,冬天的确是下雪的季节,可若人人眼中只看到冬天的雪花,那么冬天便会成为一个单调乏味的季节。因此,教师可以引导学生不要依赖于思维定式,而是要发散思维,用对立统一的观点来分析材料——冬天的景色并非只有雪花,它亦有温暖的阳光,含香的梅花,翠绿的松柏,也是五彩缤纷的。"三生作文"倡导矛盾式立意思维,每个人都可以用自己独特的视角去观察冬季,而不是千篇一律,人云亦云。这样才能写出属于自己的作文,这是属于自己的独特的思维痕迹。

（二）提倡自由写作风格

写作,是一个心声外显的过程,通过文字符号来表情达意。作者在地域文化、思想惯性、生活习惯等因素的影响下,会选取不同文字符号的不同组合方式来传达内心的丰富情感,因此不同人的作品会呈现出不一样的风貌。这种区别和作者的写作风格是紧密联系在一起的。

在 20 世纪,由于作品最终是以言语的形式来呈现,因此风格普遍地被认为是"独特的语言形式或修辞特色"。在中国现代史上,亦存在着"鲁迅体""仓央嘉措体"等说法,这也从侧面说明了语体风格的可辨别性。其实,风格的形成和作者独特的心灵空间有着极大的关系,不同的作者表现出不同的写作风格。如屈原少年时受过良好的教育,博闻强识,志向远大。早年受楚怀王信任,任左徒、三闾大夫,兼管内政外交大事,提倡"美政",主张对内举贤任能,修明法度,对外力主联齐抗秦,后却因遭贵族排挤诽谤,被先后流放至汉北和沉湘流域,所以在作品中无论是"路漫漫其修远兮,吾将上下而求索"还是"身既死兮神以灵,子魂魄兮为鬼雄"都呈现他对国家的热爱之情以及内心的无可奈何。再如李清照,她出身于书香门第,从小就衣食无忧,生活富裕,18岁就与赵明诚结为连理,婚后,两个人感情融洽,志趣相投,互相切磋诗词文章,"东篱把酒黄昏后,有暗香盈袖",清丽脱俗的诗句折射出当时美好的幸福生活。好景不长,丈夫离世,李清照经历了国破家亡,生离死别的磨难,词的风格也由清丽淡雅变得沉郁哀痛,写出了"梧桐更兼细雨,到黄昏、点点滴滴。这次第,怎一个愁字了得!"这些诗句都跟作者的心灵背景紧紧相连。

"三生作文"提倡自由的写作风格,反对以"共性"的话语方式压制学生,作文要写什么,该怎么写,都由学生自己决定。学生写出的文章带着自己独有的印记,不管是修辞章法还是平仄声调,都是自己独有的写作方式。例如有关母爱的这个话题,不同的学生写出的作文是独具风格的。

> 在茫茫的人海里,我的母亲是普普通通的农家妇女。当我在繁华的城市里学习,受到嘲笑的时候,就在心里默念着:我是母亲唯一的希望,绝不可以后退。……读着孟郊的《游子吟》,我似乎又飞回了那弥漫着泥土气息的大山脚下,依稀望见母亲伫立的身影,我在内心深处默念着:母亲,你是我一生的感动!我永远爱你、敬你![①]

> 知道吗?妈妈,女儿心中也有一个梦,一个和您年轻时一样辉煌的梦。因为我看到了,岁月虽然磨去了您的青春美貌,可您是您的学生心目中永远的爱神、美神;辛劳虽然夺走了您美妙的歌喉,可您的每一句

---

① 徐昭武.全国中学作文精品走廊[M].南京:江苏教育出版社,2000:45.

话都是女儿心中的金言绝韵。永远忘不了,妈妈,您一个平凡的人,告诉了我一个平凡的道理：爱是无私的奉献。①

我睡不着,不禁想去看看他,于是爬下床,走到了硬座车厢。推开门,一股闷热的气味夹杂着刺人眼鼻的烟味扑面而来。我揉着被烟熏湿的眼睛,挨座儿找去,在最后一排看见了爸爸。只见他垂着头,蜷缩在座位上,身上只盖着他的那件旧大衣。……他站起来,把大衣披到我身上……我的眼睛又湿了,赶紧转身,可泪还是掉了下来……②

上面三段文字都是中学生的作文,主题"爱"是一样的,但可以明显地看出三个人的写作风格是完全不一样的。第①段的作者侧重心理活动的描写,语段中两次出现了"默念",第②段的作者采用了第二人称的叙事视角,直抒胸臆,情感表达强烈,第③段的作者语言比较平淡朴素,颇有朱自清的《背影》的味道,将爱通过细节描绘出来,并且最后的落泪十分动人。

(三)注重人格精神追求

余秋雨对中学生作文提出这样的建议："好文章一定要从我们的生命出发,青春生命是一去不复返的,你要逮住它的诱人魅力,你的苦恼、你的彷徨、你的激动,这些都是非常非常珍贵的,在这点上,你的老师都会羡慕你们,你的评委都会羡慕你们。你们有的时候会去学一种写作方法,语言结构组织方式,但这毕竟不是生命的主干。……生命的状态有时会很混乱,但写作以后,梳理以后,你的生命比以前更漂亮了,更美丽了。要用自己的眼光、用自己的感情、用自己的感受去写作,不要过多地进入文章结构游离状态。"

"三生"写作,不是无病呻吟,不是"为赋新词强说愁",它就是一种精神生产活动。当人对外在的世界产生情感的波动了,内心世界开始不平衡了,于是产生了思想,用一些文字符号缔造精神的大厦,而这个大厦无不彰显着

---

① 徐昭武.全国中学作文精品走廊[M].南京:江苏教育出版社,2000:58.
② 徐昭武.全国中学作文精品走廊[M].南京:江苏教育出版社,2000:57.

作者的人格精神,它就是人的安身立命之所,是精神和灵魂栖居的地方。

"三生"写作,是生命的寓所,彰显着个体生命的本质需求,能让学生从中获得精神层面的关照,写作思维活跃了,个性得到健康发展。"三生"写作是个体生命价值自我实现的选择,是人的精神家园。一篇作文,是学生个体生命整体的成长性、创造性的表现,是以思想修养、生活经历、知识积累和文字技巧四个方面为主的自身素质的综合表现。好的作文,作者就要表达内心真实的感受,对自己的语言文字负责,用作文形式表达自己对自然、社会和人生的感受和思考的需求,写出自己的精神追求。

> 阿爹还没走(当地称人死为'走')的时候,他对我说,你要好好学习天天向上,长大做个科学家;阿妈却要我长大后做个公安(人员),说这样啥都不怕。我不想当科学家,也不想当公安。我的理想是变成一只狗,天天夜里守在家门口。因为阿妈胆小,怕鬼,我也怕。但阿妈说,狗不怕鬼,所以我要做一只狗,这样阿妈和我就都不怕了……

这是一位小学生的作文《我的理想》,他的理想是做一只狗,这在老师看来是荒谬可笑的,理想是多么高尚的词,怎么能是做只狗呢?于是评分是一个大大的红叉。但是,正是这纯真的话语却真实地反映了这位小学生的精神追求,是不可复制的。反观那些典型的例文,写母爱一定会写到妈妈深夜背着高烧的我去医院,写社会和谐就有扶着盲人老奶奶过马路,写理想梦想必写长大后要当科学家等,缺少作者的精神追求。

三、环境与氛围:还原生态,完善生态

"三生作文"倡导生态化的写作环境和氛围,作文教学是轻松愉悦的,师生关系是"从游"自由的,写作主体是自由写作的。整个课堂就像一个完整的生态园地,和谐又可调节,每个学生在课堂中都能生态写作,展现生命个体的生态成长轨迹。

(一)创设生态氛围

戈登·德莱顿在和珍妮特·沃斯曾经在《学习的革命》一书中写道:

> 如果一个孩子生活在批评之中,他就学会了谴责。
>
> 如果一个孩子生活在敌意之中,他就学会了争斗。
>
> 如果一个孩子生活在恐惧之中,他就学会了忧虑。
>
> 如果一个孩子生活在怜悯之中,他就学会了自责。
>
> 如果一个孩子生活在讽刺之中,他就学会了害羞。
>
> 如果一个孩子生活在嫉妒之中,他就学会了嫉妒。
>
> 如果一个孩子生活在耻辱之中,他就学会了负罪感。

由此可见,一个孩子的生命成长和他所在的环境是密切相关的,什么样的环境创造什么样的氛围并给予孩子什么样的影响。因此,在作文教学中要特别注意创设生态化写作环境和培育学生的精神生态。"三生作文"教学的课堂就是一个生态园,教师用自己的知识灌溉学生,给予学生阳光、雨露和各种养分,学生在滋养中茁壮成长,开出绚烂的花朵,师生共同组建了一个充满愉悦气氛的作文生态园。在这个生态园地里,学生尽情抒写自我,释放生命,教师教学不是园丁修剪花草,减去那些与众不同的花苗,而是精心呵护每棵花苗原生态地成长,因此写作氛围轻松并自在。

一个良好的作文教学环境,能帮助创设轻松愉悦的教学氛围,让学生更加愿意参与进来,敞开心扉,畅所欲言。"三生作文"教学提倡作文教学环境生态化,关注学生和环境的交互作用,让学生在原生态的环境中尽情展示自己的个性。例如,在班级教室中粘贴悬挂一些名言警句、海报图画、书法篆刻之类,加强对学生的视觉影响,刺激写作欲望。还有就是座位的摆放位置,传统的课堂学生都是呈矩形落座的,"三生作文"教学课堂更加倡导排座活化,可以根据具体教学的需要,呈圆形、三角形、梯形等形式摆放桌椅。这样就更加能够吸引学生,提高大家的参与度,写作自主性和积极性自然就上来了。

生态系统论认为,任何一个有活力的系统都与外界的环境有物质、能量、信息的交流,开放的系统才能不断发展。反之,只能故步自封,停滞闭塞。因此,教师还要敢于破除"封闭式"的教学模式,把课堂延伸到课外,带领学生走进大自然。杜甫的《望岳》诗中说:"造化钟神秀。"大自然孕育了无数神奇美好的东西,教师可带领学生去欣赏波澜壮阔的大海,绿草茵茵的原野;感受生机盎然春日,落叶飞舞的秋天;倾听夏日暴雨的滂沱,冬日雪花纷纷的清脆。走近大自然的学生,春天的第一声蛙叫,夏天的最后一只振翅的蜻蜓,秋天的葡萄架,冬天的暖阳,无一不触发他们的灵感,撩拨他们的诗情。

除了自然生态环境带给学生以美的感受,社会环境对学生的人格塑造也很重要。学生更要走出校园,立足社会,写实践体验。新课标明确指出,"语文是文化的重要组成部分",学生就是这种文化浸润下的生命存在形式。所以教师可以帮助学生创建丰富多彩的社会文化活动,比如读书交流、关爱敬老院的老人、演讲对抗赛、植树节活动等,学生在这些活动中评名作,议时政,谈得失,析美丑,"家事国事天下事,事事关心",这一切成为学生创作上的"源头活水",让他们在社会中成长,在实践中体验,收获成熟的自我。

(二)重构师生关系

在传统的作文教学中,教师一般都是采取"命题—解析—作文—批改—讲评"这种操作模式,在学生开始写作之前,一定要对命题做一番思路解析。其实这样很大程度上限制了学生的思维,剥夺了学生自主写作的权利,学生是在被动的进行模仿写作,并且写出来的作文相似度也很高。课堂中应该允许学生有自身的原生态思想,鼓励个性化的语言出现,学生才是课堂的主人,自己的作文自己写。另外,大部分的教师特别是小学年段的教师批改学生的作文时,总是"全程代劳",大到中心思想,小到标点符号,每个角落都认真负责地帮学生改过来,然而这样改出来的作文还是学生自己的文章吗?学生的课堂主体地位难以体现,师生关系紧张。

"三生作文"教学重构课堂师生关系,每一位老师都该做到把课堂的话语权还给学生,鼓励学生的原生态写作,呵护学生充满个性特征的"自我话语"。老师不是"知识"的缔造者,不是课堂的主宰者,只是学生学习道路上的引路人,给予学生方向;学生也不是被动的消费者,他们在接收消息的时候会有选择地筛选信息,再根据自己的需要加工重构信息。就像梅贻琦先生在主持西南联大期间发展的"从游式"教学模式,学校就好比是水,师生就是鱼,其行动就像游泳一样,大鱼前导,小鱼尾随,是从游也。在"从游式"教学过程中,师生在相处之时,气息相染,老师用知识去开启学生,用道德去感召学生,用学术去吸引学生,用人格去塑造学生。总而言之,这就是一种情感的融合,是心灵与文化的交流,师生关系自是十分亲密。

尽管老师是课堂的主导者,但也不能过分强化,因为学生才是课堂的主人,否则会导致师生关系生态失衡。魏书生老师在这方面就做得很好,语文教师要向魏书生老师学习,学习他与学生商量的精神。商量就是民主、就是尊重,尊重是心灵沟通的"灵丹妙药",打破了传统教学中教师"真理化身""文化权威"的刻板形象。庄子有言:"鱼相忘于江湖,人相忘于道术。"当老师忘记了自己是老师,学生忘记了自己是学生的时候,教学才真正走进了自然生态的至高境界。

(三)构建生态系统

写作系统也是一个完整的生态系统,由写作主体、写作客体、写作载体、写作受体等因素构成,各因素是紧密联系在一起的。写作主体是指"进入写作状态的人",有自己的人格意识。在写作教学中,尊重学生的主体意识,用自己的心灵书写人生,用我手写我口,展现真实的原生态的自我。基于学生的心灵背景,构建深厚的写作主体。写作受体就是文章的读者和接受者,在整个写作生态系统中占据非常重要的地位。如果没有写作受体的存在,那么写作主体的精神创作的意义是微乎其微的,就像产品的生产没有消费者一样。萨特(法国)指出:"一个人写作只为自己,那不符合实际。只为自己写作是十分糟糕的。……写作活动包含着阅读活动,后者与前者存在着辩证关系。而这两个互相联系的行为需要两种截然不同的代理者。正是由于作者和读者的共同努力,才使那虚虚实实的客体得以显示出来……"①这段话明确指出了写作受体和写作主体间的紧密关系。写作开始和写作的过程当中,自觉地考虑写作受体的需要和接受,这就是写作主体应具有的写作受体意识。写作主体充当着双重角色,一个角色是写作主体,一个角色是写作受体。写作主体不断地进行精神创造,同时又在充当着写作受体不断地欣赏、评价自己的作品,这样,写作主体意识和受体意识二者相通,创造出更优秀的作品。

写作生态系统中各因素都有着自己的生态位,"三生作文"教学以生态视野关注教学过程中的每个生态因子,为了让各因子之间保持动态平衡,要求教学要符合不同生态位的学生身心发展特点,关注学生的原生态生命成长体验,符合作文教学的特点和规律,也要符合写作自身的规律。

（四）渲染生态环境

"渲染"原本是中国画的一种画法,用水墨或淡的色彩涂抹画面,以加强艺术效果。"花开绿丛色益红,月出薄云光更亮",这话形容的就是"渲染"的作用。把这种画法映射到写作中,通过环境、景物或人物的行为、心理众多方面的描写、形容或烘托,以突出艺术形象,加强艺术效果。教会学生渲染技巧,将人和事放在一定的生态环境中叙写,更能让人有环境感和真实感,也能烘托氛围,让人物形象更加饱满。环境的渲染可以是自然环境,也可以是社会环境,但是渲染有度,不可喧宾夺主。

　　例如:秋风呼呼地吹着,父亲靠着桂花树站着。
　　修改:天很阴暗,灰压压一片,四周静得可怕,只有秋风呼呼呼地吹着,卷起一地的落叶。父亲一个人靠着桂花树静静地站着,指尖的烟头

---

　　①　伍蠡甫.现代西方文论选[M].上海:上海译文出版社,1983:193.

　　光亮明明灭灭,一缕白烟飘过父亲满是褶皱的面庞,他扔掉烟蒂,狠狠地搓了搓脸,他想:孩子不能没有书读,把家里的老房子卖掉吧。

　　原句中的秋风很单薄,而改写后的句子将人的生活体验融入并适当地用环境描写渲染了人物的心境和故事情境,将父亲的人物形象很饱满地勾勒了出来,增强了感染力和可读性。

第七章 "三生作文"教学模式的建构意义

"三生作文"教学让学生回归了生活,唤醒了生命,完善了生态,是符合新课标要求的作文教学,是符合学生身心发展规律的作文教学。写作的本质是生命秩序的建立,"三生作文"教学完美地诠释了写作教学的本质,是一种富有生命力的写作教学模式。

一、学生:作文与立人

作文与立人一直是相通的,两者是二合一的。高尔基说:"文学即人生。"我们用文字写生活事,说心里话,"文如其人,言为心声",在写作的过程中就是在建构自身的精神世界。"三生作文"发挥强大的立人功能,促进学生关注生活世界,促进学生提高艺术修养,促进学生精神自觉成长,让个体在内心世界深处充满诗意。

（一）"三生作文"促进学生感悟生活世界

在作文中,我们的学生常常存在着"失语现象",感觉没什么可写的,没有素材。生活世界丰富多彩,怎么会让学生无话可说呢？这就意味着有什么遮蔽了学生写作的灵感,或许是日常生活的程序化,每天起床、洗漱、吃饭、上学、放学、睡觉,活动的场所无非是学校、家、辅导班三点一线,面对每天重复的日常生活,心灵都麻木了,又何来灵感写作。另一方面,人会受已有知识经验的影响,形成固定的认知图式,用惯性思维去看待事情,对日常生活中的一切自然而然发生的事情我们会认为是理所当然的,少有反思和提问,如此,自然难以从生活中发现写作的素材了。

"三生作文"以生活体验为重要的写作内容,在教学中关注学生的直接体验,培养学生对生活的观察力,激发了学生的写作欲望。"三生作文"强调的观察更侧重于思考体悟式的观察,通过自己的所见、所闻、所感来挖掘自己对生活的感悟。这与自然科学的观察有着本质的区别,因为我们并不是用自己的眼睛机械地看着这个世界。即使是很普通的一件小事,也能体悟出新鲜感来。例如一滴水,能看到它的晶莹剔透、洁净无瑕的形态;能感受到它上善若水的品质;能联想到大禹治水三过家门而不入的故事,能回忆起"春来江水绿如蓝"的诗句或者是生活中与水有关的自己的切身体验。"三生作文"注重引导学生有意地不断改变与生活世界相遇的时间、空间、方式、背景等因素,让学生像初次打量这个世界那样重新关照生活。比如同是一个月亮,在日常感知世界里是很寻常的物体,但是在不同诗人的笔下有不同的呈现方式。在李白眼中是"吴洲如见月,千里幸相思"的离别相思之愁;在卢照邻眼中是"明月流客思,白云迷故乡"的怀乡恋土之情;在王昌龄眼中是"长信宫中秋月明,昭阳殿下捣衣声。白露堂中细草迹,红罗帐里不胜情"。的寂寞失意之悲;是张若虚眼中"春江潮水连海平,海上明月共潮生。滟滟随波千万里,何处春江无月明"的宇宙人生之思,等等。这正是因为诗人用心观世界,去除日常生活对个体精神世界的遮蔽,在不同时空下遇见月亮,产生不同的时空情绪,把日常事物变成了一个有深远意义的情感世界。"三生作文"促进个体感知世界发展变化的同时,也锻炼了个体的感官,使个体的感觉、知觉更加灵敏。灵敏的感觉、知觉进一步促进个体有效地建构新的生活世界,如此往复,不断生成更加有价值、有深度、有意义的生活世界。

在作文中,学生会更加细致地观察感悟生活,超越常规思维去反思超越生活,一花一草也足以激起内心的波澜。心动起来了,生活自然会丰富多彩,眼见之物皆是写作素材,就会有欲望去表达,去描绘这个精彩的生活世界。此时,"人"与"文"的距离便不知不觉地被拉近了,那么通过写作表达的审美愉悦感自然妙不可言。"三生作文"下的文字,是与生活相融合的文字,学生在写作中又再次与生活的精彩产生共鸣的力量,感悟到现实生活的美好。

(二)"三生作文"促进学生提高综合能力

我们的日常生活世界是一个充满遮蔽的世界。日常的特点就在于"使不熟悉的事物变得熟悉了;逐渐对习俗的演变习以为常;努力抗争以把新事物整合进来;调整以适应不同的生活方式。它目睹了最具有革命精神的创新如何堕入鄙俗不堪的境地"。① 因此,要让学生从日常生活中发现意义也是很难的。巧妇难为无米之炊,又怎么让学生从生活中发现"米"呢?

"三生作文"把被遮蔽的日常生活变得陌生又熟悉,引导学生由表及里、由此及彼地去思考感悟生活,发现这个世界会因为"我"的知觉条件、知觉方式、知觉态度的差异而呈现不同的样态。"事物作为一个同一性是有深度的;无论它已经向我们呈现了怎样的显象,还是存在着其他的未曾出现的方面,而这些全都属于同一个事物。"②因此,生活世界是一个有无限深度的世界。对作文来说,这意味着学生能够从生活世界中不断发现意义。"三生作文"要求学生基于生活,从自身的情感体验出发,写真话,抒真情。情感是一种内心的状态,是很难用语言去表达的,"三生作文"基于生活,超越生活,引导学生注重人格精神追求,自由写作,用自然的语言真实地描述生活世界。学生在"三生作文"中,对生活体验进行反思,把生动的、精彩的知觉世界用艺术的语言真实形象地展现出来。长此以往,在作文的过程中逐渐地提升了自己的文字表达能力和文学思维能力,从而成为一个有基本艺术修养的人。

---

① 本·海默尔.日常生活与文化理论[M].王志宏,译.北京:商务印书馆,2008:5.
② 罗伯特·索科拉夫斯基.现象学导论[M].武汉:武汉大学出版社,2009:173.

　　"三生作文"引导孩子从琐碎的日常生活中发现世界的真、善、美,发现生命的种种状态,发现世界万物整个生态系统之间某种神秘的关联,而这种发现的能力是需要培养的,除了靠人的综合素养,包括敏锐的观察力、细腻的情思、丰富的想象等因素,有胆有识、善于思考也是不可或缺的。"三生作文"不仅注重引导学生通过阅读提高自己的综合素养,还注重引导学生从没被人认识的新事物、新问题,或从已知事物、已知问题探寻新的性质、新的答案。再者,如果一个人能够从平平淡淡的生活中探寻到丰富的意义,其思想认识水平也就达到一个新境界。叶圣陶说:"思想不能空无依傍,思想依傍语言。思想是脑子里在说话——说那不出声的话。如果说出来,就是语言,如果写出来,就是文字。朦胧的思想是零零碎碎不成片段的语言,清明的思想是有条有理组织完整的语言。"①"三生作文"能够让日常生活思想认识清晰化、条理化、理论化。在日常生活经验世界里,个体对生活的认识是模糊、杂乱、粗糙的,"三生"写作就能够很好地改变这种状况。因为归根结底,写作不仅是外在的语言表达问题,也是内在的思想认识问题。"三生作文"能够帮助个体把零乱的日常生活思想认识条理化,使个体的想法经过提炼而清晰、深刻,还能促使个体产生新的思想,那么生命体的思想认知能力自然就得到锻炼和提高了。

(三)"三生作文"促进学生精神自觉成长

　　现代社会节奏越来越快,分工越来越细,很多人能完成和不能完成的事情都可以被电子科技替代。生产和交换代替传统的以地域为纽带的人际关系,市场经济发展越来越快,消费文化盛行。在这样一个流水线生产式的社会环境中,人与人的关系变得紧张与异化,那种孤独感与虚伪感不断渗透生活,让人坚守内心的净土变得格外艰难,"三生作文"教学作为一种教育教学活动,唤醒学生生命深处本真的东西,学会尊重生命,从而重构内心精神

---

　　① 叶圣陶.叶圣陶语文教育论集(下册)[M].北京:教育科学出版社,1980:448.

世界。

潘新和教授指出:"人在通过写作建构精神家园的同时,写作也在塑造、健全、成全人本身。""三生作文"超越日常生活经验世界的局限,建构了一个清晰、新颖、有序、持存的精神家园,意味着它本身具有促进个体精神成长的内在机制,对个体精神成长具有重要意义。写作,本就是一种精神性创作活动,当学生面对复杂的社会感到迷茫和无助时,心灵秩序被打乱,急迫地寻找一种寄托去赶走这种紊乱和威胁,语言文字就是很好的栖息地。在进行"三生作文"的时候,学生关注现实生活的酸甜苦辣,用心去感悟和思索,人就静下来了,开始思考,开始反思,开始批判,一切周身的杂乱无序的东西都会慢慢地静下来,回到正常的轨道,变得有秩序起来,学生的精神世界也在"三生作文"教学下逐渐建构起来。

"三生作文"倡导的写作主体是有着独立人格的个体,对日常生活有着自身的独特体验,切实地从生活中的所见、所闻、所做、所思、所感出发,不断对惯常的生活经验世界的物、情、理进行重新审视、反思、加工,建构一个新的精神家园。这是个体认识生活世界、认识自我内心,进行创造性表达的过程,也是个体重新构建自身精神世界的过程。

二、教师:能力与效率

"三生作文"教学模式对教师教学提出了更高层次的要求,教学能力也随之加强。教师这一角色从"教"转化为"导",是"引导""帮助"和"提示",更像一位"导师",对教师来说这也是一种挑战,也是"三生作文"教学模式带给教师最有魅力的一方面。

预设+组织。"三生作文"的课堂是充满生命力的课堂,离不开教师的提前预设和精心组织,如何引导观察的方向,如何指导联想的方式,如何选择例文以及如何帮助学生构思等,都要体现"导"的力度。就"预设"而言,观察和联想的有机贯通、审题与素材的有机选择、情感和文字的有机融合以及其他各种能力的综合培养,教师都需要设定合理又巧妙的环节并有机调控。教师在课堂上的穿针引线,除了教师本身的素质因素外,更多的应是在"备课"这一环节上提前预想,做足功夫。就"组织"而言,课堂的每一个环节教师都要了然于胸,创设好情境的同时,因势利导,一步步循循善诱,构建学生写作的心灵背景。整个课堂,教师更要调动各种手段,一方面激起兴趣,控制效率;另一方面激发学生的内部言语,激发学生的交流热情,从而圆满地完成教学任务。课堂上的这些"组织"手段和方法,既赖于教师的经验积累,更赖于教师在"备课"时的预设能力和上课时的组织能力。所以,可以这样认为,"三生作文"教学模式使教师的作用不仅显示在课堂上,课堂外也是处处可见,这将是"三生作文"教学模式赋予教师的更大的考验。教学模式一旦确立了,后续操作便高效甚多,但是这不是僵硬化的固定步骤,是语文教师基于理论指导,主动建构的一个过程。

批改+交流。好的作文大多是改出来的,叶圣陶先生曾说:"改的优先权应属于作者本人。"学生是最有权利优先修改自己的作文的,但毕竟受到生活阅历、作文经验的影响,难免在修改的时候会有限制,难以抓住关键信息。因此,在修改作文前,需要老师组织学生学习修改作文的方法,明确应该改什么、怎么改的问题。教会了学生自主修改作文的方法,教师的批改概率也随之提高。根据需要,学生之间还可以进行交流互改活动,教师适时指导,对有分歧的地方及时提供建议,共同评析,比较异同,得出最佳修改意见。

"三生作文"课堂中,教师尊重学生的发展规律,根据每个学生的不同个性,因材施教,呵护了学生的原生态写作,而不是传统教学中的"一刀切"做法。对于"教学平均"的现象,是坚决抵制的,每个教师都有自己的教学个性,"教学平均"会增加教师的惰性,跟在他人身后机械地教学,教学思想匮乏,这必将导致教师教学的平庸。"三生作文"的教学发挥了教师的教学个性,在生态化的作文教学氛围中,学生是自由的,教师也是自由的,这样的环境使教师充满了教学的欲望和激情,从而教学能力得到较大的提高。

教师的教学能力上来了,学生的写作质量自然就上来了,教学的效率就提高了。以"生态平衡"为作文教学理念,师生关系是绿色和谐的,课堂教学是轻松愉悦的。学生放飞思想,自由写作,表达健康人格;教师遵循教学规律,适时指导,把课堂的主动权交给学生,教学是富有生命力的。

三、写作:理念与模式

写作教学也是有模式可循的,是教师在教学实践中,在遵循教学规律下逐步建立起来的行之有效的较为稳定的教学程序,但是模式也不一定是固定的、一成不变的,闵登峰将教学模式定义为:"在基础教育中,在一定的写作理论和教学理论的指导下,为了完成特定的写作教学目标,而建立起来的较为稳定的教学结构框架和活动程序。"[①]新时期以来,涌现出许许多多的作文教学模式,但是都没有很好地解决作文教学中出现的问题。"三生作文"教学模式是一种基于学生生活,符合学生成长轨迹,完善生态教学理念的健康写作教学模式。它的提出丰富了写作教学模式,以期为作文教学提供更多的借鉴。

现今,人们越来越重视教育,汉语作为我们的母语,在育人方面发挥着重要的作用,必须被重视起来。作文教学是语文教育中的重点,培养学生的写作兴趣,提高学生的素养,是现代新教育的呼声。而传统的作文教学方式漠视学生的写作心灵,忽视教师的教学个性,违背写作的教学规律,写作教育正等待着新理念的洗礼。教育的本质是提升人的生命,让人诗意地安居在大地之上。"三生"写作虽然不能实现人的全部发展,但对个体精神成长确实具有独特的作用。人,也只有在构筑精神家园的求索、创造中找到为人的尊严和生命的归宿,才能诗意而幸福地生活。因此,语文教育应充分重视

---

① 闵登峰.二十年来中学作文教学模式研究[D].北京:首都师范大学,2001.

生活写作,让生活写作成为促进学生精神成长的重要途径。

　　"三生作文"教学模式从教育的本质出发,让写作回归生活,尊重规律,还原生态,以期日后在实际的教学中为教育者提供更好的教学指导。"路漫漫其修远兮,吾将上下而求索",虽然自身的努力有很大的局限性,但是我会继续再接再厉,用实际行动践行"三生作文"教学的理念。

参考文献

著作:

1.教育部基础教育司.走进新课程[M].北京:北京师范大学出版社,2002.

2.陶行知.陶行知文集[M].南京:江苏教育出版社,2008.

3.叶圣陶.叶圣陶语文教育论集[M].北京:教育科学出版社,1980.

4.夏丏尊,刘薰宇.文章作法[M].北京:开明书店,1922.

5.夏丏尊,叶圣陶.文话七十二讲[M].北京:中华书局,2007.

6.王策三.教学论稿[M].北京:人民教育出版社,2005.

7.钟启泉.课程设计基础[M].济南:山东教育出版社,1998.

8.钟启泉.课程与教学概论[M].上海:华东师范大学出版社,2004.

9.钟启泉,崔允漷,张华.基础教育课程改革纲要(试行)解读[M].上海:华东师范大学出版社,2001.

10.于漪.于漪文集[M].济南:山东教育出版社,2001.

11.王尚文.语文教学对话论[M].杭州:浙江教育出版社,2004.

12.马正平.高等写作学引论[M].北京:中国人民大学出版社,2003.

13.马正平.中学写作教学新思维[M].北京:中国人民大学出版社,2003.

14.马正平.高等写作思维训练教程[M].北京:中国人民大学出版

社,2002.

15. 潘新和.写作:指向自我实现的人生[M].北京:科学出版社,1999.

16. 弗洛姆.自我的追寻[M].孙石,译.北京:北方文艺出版社,1988.

17. 苏霍姆林斯基.苏霍姆林斯基选集[M].北京:教育科学出版社,2001.

18. 王丽.中国语文教育忧思录[M].北京:教育科学出版社,1998.

19. 韦志成.作文教学论[M].南宁:广西教育出版社,1998.

20. 王鹏伟.中学语文作文教学研究[M].长春:东北师范大学出版社,2002.

21. 刘永康.语文创新教育研究[M].成都:四川大学出版社,2000.

22. 李杏保,陈钟梁.纵论语文教育观[M].北京:社会科学文献出版社,2001.

23. 董小玉,刘海涛.现代写作教程[M].北京:高等教育出版社,2002.

24. 冯晓光.写作学教程[M].西安:西安交通大学出版社,2002.

25. 孙丽红.高考作文备考指南[M].广州:中山大学出版社,2006.

26. 范国睿.教育生态学[M].北京:人民教育出版社,2000.

27. 于源溟,倪山.存在与发展——语文教学生态论[M].青岛:青岛海洋大学出版社,1998.

28. 王寿山.中国特级教师文库:中学主体性作文教学研究[M].北京:人民教育出版社,2007.

29. 柯孔标.作文教学创新与创新能力培养[M].北京:人民教育出版社,2005.

30. 李胜建.个性化语文教学实践研究[M].北京:中国文史出版社,2007.

31. 韦志成.作文教学论[M].南宁:广西教育出版社,1998.

32. 何更生.作文教学心理学[M].北京:中国科学文化出版社,2003.

33. 李文阁.回归现实生活世界:哲学视野的根本置换[M].北京:中国

社会科学出版社,2002.

　　34.段建军,李伟.写作思维学导论[M].北京:中国社会科学出版社,2004.

　　35.王柏勋.语文教学情趣论[M].北京:社会科学文献出版社,2004.

　　36.冯建军.生命与教育[M].北京:教育科学出版社,2004.

　　37.王荣生.语文科课程论基础[M].上海:上海教育出版社,2005.

　　38.余映潮.出奇制胜:初中生就这样写满分作文[M].北京:语文出版社,2006.

　　39.郭元祥.生活与教育——回归生活世界的基础教育论纲[M].武汉:华中师范大学出版社,2002.

　　40.李白坚.趣味大作文(初中)[M].上海:上海交通大学出版社,2001.

　　41.陈子典.写作大要新编(第二版)[M].广州:中山大学出版社,2004.

　　42.黄孟轲.中学作文教例剖析与教案研制——课程教例与教案研究丛书[M].南宁:广西教育出版社,2005.

　　43.鲁宝元.国外作文教学[M].郑州:文心出版社,1986.

　　44.袁浩.袁浩小学作文教学心理研究与实践[M].济南:山东教育出版社,1995.

　　45.彭小明.语文课程与教学新论[M].杭州:浙江大学出版社,2009.

　　46.吴一舟.你的教育生态了吗[M].杭州:浙江教育出版社,2002.

　　47.路海东.教育心理学[M].长春:东北师范大学出版社,2002.

　　48.陈毛美,郑蓉芳.中学语文教材教法[M].长春:东北师范大学出版社,1990.

　　49.尚爱兰.蒋方舟的作文革命[M].郑州:郑州大学出版社,2003.

论文:

　　1.李乾明.作文教学的转型和动因[J].教育研究,2006(12).

　　2.王栋生.走出写作教学的困境[J].人民教育,2008(6).

3. 汪霞. 我们的课堂生态了吗[J]. 全球教育展望,2005(5).

4. 杨东. 生态教育的必要性及目标与途径[J]. 中国教育学刊,1992(4).

5. 孙芙蓉,谢利民. 国外课堂生态研究及启示[J]. 比较教育研究,2006(10).

6. 卢谦. 构建生态和谐的课堂文化[J]. 现代中小学教育,2006(2).

7. 袁爱国. 生态文化视域下作文有效教学评价初探[J]. 中国教育学刊,2010(6).

8. 沈晓阳. 生态教育:当代教育的一项迫切任务[J]. 江苏教育研究,1991(3).

9. 刘金玉,刘东霞. 原生态作文教学探究[J]. 教学与管理,2008(12).

10. 李森. 新课程呼唤课堂的生态平衡与优化[J]. 网络科技时代,2008(3).

11. 刘建华. 构建充满生命活力的学校生态教育系统[J]. 环境教育,2002(5).

12. 王华良. 新课程标准下语文课堂"绿色生态环境"的构建[J]. 教育实践与研究,2003(12).

13. 钱理群. 语文教育的弊端及其背后的教育理念[J]. 北京文学,1998(7).

14. 王君. 超越"原生态"——初三作文复习课[J]. 中学语文教学,2009(3).

15. 安国星. 新课程下构建语文生态课堂的尝试与思考[J]. 河北教育,2005(18).

16. 杨进红. 回归作文训练的本体:真实地写作[D]. 桂林:广西师范大学,2003.

17. 欧云兰. 作文教学呼唤个性回归[D]. 桂林:广西师范大学,2004.

18. 张建春. 高中语文作文评价研究[D]. 延边:延边大学,2010.

19. 胡辉. 论中学生作文真实表达的实现[D]. 长沙:湖南师范大学,2005.

20. 赵金霞. 生活化作文教学的理论与实践[D]. 济南:山东师范大学,2005.

21.张祝荣.让学生在写作中成长——个性化作文教学初探[D].长春:东北师范大学,2005.

22.张翼.对中学生作文中"失真"问题的探究[D].福州:福建师范大学,2005.

23.邱贤彬.生活化作文教学研究[D].南昌:江西师范大学,2005.

24.王群育.生活作文的一种尝试[D].北京:首都师范大学,2006.

25.罗恒菊.中学作文生活化教学实践研究[D].昆明:云南师范大学,2006.

26.陈艳.高中学生个性化作文教学研究[D].上海:华东师范大学,2009.

27.刘伟.新课程背景下高中创新作文教学[D].长春:东北师范大学,2009

28.李曼泓.高中语文生活化作文探究[D].上海:华东师范大学,2010.

29.方明生.日本生活作文教育研究[D].上海:华东师范大学,2000.

30.刘金玉.原生态作文教学探究[D].重庆:西南大学,2007.

31.杨芸.中学语文作文教学生态化探究[D].武汉:湖北大学,2009.

32.刘双清.论中学生真实作文及其教学[D].长沙:湖南师范大学,2009.

33.蒋美玲.小学生命作文的理论与实践探索[D].武汉:华中师范大学,2010.

34.程建红.高中生自主作文教学的构建与实施[D].南京:南京师范大学,2008.

35.严璐.初中语文阅读教学听说读写整合策略研究[D].上海:华东师范大学,2009.

36.周瑛.初中化学生态型课堂开放性教学的研究[D].苏州:苏州大学,2011.

后　记

　　由我主持的国家社会科学基金（教育学）项目"新课程改革背景下的写作教学模式研究"（BAA110009）于 2011 年申报成功，课题组主要成员有彭小明、蔡伟、刘亭玉、刘碧燕、周健、郑可菜、林陈微、马雪颖、赵文静、韩利平等 10 人（随着课题研究的深入，后又扩大了研究队伍，增加了我的研究生李茜茜、范全越、杨景秀、罗思梅、邓瑛、袁逸仙、阮晨，以及我的本科生祝园园、张琦、季丹、顾静静、朱晓佩、黄慧珍、陈飞凡、张丹、金琦、何莉莎、胡金芬、邵楚滢、陈彦羽等 19 人）。课题申报成功后，我们在前期研究成果的基础上迅速开展了访谈调查、文献综述、理论研究与实践实验，联系了实验学校 20 余所，立项子课题 50 余项。该课题研究与实验时间长达 5 年，200 余人参加了课题和子课题的研究与实践，可谓轰轰烈烈。该课题研究成绩斐然，出版专著 4 本，发表学术论文 24 篇；研究期间，我们成功申报浙江省唯一一个"写作理论与实践"硕士点，组织召开浙江省写作学年会 1 次，组织浙江省教师专业发展培训 10 余次、讲座 50 余场，受惠教师 1000 余人，受惠学生10000 多人。

　　《生命·生活·生态：写作教学模式研究》一书是国家社会科学基金（教育学）项目"新课程改革背景下的写作教学模式研究"（BAA110009）研究的成果之一，与已经出版的《写作学习论》《写作教学模式论》和《写作教学论——三段九级写作教学模式研究》形成完整的写作学习和教学理论与实践体系。

　　《写作学习论》于 2013 年由语文出版社出版。该书研究角度与其他写作教学研究的专著不同,不是从教师角度谈写作教学,而是从学生角度出发讨论写作学习。我们结合写作学、学习科学、语文课程与教学论等有关学科的基本理论及其最新研究成果,对写作学习进行了深入探讨。《写作学习论》全面分析和阐述了写作学习的概念、特点、本质、类型、理念、目标、内容、规律、原则、要求、过程、模式、评价等方面内容,是一本写作学习的"百科全书"。

　　《写作教学模式论》于 2015 年由浙江大学出版社出版。该书整体上分析和阐述了写作教学模式建构的理论与实践。我们详细、系统地论述了写作教学模式建构的理念、目标、原则、过程、方法、重点、策略和意义,并具体、全面地阐述与评析了 16 种(如新概念作文、绿色作文、生态作文、文化作文、话题作文、快乐作文等)写作教学模式的类型、特点、理念、写作以及教学基本策略。《写作模式教学论》在研究视角、研究内容、研究方法和研究成果等方面都有不同程度的创新。

　　《写作教学论——三段九级写作教学模式研究》于 2017 年由科学出版社出版。该书具体分析和阐述"三段九级写作教学模式"建构的概念、特点、体系、操作策略与实施意义,并重点介绍该模式的实施步骤:写虚作文(看图作文、虚境作文、想象作文)——写实作文(生存作文、生活作文、生命作文)——创新作文(开放性作文、个性化作文、研究性作文)。以最新的写作教学理念为引导,以写作训练模式建构的理论为核心,以写作教学的实践为重点,突出理论性与实践性相结合,旨在构建新型和有效的写作训练与作文教学模式的理论和实践体系。

　　作为《写作教学论——三段九级写作教学模式研究》的姊妹著作《生命·生活·生态:写作教学模式研究》,今年再由浙江大学出版社出版,真是有幸之事。该书针对当前的写作主体"生命缺失"、写作内容"生活失真"、写作环境"生态失衡"的写作背景,提出"三生作文"写作教学模式,即引导学生以"生活体验"为主要写作内容,以"生命成长"为重要写作目标,以"生态平衡"为写作教学理念进行写作,重建生命体的精神秩序。在此基础上该书还具体地介绍了"生命作文""生活作文"和"生态作文"教学模式以补充"三生"写作模式理论研究之不足,引导中小学写作教学实践,提高写作教学的效率。

由于参与研究的专家、教授、老师与学生较多,所以四本论著也由多人参与写成,当然每本书都由我牵头,由我列出提纲,阐述理念,后进行讨论,再分章撰写,最后由我统稿。《生命·生活·生态:写作教学模式研究》主要由我与我的研究生李茜茜写作,我的研究生马雪颖、杨景秀和范全越也是重要作者。由于论著封面不能标写多名作者,所以书的封面标为彭小明、李茜茜等著。在此特作说明。

由于课题研究粗浅,写作时间仓促、本人水平有限,书中还有许多不足的地方,敬请各位专家批评指正。

彭小明

于温州大学教育学院

2023 年 5 月